做温润有力的教育引领者

郑秋艳 著

广东省中小学『百千万人才培养工程』系列丛书

SPM
南方传媒　广东人民出版社
·广州·

图书在版编目（CIP）数据

做温润有力的教育引领者 / 郑秋艳著. —广州：广东人民出版社，
2023.11

（广东省中小学"百千万人才培养工程"系列丛书）

ISBN 978-7-218-16520-2

Ⅰ.①做… Ⅱ.①郑… Ⅲ.①初中—班主任工作 Ⅳ.①G635.16

中国国家版本馆CIP数据核字（2023）第070125号

ZUO WENRUN YOULI DE JIAOYU YINLINGZHE

做温润有力的教育引领者

郑秋艳　著

出 版 人：肖风华

责任编辑：方楚君　叶芷琪

责任技编：吴彦斌　周星奎

出版发行：广东人民出版社

地　　址：广州市越秀区大沙头四马路 10 号（邮政编码：510199）

电　　话：（020）85716809（总编室）

传　　真：（020）83289585

网　　址：http://www.gdpph.com

印　　刷：广州小明数码印刷有限公司

开　　本：787 mm × 1092 mm　1/16

印　　张：21　　字　数：420 千

版　　次：2023 年 11 月第 1 版

印　　次：2023 年 11 月第 1 次印刷

定　　价：68.00 元

如发现印装质量问题，影响阅读，请与出版社（020-85716849）联系调换。

售书热线：（020）85716863

■ 总 序

求实笃行，守正创新
做扎根岭南大地的时代大先生

教师是教育改革发展的第一资源，教师强则教育强。近年来，党和国家对教师队伍建设的重视达到前所未有的历史高度，党的二十大更是把加快建设教育强国、科技强国、人才强国，作为全面建设社会主义现代化国家的基础性、战略性支撑。作为置身改革开放前沿的教育大省，广东省始终积极响应国家的教育发展战略，把教师队伍建设、教育人才建设摆在极其重要的位置，以培育一批教育家型教师、卓越教师和骨干教师为目标引领，2010年至今已先后实施三批广东省中小学"百千万人才培养工程"，通过提炼教育改革典型经验与创新理念，打造具有鲜明岭南风格与广泛影响力的教育特色品牌，致力于为推进中国式教育现代化事业贡献智慧。

作为人才强教、人才强省的一项重要改革举措，广东省中小学"百千万人才培养工程"的深入实施，就是要持之以恒地通过教育人才培养机制的创新，探索名优教师成长规律，优化教师专业发展的环境，激发教师竞相成才的活力，真正形成让教育家型教师不断涌现的良好教育生态。

十多年来，中小学"百千万人才培养工程"通过不断完善培养机制，形成了较为科学的"顶层设计"，建立了省、市、县三级分工负责、相互衔接的中小学教师人才培养体系，坚持"系统设计、高端培养、创新模式、整体推进"的工作理念，遵循"师德为先、竞争择优、分类指导、均衡发展、公平公正"的工作原则，统筹安排好集中脱产研修、岗位实践行动、异地考察交流、示范引领帮扶、课题合作研究等"五阶段"，并注重理论研修与行动研修相结合、导师引领与个人研修相结合、脱产学习与岗位研修相结合、国外学习与海外研修相结合、研修提升与辐射示范相结合的"五结合"，从而有效解决了传统教师培训存在的问题与矛盾，让"百千万人才培养工程"成为助力教师队伍整体素质提升、助推全省教育现代化的"标杆工程"。

教育现代化首先是"人"的现代化，推进中国式教育现代化建设呼唤数以千计、数以万计教育家型教师的示范与引领。什么是教育家型教师？2021年4月，习近平总书记在清华大学考察时强调，"教师要成为大先生，做学生为学、为事、为人的示范，促进学生成长为全面发展的人"。这实际上是为广大教师提出了职业发展的高标准，一个教育家型教师一定要胸怀"国之大者"，关心学生的精神成长、着眼于学生的全面发展和终身发展，立德树人，笃志于学，努力做新时代的大先生。

开辟新学，明德新民，岭南大地是一片有着优良文化传统的教育改革热土，生逢中华民族走向伟大复兴的新时代，今天的教育人更应该赓续初心，勇于担当，借助于"百千万人才培养工程"的制度赋能，立足于充满希望的教育实践原野，努力书写"立德、立功、立言"的精彩教育人生。

第一，要求实笃行，做勤学善研的育人者。

岭南大地向来有着求真务实、勤勉笃行的文化传统，正是凭着这样的实干精神，创造了经济社会发展的一项又一项奇迹。浸润在岭南文化精神中，广大校长教师始终笃守着为师的道义，躬身教育实践，用心用情地教书育人，并不断地思考、凝练和升华，同样创造出富有岭南教育文化特色的改革实践与教育理念。透视这些实践与理念，其中蕴含着真学习、真研究、真实践的教育价值导向。

深入研究学生，是育人之根。所有的校长教师，都应以学生为本来推进教育教学实践改革，关注学生的个体差异，包括智力、性格、情感、行为等方面的差异，了解他们的发展特点和需求，以便为他们提供个性化的教育；注重学生的生活体验和情感需求，帮助他们解决心理问题，调整情绪状态，创造良好的学习和生活环境，培养健康的心理素质和人格品质；关心学生的综合素质和发展潜力，引导学生参加各种活动，以培养其领导能力、创新能力、团队协作能力等非学科能力，提升其全面素质和可持续发展能力。我们坚信，一个育人之师必须要研究学生，为学生健康而全面成长服务。

深入研究课堂，是立身之本。课堂是育人的主阵地，也是师生共同成长的主要空间。校长和教师一定要沉潜在课堂一线，关注师生的课堂生活质量。从学生的学习兴趣和需求出发，引导学生主动参与课堂教学，激发学生的学习热情，使其在学习中得到满足和成长；要不断创新教学方法和策略，灵活运用不同的教学策略和技巧，提升学生的学习能力和思维品质，促进知识的内化与能力的输出；同时还要对课堂教学的内容、形式、效果等方面进行全面的评估和反思，不断提高课堂教学质量和效果。优秀的校长和教师的生命力在课堂中，脱离了课堂教学，任何教育创新都是"无本之木"。

深入研究管理，是兴教之源。教育管理，事关一所学校的"天地人和"，能够让每个人各展所长、各种资源得到适当调配，让人财物完美契合。这就要求校长教师要注重教育的发展战略和规划，善于构建教育愿景，以此来制订教育教学计划，为学生提供更优质的教育服务；注重管理机制和制度的建设，从招生到课程安排，从班级管理到教学管理等，无不体现规范与科学；此外还要注重自身与队伍的终身发展，不断提升团队建设水平，优化组织文化，在协商共治中走向教育治理，用良好的组织文化引导人、凝聚人、发展人。

第二，要守正创新，做知行合一的自强者。

教育是一项继往开来的事业，既需要继承传统，循道而行；又需要开创未来，大胆创造。一个优秀的校长或教师要掌握并尊重教育的基本规律，包括党和国家关于教育的方针政策、发展方向以及制度规定等，唯有如此，才能行稳致远，保障教育高质量发展。同时面对教育中不断出现的新情况、新问题和新挑战，要有改革思维与问题意识，发挥好主动性和创造性，在不断破解问题中实现教育的新发展。

一方面，要做好教育传承，弘扬教育文化自信。党的二十大报告提出，坚持和发展马克思主义，必须同中华优秀传统文化相结合。这启示我们，办好教育必须珍视既有的文化传统，植根于本民族、本区域历史文化沃土。岭南是传统文化蕴藉深厚之地，有着丰富的地域文化可作为教育的资源，也经一代代教育人的探索形成了许多宝贵的教育经验与理念。这些都是帮助我们办好今天教育的精神财富，作为校长和教师一定要通过学习，研修了解岭南教育的传统，做好教育资源的调查研究，用本土化、特色化的教育实践彰显教育文化自信，做有根的教育。

另一方面，要推进教育改革，以新理论指导新实践。教育要培养面向未来的一代新人，因此必须常做常新，满怀热忱地拥抱新生事物，要在不断学习中适应新情况、创造新经验。勇立潮头、敢为人先也是岭南的文化精神之一。广大校长和教师要敢于迎难而上，主动作为，面对教育工作中的问题或困难不抱怨、不懈怠、不推诿，充分激发成长的内驱力；要认识到所谓的问题恰恰是改变的契机，我们的教育智慧、我们的教育事业都是在不断破除困难、解决难题中得以发展；要不惮于说前人没有说过的话、做前人没有做过的事，不断拓展认识深度和广度，力争创造出更多教育改革的"广东经验""广东智慧"，这才是教育家型教师应有的胸怀胆识。

第三，要海纳百川，做担当使命的引领者。

优秀的校长、教师与班主任，在一定程度上都是先进教育文化的代表，这就意味着我们在"百千万人才培养工程"这个项目平台上，必然要承担更大责任，履行更大使命，有更高的精神追求。除了在高水平研训活动中完善自我、提升自我之外，还要胸怀天下、海纳百川，凝练自己的教育教学实践成果，升华对教育教学的思想认知，形成具有示范性、影响力的教育特色品牌，带动更多的学校和教师共同成长，一起不断地提升教育品质，推动教育高质量发展。

凝练教育特色品牌，从经验积累走向理论思考。一位优秀的教育者必然要做到知其然并知其所以然，不断增进对所从事教育工作的规律认知和价值思考。我们的名校长、名师和名班主任要立足自己丰富的实践经验，不断学习、不断反思，在专家指引和同行启示下，结合教育学、心理学、社会学等学科理论，将个人的实践经验凝练和表征为富有内涵的概念与符号，确立起具有鲜明个性特点与自我风格的教育教学品牌性成果，从行动自觉走向理论自觉，并用自我建构的理论或工具去指导实践、印证实践、优化实践，从"名师"走向"明师"。

用好教育特色品牌，从个体实践走向群体发展。实践经验范型一旦表征化为符号、概念，就立刻具有凝聚力、解释力与普适性，这就有助于引领、启发和影响更多的教师，结成教育发展的共同体，共同优化教育教学实践。各位名校长、名师和名班主任要发挥教育特色品牌的示范性，依托工作室平台，不断地吸收新生教师力量，不断地影响更多教育同行。正所谓独行速，众行远。以品牌建设为纽带，让每一位名师都发挥"磁场效应"，真正达到造就一位名师，受益和成长起来一批优秀教师的局面。让这些在岭南大地上星罗棋布的名师交相辉映、发光发热，照亮广东教育的美好未来。

升华教育特色品牌，从著书立说走向文化传播。近代以来，无论是岭南文化还是岭南教育，始终开一代风气之先，形成了许多影响全国的好经验、好理念和好的发展模式，同时也在教育文化的交流传播中更好地促进我们自身的发展。今天的校长和教师是岭南教育文化新的代表，也要有一种开放的胸怀和眼光，在教育全球化、信息化的背景下海纳百川、兼收并蓄，同时也要积极传播自身教育的优秀成果，在更大的教育发展平台上与名师名家、教育同行、社会各界交流对话，发出教育的声音，讲好教育的故事，扩大教育的传播力与影响力，增进不同教育文化的理解与互鉴。

正因此，看到又有一批"百千万人才培养工程"的优秀教育成果即将付梓面世，作为这项工作的管理者、参与者和见证者，由衷感到骄傲和自豪。古人云，"言而不文，行之不远"。希望我们广东的优秀校长和教师更加重视教育教学成果的凝练升华，这本身就是一件创造性的工作，也是更好地激发自身教育潜能、唤醒更多教育人生命活力的有效途径。愿这样的优秀教育成果能够发挥更大品牌效应，引领更多教育人不忘初心，潜心育人，参与到中国式教育现代化的伟大事业中，为中华民族的伟大复兴做出教育人应有的贡献。

是为序。

2023 年 5 月

■ 序 言

一、我的班主任品牌的理念和特色

（一）班主任品牌理念：做温润有力的教育引领者

1. 教育引领

初中生的自我意识、独立意识渐强，引领是更合适的方式。通过有方向、有深度、有广度的引领，激发学生改进的主动性、持续性，促进学生思想、态度、行为等的正向改变。在家校社协同育人的大背景下，班主任以专业赢得信任，携手家长将孩子培养成为德智体美劳全面发展的社会主义建设者和接班人。我成为工作室主持人、省百千万人才培养对象后，担当起引领同行的责任，有意识地将对学生和家长的引领提炼为可复制的方法与策略，积极主动与同行分享。

2. 温润有力

班主任的理想信念、道德情操、扎实学识、仁爱之心，要外化到引领学生、家长、同行的实践中。化用美国的简·尼尔森首创的正面管教的和善而坚定地赢得孩子的做法和说法，在教育引领中温润有力地使正向改变发生：用合适的内容和方式温润着被引领者，借用合适的方式坚定有力地将原则等坚持到底，最终促使正向改变发生。

温润有力的教育引领者，用提高彼此生命质量的方式，促进学生人格和学力的可持续发展，行稳致远，合作共赢。

1

（二）班主任品牌特色：以人为本的理性沟通

借助以人为本的理性沟通，进行温润有力的引领教育。学生是教育的主体，在教育引领的过程中，以面向学生群体与个体的人本理性沟通为重点，引领学生成为德智体美劳全面发展的社会主义建设者和接班人。与家长的沟通是教育引领学生的有力辅助，与同行的沟通则是教育引领学生的延伸与升华。

1. 以人为本

班级的学生、家长是群体，同时是鲜活的独立个体。要尊重人、理解人、关心人，凡事以满足人的需求、促进人的发展作为根本出发点。用同理心观照对方，与对方共情，所思所行都聚力于促进人的发展，互谅互助，合作共赢。

2. 理性沟通

沟通的内容与方式注重理性、有效。甄别、优化与学生、家长、同行等的沟通内容，使之丰富饱满、科学理性。学习并遵循科学规律，建立并推行严明且人本的规章制度，采用科学合理的人本的组织管理模式、教育引领方式，引入如非暴力沟通等理性沟通方式，与学生、家长、同行等群体与个人进行有效沟通，实现教育引领。

二、我的班主任品牌理念与特色的践行

近年来，学习并践行人本的理性沟通，努力使自己成为温润有力的教育引领者，过程中也有些许沉淀。

（一）对学生温润有力的引领

1. 对学生温润有力引领的理念与做法

（1）在思想内容方面温润着学生

引领内容主要为 2017 年教育部印发的《中小学德育工作指南》所明确的

德育内容：理想信念教育、社会主义核心价值观教育、中华优秀传统文化教育、心理健康教育、生态文明教育等。

（2）用温润有力的方式引领学生

面向学生群体的沟通，通过主题班会（含微班会）、班级活动、班级管理、班级文化、课程渗透等进行。面向个体的沟通，以人本的心理学为依托，如人本主义心理学、发展心理学、个体心理学、认知心理学、积极心理学等；以理性的沟通法为路径，如非暴力沟通、正面管教、NLP（神经语言程序学）等。

2. 对学生温润有力引领的部分沉淀

（1）对学生群体的引领

《引导学生理性爱国》发表在《人民教育》2019 年第 23 期，《苦雨转甘霖》于 2021 年 1 月 27 日发表在《中国教师报》，《用正面心理暗示扫除阴霾》发表在《新班主任》2022 年第 3 期，《从"不要唱歌"到唱响经典歌曲》于 2021 年 7 月 14 日发表在线上教育平台，《班级和谐：教点孔子的听说之道》发表在 2021 年 9 月 24 日的深学 App。带领工作室成员进行社会主义核心价值观主题班会的设计与实施，主题班会课例与设计稿汇编为《"践行社会主义核心价值观"主题班会设计》一书，由武汉大学出版社出版。

（2）对学生个体的引领

《用正确的方式爱学生》发表在《班主任》2018 年第 8 期，《各美其美，美好与共》发表在《班主任》2020 年第 2 期，《融入集体，走出封闭》发表在《班主任》2021 年第 6 期，《做让学生走向自信的教育》发表在《教师博览·中旬刊》2021 年 8 月刊，《我的情绪我做主——引导学生用非暴力沟通消除负面情绪》发表在《班主任》2022 年第 11 期，《改变"玻璃心"的易怒男孩》于 2022 年 3 月 3 日发表在线上教育平台。

（二）对家长温润有力的引领

1. 对家长温润有力引领的理念与做法

秉持平等友爱、互谅互助的原则，线上线下、群体与个体沟通相结合，通过观念的切磋与碰撞、方法的提供与促用，于行动中追踪与介入，来携手家长形成教育合力。

在与家长的协同合作中，既用和善的方式与家长交流可行的方法，促进家长改善亲子沟通，也会婉拒家长的不合理要求，用坚定的支持和合适的干预协助家长促进学生发生改变。

2. 对家长温润有力引领的部分沉淀

面向家长的建议。《改善亲子沟通的三大建议》于 2021 年 6 月 8 日，《"用心学习、不用做家务！"老师谈了 3 点反对》于 2021 年 12 月 9 日，《寒假来临，请督促孩子进行时间管理》于 2022 年 1 月 26 日，《致焦虑、迷茫的家长：中考前一个月，巧助孩子逆风翻盘》于 2022 年 6 月 4 日，发表在线上教育平台。

2021 年 4 月、5 月参加北京师范大学教育培训中心家庭教育指导师的培训，8 月、9 月与北京师范大学教育培训中心合作，为之开发出五门面向青春期孩子的家庭教育指导课。

（三）对同行温润有力的引领

1. 对同行温润有力引领的理念与做法

向工作室成员、讲座听众、刊发文章及公众号读者传递高效专业、温润有力的理念、方法与策略，促使更多教师走出职业倦怠和职业瓶颈，愉悦同行教育路。

2. 对同行温润有力引领的部分沉淀

《走出倦怠的关键》发表在《班主任》2019 年第 10 期，《优秀教师的重负》

发表在《教师博览：中旬刊》2020 年第 7 期，《关键在培训后的思与行》发表在《班主任之友（中学版）》2021 年第 Z1 期，《想方设法改变家长教育观念》于 2020 年 11 月 18 日发表在《中国教师报》，《家校社协同育人，教师大有可为》发表在《人民教育》2021 年第 12 期。

"班级高效组织管理""与家长有效沟通的方法与策略""与学生有效沟通的方法与策略""社会主义核心价值观主题班会设计与实施"先后通过为深圳市教师继续教育课程，面向深圳市的教师们授课。"班级高效组织管理""与学生有效沟通的方法与策略"在广东省三区全员轮训项目中向连平县青年教师们分享；"新教师职业沟通技能"向江西省寻乌县青年教师分享；"班主任的基本素质和道德修养"向新疆喀什地区 2500 多名班主任分享，"班级高效组织管理""非暴力沟通在教育教学中的运用"等作为龙岗区教师继续教育课程向全区教师们开讲。曾受邀到多个片区、多所学校、多个工作室与其中的老师们、班主任们分享德育专题。除上述内容外，还分享过"打造有影响力的班会课""问题，教育的契机""课堂内外的管理艺术"等德育专题。

截至目前，深圳市郑秋艳名班主任工作室公众号已发文近 700 篇，关注人数 4000 多人，且在递增中。

生活在富强、民主、文明、和谐的大中国，行走在教育引领的康庄大道上，我将继续温润有力地引领着学生，带动家长，辐射同行，携手为中华民族的伟大复兴助力。

第四章

温润有力地引领学生之沟通方法   162

第一章

温润有力地引领学生之组织管理

高效组织管理为学生赋能

2019年中考,大丰收。我所带两个班的语文成绩不错,担任班主任的班级,考试平均分由初一分班时年级倒数跃居年级前列。初中三年学习成绩螺旋上升,各项活动的表现也毫不逊色,军训、合唱比赛、体艺节入场式、足球赛、集体生日、班级秀、劳技……一路收获着多维的成长与感动,"顽童们"逐渐走向成熟,从初一开始培养的感恩、拼搏、团队精神基本养成,平凡一班终于发展成我们自诩的"传奇一班"。

这是我所带的第五届学生,在带第四届学生的基础上更进了一步。除了学科教学方面用心耕耘外,我致力于对班级、学生进行专业和高效的组织管理,在借助课程、活动、管理、实践、家校协同育人时,我着力于思考如何充分为学生赋能,并于行动中贯彻始终。

在学校细致的量化考核管理制度之下,班级也制订出了和学校一致又贴合班情的规章制度。在推行制度之前,我与学生交流背后的原理和对我们的意义,进行深入浅出的诠释,做较为充分的思想教育,学生的认识水平得到提升,对学校和班级的规定能由衷地接受并更好地落实。比如,不少班主任觉得琐碎无意义的仪容仪表(头发、校服、校卡等)检查,在我看来是有意义且必须之事。我结合影像资料和课件等,向学生讲述"破窗理论",那些看似很小的违规和放纵,就像是给自己这完好的车子打破了个窗子,接下来各种违规和

1

放肆就会接踵而至，使得自己成为藐视规则、破坏规则、无心向善向学的人。因此，不能放任自己、放松自己。用科学的理论强化学生遵守规则的意识，切实做到"勿以恶小而为之"。人是社会中的人，不管愿不愿意，人和人必然会互相影响。因此，遵守规章制度，不仅是对自己负责，也是对班级、对别人负责。再将身边的例子拿来加以辅证，如此，学生知其然，更知其所以然，从心底里为自己、为班级、为他人着想，知道要好好地遵守规章制度。偶有犯规的学生，除了按班级约定进行必要的惩戒外，我们还会帮助其尽快改进。

对班级活动进行化繁为简的处理，果断舍弃教育意义不大的形式主义活动，使所进行的必需活动都能充分锻炼学生，培养和提高学生的能力。比如，小组合作制与座位编排有机结合，制订并执行充分发挥个人主动性、有利于小组稳定与发展的管理制度：在性别、层次等均衡的选人规则之下，各梯队人员双向选择，组合成为保持一个月到一学期不离不弃的小组；小组成员分别担任组内的组长、学习员、劳动员、纪律员等，代表小组对接班级相应的部门和任务；小组分工合作，进行日常卫生打扫、自习课管理、组内学习和纪律的监管，以及完成临时任务，如赶制宣传海报等；整个小组始终坐在一起，组内座位在全体组员及老师同意的前提下才可以调换，专门负责排座位的班委以小组为单位排初始座位，以及定时调换组间座位。再比如，开学前特意不请家长或班委来提前帮忙布置教室，只告诉相关班委想要达到的效果，由班委提前准备所需物件、安排人员和时间，学生们到班后合作打扫、分工布置，一起打造属于自己的美好环境。

推进人人班委制，确保人人为班级作贡献，以提高对班级的归属感，也切实将培养和锻炼每个学生落实到日常。初一开学不久，根据学生本人的意愿和性格特点等来确定大部分班委。各班委就职前后，我会告知他们该班委的职责要求和标准，给予具体的指导和点拨，使他们能够知悉各自的职务特点，通过练习，逐渐由不会到会，由会到越来越好。除非该班委想换岗位或多次指导后仍没进步，不然就职后一般不调岗，有不少班委持续任职满三年。班委工作的延续性，使他们得以提前筹谋、精益求精。比如，负责班级体艺节入场式表演的设计和训练等的文体部，从初一任职到初三，由生手逐渐走向全能。初一表演的创意、训练、服装、道具等主要由我来掌控，同时指导文体部边执行边学习，上场前需要请家长来帮忙化妆；初二的体艺节入场式，文体部负责了大部分，我不时提点一二；到初三，文体部在初二的暑假就完成了创意设计，组织采买了演出服，体艺节前夕主动组织排练，明智地用上生教生、分小组训练等方法，细抠动作，增加道具，到正式上场的那天，已学会化妆的几位班委帮全班女生化妆。

与学生群体和个体进行有效沟通，也教授学生有效沟通的方法，使师生间、生生间保持和谐友爱，也使学生不断优化知识、思想、情感等体系。与群体沟通时，作为班主任，我上好《论语》和社会主义核心价值观的序列主题班会课，同时根据班级学生的情况上好相应的主题班会课；学科教学的课堂上，始终将立德树人放在首位，摒弃简单的说教与批评教育，而是根据需要进行更具实效性的五分钟到十分钟的主题微班会。与学生个体沟通时，常常采用非暴力沟通法，平和地说出所观察到的与所感受到的，把握自己和学生的需要，提出照顾彼此需要的具体请求，使学生更愿意接受教导、更乐于合作。当学生出现争端等较难解决的问题时，我采用教练式沟通技巧，引导学生说出事情原委，还原真实情境，鼓励他们思考并提出解决问题的方案。课堂上及与学生私下沟通时，我教学生用非暴力沟通法等进行倾听和表达，使学生能控制住自己的情绪，能不伤人、不伤己地表达愤怒，懂得将"不得不做"的负面思考转化为"我选择做"的积极表达。

与家长进行有效沟通，形成最大的家校合力，携手帮助学生平稳走过青春期。管理好家长群，开好家长会，协调家委会，与家长群体合作无间。除了利用通信工具、网络社交媒介等与家长保持联系外，尽量在第一学期就完成对全

10 日前必须完成基本的班级文化布置。初一开学第一天看到学生填写的资料后，我优先关注有意于此的学生，并留意哪些学生有美术功底，选择负责板报的小陈、选择负责文化布置的小黄，交谈后被任命为负责人。我将有美术功底的几位学生召集到一起，让还没有互相认识的他们尽快熟悉并合作起来。短短六天在校时间，在两位负责人的带领下，近十位学生利用第八节、第九节自习课时间，一起高效完成了黑板报和所有展板的布置，且在年级文化评比中获得了一等奖。

班级职务的设定可以不走寻常路，只根据班级和学校等的运作需要。比如运作过程中发现纪律委员形同虚设——每个小组轮流值日管班后，基本上就没有纪律委员什么事了，那我们就果断废除该职，原纪律委员另外领活。而如上文所述，那几年我们十分需要回执员，为了更高效，小组的和班级的回执员都需要，于是我们就果断增设小组的组回执员和班级的总回执员。

假设班主任接班之初发现这个班的大多数孩子都比较自我，仅有少部分人愿意主动领活，那么，不要着急把职务强推下去，而是要回归最根本的思想工作上来。"人人为我，我为人人"的思想，要灌输与传递；"帮助别人，就是在帮助自己"的故事，要多讲；将来社会需要什么样的人才，每个人在班级里担任一个职务并专业操作此事，它的近期、中期和远期的好处，要为他们梳理清楚。更要告诉他们：人人有事做，事事有人做，意味着其实每人只需要付出一点点；而且操作过程中，我会进行相应的指导，使得大家得心应手，轻松又高效。在这样的情形下，几乎不会再有人自以为是地只想着做好自己或者只顾着学习不想做班务。没领到活的人恐怕会迫不及待地跑过来问："老师，赶紧想想还有什么活儿可以安排给我。"孔子说："知之者不如好之者，好之者不如乐之者。"想办法让学生"好之""乐之"，便成功了一半。

接着，就是对相关人员进行针对性的培训、指导，以及实际操作中的系统化运作。还是以收回执为例。在第一次把任务交给总回执员前，我会先跟他讲明此事的意义：我们是在帮助同学以及同学的家长，确保假期里或者一些重要事件中，大家都能平平安安的。把这件事的重要意义告诉他，有利于他更严肃认真地来对待此事，并理解其中看似烦琐多余细节的必要性。然后我会跟他建议：整件事按什么样的路径进行会比较好；当出现个别同学不能及时交回执时，他可以进行怎样的操作；明确告诉他回执最后该于什么时间内交在什么地方的什么人；同时，也对他充满信任，鼓励他如果想到了更好的方法，可以试着去操作。

之后，我就地把《致家长一封信》等材料交给他。总回执员负责分发《致家长一封信》等，并交代小组回执员及时收好。小组回执员收齐本组 4 个人或 6 个人的回执后，交给总回执员。如果有个别没及时交的人，小组回执员要在第一时间告诉总回执员。时间很紧张的话，总回执员就负责通过电话或者信息等确保该生家长知情；时间比较宽裕的话，最后几个人的回执收取工作，他要与这几位学生定好时间并逐一落实。而如果整封信都弄不见了，怎么办？首先必须让这个同学家长知情，然后再根据时间紧迫与否决定：或者是想办法再给一封信，或者用手写版代替。待到所有回执都收齐，他就负责将所有回执送到指定的老师处。

在此过程中，尤其是最初几次，我要关注的是：那些冒充家长签名的回执要再知会家长；在规定时间快到之际，询问总回执员收及送的情况；督促总回执员按上文提及的方法处理好那几个还没交的人后续的工作。一段时间后，如果总回执员已经达到能够辨识签名真伪的水平，那么查清假冒签名及知会家长的工作将转由他全权负责；回执的查收和上交情况，由总回执员在规定时间前自行汇报，对其中的个别事件也要进行相应的说明，一如本文一开头呈现的画面。

待到几次操作后，我会找来总回执员，让他思考并总结：如何收发回执更高效？这过程中该重点关注哪些人？对于这些人，可以先采取什么与众不同的措施来敦促他们尽早上交？在与学生和家长的沟通中怎么做会更有效？我尽量多引导，除非他实在想不出，我才提出可行的建议。没有特殊情况的话，三年的回执都将由他来负责收。与他探讨，助他琢磨出高效的方法，他不仅乐意，而且格外用心努力。借助此方式，引导他不断总结，不断改进，他终成这方面的能手。

按照这样的方法，我们班48个学生，每个人都有自己的一份事儿，经过一次次的实践，都成了个中好手。大多数人的常规职务一经担任，往往会延续三年，比如班长、学习委员、大多数科代表、考勤记录员、宣传委员、报刊员、多媒体管理员等。也有些人任职不到半年就换岗，比如空调管理员总忍不住把空调温度调到20摄氏度左右，不符合学校及环保的规定，只符合那些怕热孩子们的口味。几次犯规后，果断撤换，他无怨无尤。改任学习小组长后，勤学好问的他乐于带领组员好好上进求学，刚好合适。也有因为客观条件不得不进行调岗的，比如开门员任职一年多后主动过来说明：因为搬家到更远的地方，不能很早过来开门。他推荐了每次最早到班的学生——常规劳动员之一，每天来校安排时间擦洗窗户。询问他们是否愿意互换职务，双方都愉快地同意了。于是，开门的任务友好而顺利地进行了交接。新上任的开门员和常规劳动员都不负所望。

因为对学生足够尊重、足够信任，在事前告诉他们意义、教会他们方法，过程中放手让他们去做、去锻炼，事后积极引导他们不断总结、改进，于是，班里所有学生都在一次次实践中进步与成长，个个都是"术业有专攻"的"精兵强将"；而我也因为有这48位学生强有力的支持和帮助，得以在班主任无尽的事务海洋中自在遨游。

更可喜的是，班级以及每个学生都收获良多。班级因为"人人为我，我为人人"而温馨和谐，学生的班级归属感、荣誉感强烈，在大家的携手努力下，班级几乎每月都获评"文明班"，获校年度"先进班集体""先进团支部"等荣誉称号，在学习及其他各项课外活动中，都有令人瞩目的进步和好成绩。学生的成长更是令人欣慰：他们提高了做事的能力，也提高了与人沟通、团队协作、思考总结的能力，练就认真负责、惜时守信、善始善终、体贴周到、精益求精等品质，收获了自信心、成就感，还有彼此的尊重、感激与认可。

教室保洁的精细化管理

开学近三周，学校严明的量化考核制度一直在进行中，而13班的卫生保洁还是很不错的：在学校组织的卫生评比中获得一等奖；每天的检查都未曾被扣过关于卫生方面的任何分；大扫除后的检查获得一等奖；多项量化检查均获得满分；上课前基本做到黑板干净。

能够做到如此，主要是坚持做到对劳动的高标准、严要求，对三位劳动委员进行精细化、标准化的定位与指导。

（一）细分相关职责

关注学生德智体美劳的全面发展，我们须重视劳动；关注教室适宜的学习环境，我们须重视劳动。劳动部的每个人都有明确的职责，监督管理岗、日常打扫岗、包干负责岗分别有具体的要求，并一一明晰地列出，制作出表1-1发给学生，方便学生对照执行。因为关乎每个人，除了张贴出来提醒学生去阅读外，相关职责和各项检查规则也在班上进行郑重其事的宣传、强调。

表 1-1 劳动部职责表

部门	班委	工作时间	班委职责细分
劳动部	门窗常务劳动委员	每天	1. 检查一次门、窗、栏杆、包干区、讲台的干净程度 2. 提醒负责的小组及相应个人擦洗至无灰尘、干净 3. 大扫除时监督并检查，每项擦洗得干净整齐 4. 对每个值日生劳动的勤快与干净程度都记录 5. 大扫除时监督每项任务彻底完成
	门窗栏杆组	每天	1. 擦洗一次，确保干净无灰尘 2. 如有未完成好的部分，一经提醒即刻整改
	常规劳动委员	每天	1. 早上到班马上检查，确保地板干净、教室任何角落无垃圾、黑板干净、桌椅摆放整齐，若有问题，7:25 之前，监督前一天值日小组解决 2. 课间检查：黑板在上课前擦干净，地上无垃圾 3. 下午到班马上检查，确保地板干净、教室任何角落无垃圾、黑板干净、桌椅摆放整齐，若有问题，13:55 之前，监督当天值日小组打扫 4. 对每个值日生劳动的勤快与干净程度都记录
	常规值日组	每天	1. 上午、下午的课间，擦黑板，并巡视确保教室整洁 2. 13:55 前进行打扫，确保地板干净、教室任何角落无垃圾、黑板干净、桌椅摆放整齐 3. 放学后进行打扫，椅子都要倒放到桌上，黑板要用湿抹布彻底擦洗，无雨的天气要拖地。最终确保地板干净、教室任何角落无垃圾、黑板干净、桌椅摆放整齐 4. 如有未完成好的部分，一经提醒即刻整改
	包干区负责人	每天	1. 打扫一次，时间自定，确保无灰尘 2. 检查两次，上下午各一次，确保无垃圾 3. 大扫除时要彻底打扫及拖洗
	讲台负责人	每天	1. 检查及清理讲台两次，确保讲台整洁 2. 擦洗讲台一次，确保讲台里里外外都干净 3. 大扫除时要彻底清洗
	大扫除劳动负责人	大扫除	1. 大扫除前安排 3 个小组人员，分别负责：扫地组，扫地、倒垃圾、提水、教室冲水；桌椅组，摆起椅子、摆齐桌椅、擦洗黑板；扫水组，扫净教室、走廊地板的水 2. 大扫除时监督打扫，确保每项干净彻底，并用专门的本子来记录各位同学的大扫除表现 3. 检查后放行扫地组和桌椅组时，要各留一人处理最后可能出现的问题，最后扫水组彻底扫好后，一起离开 4. 在班级或家长群反馈大扫除同学们的劳动情况

（二）细化常规检查

每天一个小组——四个人负责每日常规打扫，组内自行进行分工合作，但不允许任何人以任何理由逃避本属于自己的值日。但凡该小组在中午打扫、放学后打扫、课间擦黑板的评价中累计有三项不合格，那么第二天接着打扫，规定后就严格执行。因此，至今有多个小组都是打扫了两天才过关，爱国组打扫了三天才顺利转移到下一组。用组合做值日的方式来促进小组内进行好分工与合作，用有要求的结果来倒逼每个人做到善始善终、精益求精。

原劳动委员主动性不足，几次都是我发现问题后提醒他，他才缓缓起身去轻声细语地提醒值日组改进。如此，好像我才是劳动委员。班主任及整个班级都非常需要一个主动积极的优秀劳动委员，因此便着手物色一个得力的助手。原包干区负责人在上任的第二天一早就很主动地进行打扫。于是果断将两人职务互换，他们果然各得其所。新劳动委员较为高调、活跃，检查也较为积极主动。为此，做出量化考核表，如表1-2所示，常规劳动委员有检查的量表在手后，检查得更及时、更仔细、更到位。

表1-2　量化考核表

值日组		值日组得分			
值日生姓名					
态度分（抗拒 -20分，主动 +10分）					
检查内容	教室地板全无垃圾	桌椅摆放整齐	劳动工具整齐	黑板干净	提前完成
7:25 前					
13:55 前					

门、窗、栏杆是小组的自主选择，一个大值日周期（即小组都轮过一次常

规值日）后，可以更换给别的组。讲台、包干区、图书角则是专人专职项目，大扫除时，负责这些区域的 7 位学生把他们的本职工作做到最佳即可。

课间保洁，不仅是劳动委员和值日生的责任，更是全班学生的责任。从开学第一天我就告知学生，方圆一米以内都是自己的保洁范围。因此，只要看到垃圾就顺手捡起，不纠结它到底是谁的，都请顺手捡起。全班学生一起来维护班级的干净整洁，共同打造适宜大家长久在其间学习生活的美好环境。

（三）大扫除细分工

大扫除如果是任由大家自愿劳动，极容易导致有些人干特别多的活儿，而有些人却不怎么干活。因此，最好进行明确的分工安排。劳动岗定下后，每次教室大扫除只需要 1 个大组，即 3 个小组 12 人。科学楼的相应区域打扫需要 1 个大组。门、窗、栏杆、讲台、图书角、包干区由日常负责组加大力度彻底整理和擦洗，驾轻就熟，速度快，效率高；而安排打扫科学楼的同学有专门的老师带队，也有专门的老师进行指导，劳动委员主要看同学的劳动态度，监督劳动工具的携带等。

剩下暂未轮到要打扫的两个大组的学生，本次可以选择看书、运动、帮忙打扫等，在确保安全的前提下，选择自己喜欢的方式度过最后一节课。各小组完成分到的任务后，交由劳动委员或班主任检查确认，随后组负责人要陪着劳动委员一起留到最后，其余三人可以先去自由活动。因此，大扫除的劳动者往往干劲很足，都希望早早完成好自己的劳动任务；而暂时没有打扫任务的学生也总有几位会热心帮忙、主动参与打扫。对此，特制出表 1-3 考核。

表1-3 大扫除卫生检查表

13班大扫除卫生检查表A（一）（12人）

___月___日 星期___ 地点：教室 大扫除劳动委员_____

安排	扫地组			桌椅组			扫水组		
组名									
组负责人									
本次大扫除组人员姓名									
态度评分									
具体任务	扫地	倒垃圾	提水、冲水	摆起椅子	摆齐桌椅	擦洗黑板	扫净教室水		扫净走廊水
完成情况									
组得分									
组负责人扣分									

填表说明：1. 态度评分：不需要提醒已做好，为主动，+10分；提醒后仍不去做，为抗拒，-20分。2. 完成情况：每项完成好+10分，完成一般不加分，没完成-20分。3. 组得分为组负责项的得分总和。

13 班大扫除卫生检查表 A（二）（12 人）

___月___日　　星期___　　　地点：科学楼　　大扫除劳动委员_____

值日小组											
本次大扫除组人员姓名											
态度评分											
打扫情况											
组得分											

填表说明：1. 态度评分：不需要提醒已做好，为主动，+10 分；提醒后仍不去做，为抗拒，−20 分。2. 打扫情况：完成好 +20 分，完成一般不加分，没完成 −20 分。

13 班大扫除卫生检查表（三）（7 人，固定常规职务者，要同时参与以上任务）

___月___日　　星期___　　　地点：教室　　大扫除劳动委员_____

检查时间与内容	包干区干净无灰	前后门干净无灰	内窗干净无灰	外窗干净无灰	栏杆干净无灰	讲台干净整洁	图书角干净有序
值日生姓名							
态度评分							
大扫除彻底打扫情况							

填表说明：1. 态度评分：不需要提醒已做好，为主动，+10 分；提醒后还不去做，为抗拒，−20 分。2. 大扫除彻底打扫情况：完成好 +20 分，完成一般不加分，没完成 −20 分。

　　上一届学生每到周五就会积极地来问询是否要大扫除，然后打扫起来也特别积极高效，雨伞提水、纵横式扫水等奇招纷纷用上。大多数学生大扫除时都表现得很不错，因为合理的分工制度和有力的奖惩与反馈机制，使他们明确权利与义务，表现出他们爱劳动的一面。劳动前的分工和后续的反馈都是劳动委员要负责的，因此劳动委员不必在劳动时亲力亲为，做好协调管理和记录工作就好。

分工安排和检查标准都一一明确量化后，学生们分工合作，人人各司其职，一起高效地打扫出干净整洁的教室。班级的保洁做得很不错，学生们日常值日和大扫除劳动等，也基本做到了高质高效。学生们培养着相关的品质，理念持续更新，不少能力也得到了提高。

于点滴中强化落实

小组和班级人人有事做，事事有人做，为了班级和小组的有序发展，为了促进广大优秀班委的养成，我会抓住一切机会，结合学生的生活，将"落实"的观念和做法传递给学生，持续进行落实工作细节的训练。

（一）小组内的落实

升旗仪式前，各小组的纪律员们按要求出来检查组员的服装整洁情况。

检查完都回位了。但是，有一位同学的衬衣还是没有塞进裤子里，有几位同学还穿着运动鞋走来走去。我立刻呼唤各小组的纪律员们再出列："要落到实处，不能只是提醒。实在不行，你就站在他旁边，看着他穿好、换好再离开。"

各小组的纪律员们走出自己的位置，去到礼服细节还有待改进的同学身边。大多数同学都整改好了，但那位学生的衬衣还未整理好。我再次提醒他们组的纪律员昕，也提醒全班："只是看一下，说一下，对方没有改变，那跟没说是一样的。一定要看到改变发生，这才是真落实了。所谓的自信和能力，就是在这一点点完成中培养出来的。"升旗仪式的礼服穿着细节解决了。

早读背书中，我特地提醒学生："如果看到自己的搭档没好好背，可以去提醒他，叫他读起来、背起来。最好就直接让他读给你听、背给你听，这才真是落到了实处。"除了各自背好外，也允许组内互为搭档的两位下位互背。

（二）班级空调管理员的落实

体育课，全班都要下到操场。长时间离开教室，教室的空调、电灯、风扇、一体机等必须关闭。然而，一切都还运行着，管电的安全委员宇却已不见了。

关空调时，发现温度竟然是 23 摄氏度，遥控器也是随意放在了某位学生的桌子上。上学期期末最后四天接手班级时，任命了安全委员宇。有一次一进班空调温度显示为 21 摄氏度，据说是某个非常怕热的学生私自调的。当下就告诉宇必须坚守原则，严格管理，拒绝任何人拿遥控器去自己调温度，且必须按学校要求，控制在 26 摄氏度及以上。随后，对全班强调："如果我发现温度设定低于 26 摄氏度，空调禁用一天；如果学校德育处发现，空调禁用一周。"既对宇有指导，又对全班有规定，两相结合，随后两天空调温度控制得不错。

过了一个暑假都忘了，宇也忘了？那就再强调、再教育吧！一看到宇，立刻跟他再次强调了离开前必须关闭一切电器，牢牢记住用电安全常识，并对他说，这次还是提醒，下次就要他思考如何牢记并做到临走前关闭一切电器。

下午讲台上没看见遥控器，问在谁哪里。宇拿起遥控器示意就在他那里，神色已经颇为淡定，相信接下来的管控应该没问题。

不管是小组的职责还是班级的职责，学生从初担任到胜任，中间这段成长路难免会有疏忽、失职；但继续给他们机会，让他们持续改进，直至属于他们的工作细节都能由他们去落实，让人放心的优秀班委也就培养出来了。

与小组合作制相统一的座位编排法

座位编排之事，不少班主任为此颇劳神费力。其实班主任可以把主动权还给学生，把编排座位及与之相关的权利和责任还给学生，充分发挥座位编排对学生的教育作用。座位编排与班级持续推进的小组合作制、量化考核制等班级制度有机结合，可以全程、全方面地促进班级和学生发展。

与小组合作制相统一的座位编排法是个系统工程，一般可以用如下方法进行。

（一）定位组内号数

以 4 人小组为例，我一般按学习成绩进行排序，分出班级的 4 个梯队。排序的依据对学生具有一定的导向作用，最重哪方面的教育便可以学生哪方面的表现为依据来排序。组内必须有 1、2、3、4 号，学生最初会以很难选全为由来申请允许组内有重号，这时不要松口，一定坚持每个号数都要有，确保组内的相对均衡，这使得各小组能按章法进行人员的选择和定位。本届所带班级有 46 个人，于是，12 个 1 号、12 个 2 号、12 个 4 号、10 个 3 号，有两个小组是没有 3 号的 3 人小组，组合成 6 人小组。若是 6 人小组，则分好 6 个梯队，每个组内都必须有 1、2、3、4、5、6 号。

（二）进行组员选择

学习成绩较好的学生为 1 号，由 1 号担任组长并负责按照男女比例要求，选出组内的 2、3、4 号，而被选择的 2、3、4 号可以进行反选。男女比例也是要坚持的原则之一，既为保障纪律考虑，也为促进男女生间进行必须的人际交往活动。被选与互选，都很考验人缘。最初执行时，总会有个别学生是没有人选的。怎么办？事先告知，不选或者不被选的人，将临时拼合成组，直到下次全班大重组再调整。4 人小组的组员，坚持这样的选择与反选，倒逼学生调整自己的待人接物，也促使学生在后续的小组合作中更好地互助合作和互相牵制。一般到第三次重组互选时，便不会再有任何人不选或不被选了。

（三）初步排定座位

班长将选择确定的组名单给负责排座位的生活委员，初步排出班级座位表。当小组内安排的坐法不能使得组纪律保持良好，那么班主任要进行组内微调和重新定位，并暂时不允许他们私自调整。直到他们能以保障纪律为先决条件来进行座位微调，才给予他们内部微调的权利。如果微调了座位之后，学生依旧不可自控地闲聊、互相干扰，那么将对他们进行集中的引导教育、必要的惩戒，督促他们思考并写出对策、协同家长督促落实等，让他们明白自己的行为不仅会影响自己，也会影响小组及全班，必须学会自控并互相监督与约束。不必为避免他们吵闹而故意将他们调到天南地北，而是要用这样的方式来使他们最终可以由内而外地改变。

（四）隔周整组调位

小组确定后，4 人小组（或 6 人小组）始终都坐在一起，隔周负责座位的班长调班级位置时，整个小组一起调。隔段时间换座位，为的是保护学生们的视力，也使全班每个座位都确实是适宜任何人坐的好座位，也避免学生、家长为座位的编排而有诸多意见。不管个高个矮，教室任何一个位置都是坐两周左右，被挡住的学生想办法来解决问题，如换椅子、变坐姿、与遮挡人商量处理等，近视的学生则要去配合适的眼镜。根据小组及全班的情况，必要时依旧可以进行组内微调，以大局为重。

（五）履行组内职务

组内每个人都要有实实在在的职务，负责组内相关任务的督促与完成。职务为学习组长、仪表组长、劳动组长、纪律组长、信息组长等，根据班级和小组的发展需要设岗，如防疫期间加设了防疫组长。有明确的分工，人人有各自的职责，更有团队归属感，也避免出现某一人做所有事而他人什么事都应付了事的情况。

（六）加强团队建设

抓住契机，创设同甘共苦的体验，以进一步提升小组的凝聚力和彼此约束的效力。比如，小组分工合作负责当天教室打扫，若出现超过三处问题，那么小组一起重新打扫到合格的那天为止；自习课时若组内有人干扰他人而纪律组长等不及时制止和管理，那么整个小组要一起接受处罚，而不听组员劝阻，逃跑或应付的学生则个人受惩。到了初三，在校学习时间很紧张，也可以将小组的量化等评价当周进行累积，不合格的组周末进行相应的弥补，届时可以与家长联动协同处理。也向学生推荐有利于团队合作的好方法。通过多种形式，学生深入体认团队合作的意义。

（七）大重组大调整

如果是按成绩定位班级的1、2、3、4号，那么一般是大考后问询学生们要不要大重组。如果超过三分之一的学生表示要重组，那么就按照前3步走一遍：每个人重新定位，按要求互相选择，组建新的小组，定位组内职务。随后，按照第4步、第5步进行组内微调、座位重调、组内履责、组同甘共苦等。

与小组合作制相统一的座位编排法，也逐渐成为班级制度，全体学生有所适从，不断调整，不断成长。

附：

座位微调协奏曲

又到了众人期待的组间座位调换时间。

小淇的同桌兼好友麒一见到我就热情地打招呼。我问："座位放学时调好了吗？"她说："调好了，不过小淇说她看不见。"我说："看不见啊，那得配眼镜吧。"她回答："小淇说刚配的，不想再换了。其实，小淇是因为被挡住了，才看不见的。"她再接着问："老师，如果我们协商好的话，内部可以换位吗？"我说："可以啊，只要你们协商好。"麒点了点头，高高兴兴地去教室了。

我们班的座位是民主集中制的完美体现，以他们的民主为主，我的集中为辅。6人小组成员按规则自由选定后，这个小组将保持小组合作学习、小组值日、小组座位等半个学期以上。每隔两周，生活委员会调换各小组在教室的位置，使每个小组在教室的各个角落都落座过。组内协定好后，组内座位可以进行微调；但如果调整后反倒出现纪律失控等必须严格把控的问题，就由班主任重新安排定位，一锤定音。

中午我一进到班里，就看到小淇镜框下的眼睛红红的，一脸不开心。小淇小组6人还是按座位表就座，我问麒："怎么没有换？"麒直指前面的政和泽，说："他们不同意。"

我问前排两位大男生："为什么不同意换呢？"政不语，只是停了手中做作业的手。坐在小淇正前方的泽说："政看不见，他还来不及配眼镜。我也有点儿看不大清楚。"政默默地点头。

都是为了看清黑板上的内容，更好地学习，又各有各的难处，怎么办？

坐在身高160厘米的凡和清前面的是身高185厘米的兴，他结结实实地挡在她们面前，但他们从没因此发生过龃龉和不悦，也不曾跟我反馈过座位问题。凡正好在周边打扫卫生，她泰然地说："小淇，你就把脖子提得高高的，或者左右偏头来看，就看得到了。"我笑道："倒是锻炼了颈椎，也不错啊。"凡笑了起来，摆好桌椅就走开了。

于是，我先试着做小淇的思想工作："小淇，你也试着向左边或者右边看吧，应该还是可以的。"但情况有些不同，小淇个子更小，她才145厘米高，而她前面的男生都是180厘米以上的"壮汉"，光坐着就差不多挤满了整个横向空间。而凡她们前面只有兴一人体格高大。小淇渐渐拿书遮住整张脸，不知是接受，还是默默地伤心。

政一直握着笔，但没心情继续做作业，他似乎在为自己没给小淇换座位感到不安。我对小淇正前方的泽说："那你上课时就把身体缩起来，或侧向一边吧。"缩起来，其实不现实；于是泽迅速将整个身子侧向左边，上半身形成一道斜线，小淇眼前立马开阔了；但是，真让泽次次听课都如此坐吗？我笑着摇头。

泽正起身来，斜前方的什么东西突然令他眼睛一亮，他说："我和国的椅子换一下就可以了。"一看，国的椅子确实比较矮。国最初以为自己惹上了什么事，很是紧张，眼睛瞪得大大的，听闻是要换椅子后，立马乐了，于是赶紧起身，泽把椅子拿出，迅速对换好。

坐到矮椅子上，泽矮了半个头。小淇终于露出了久违的笑容，直点头，忙不迭地说"谢谢"。政与麒也释然了。泽腼腆地笑笑，脱口而出他那简洁的口头禅"爽"。座位问题，圆满解决。

座位是学生们重要的学习环境，又涉及每人所享受的教育资源的公平，采用自主选择组员、组内可微调座位、隔周调组座位等后，只有组员参差不齐的身高和视力偶尔会带来排座位方面的困扰。每个人都可能会坐到最后一排去，所以视力问题得自己解决；但是前面学生个儿太高挡住后面同学的话，就只能内部协调解决；解决不了的话，就由我居间调停。涉及身高问题，我一般不强行要求他们做什么，也不苛责他们必须让步，只是给出建议，更多是让他们自己去表达、去想办法。

调停处理后，问题一般都能妥善解决。正如这次小风波，在解决的过程中，我看到国、麒、凡、政等同学的心中有人；看到泽的可爱之处，他懂得要维护自己的权益，但他也体谅别人的苦处，并会积极想办法来解决问题；他们一起谱写并演奏出了这动人的座位微调协奏曲，成全了彼此。

有关座位的故事二

好友当同桌，互助促学

我向不少班主任推荐了小组合作制的高效座位编排法，但采纳者却不多。为什么呢？最主要的顾虑就是学生自己选的组员，都是关系较好的同学，坐在一起不就更容易聊天了吗？纪律可能没保障，难以好好学习。然而事实上，关系好又闹腾的学生坐在一起也可能产生正向促进作用。不信，看看以下的故事吧。

（一）缘起于助学

小卓靠着墙根，面朝教室中心，木然地看向某个方向。不管老师上课讲什么，他常是这个状态。偶尔他那坐在两组之隔的好友小马跟他互动时，他立马眉开眼笑地活转过来，大声吆喝一句，似乎忘了正在上课。他的同桌小军始终正襟危坐，似乎全神贯注于他眼前的书、该做的笔记，同桌什么的，他完全看不见似的，提醒或帮忙更是没有的。同桌两人从头到尾几乎是零互动。

小卓又木然地看向某处，不翻书，更别说记笔记了。我走到他的座位附近，看了他一会儿，还没待我说话，他反而翻起白眼来，没好声气地问："干吗?!"我指指此刻正在认真做笔记的他的同桌。他又翻了一个白眼，懒懒地拿出笔来，没写几个字就放下了。干扰课堂，不听不学，被提醒后还拽兮兮的——这么过分，岂能放过？

下课后，我把他留下来，坚持要他补完所有笔记。他依旧一副狂拽无所谓的模样，手里补着笔记，但补两笔就不耐烦地要来检查过关，一副怨气冲天的模样。只有他的好友小马来关心他时，他才笑得虎牙都露出来。

在对他进行该有的教育、坚持他必须完成的学习任务时，看到他们友好互动的我萌发了一个想法：让小卓和小马这对好哥儿俩坐一起，应该可以互相促进、互相帮助。我跟小卓和小马略微一说，小马有点儿狡猾地笑着说"好"，小卓相当乐意，补完笔记后，他还特地要求我："一定要让我和小马一起坐。"

（二）推进成同桌

事后，我第一时间就小卓和小马哥儿俩坐一起之事，找他们的班主任进行了沟通。班主任有点儿担心这两个鬼马闹腾的家伙会在别的课堂上闹出事端来，只同意他们俩语文课上一起坐。

第二天的语文课，一进教室我就对小卓说："你们班主任同意你和小马语文课上同桌。待会你和小林互换座位，你坐过来吧。"小卓非常高兴，满脸堆笑，利索地拿好书和笔，迅速来到小马座位旁。

我特地叮嘱坐定的小卓和小马："你们好好互相帮助，互相监督，这才是真的好朋友啊。"他俩点头微笑，素来鬼马的小马笑得有些诡异，然而后面课上的表现证明：小马很靠谱，而且是小卓的真朋友。

小卓长久以来听课都是那种木然状态，不是想改就能改的，没过多久，他又陷入发呆状。小马发觉了，赶紧推他一下，帮他把书翻到指定的页数，指着我们正在学习的地方。小马挺善于学习，他麻利地记完笔记后，有时看小卓还没动作，就把自己的书推送到小卓面前，让他赶紧记；不时也带着小卓一起读书。

小卓始终都很平和而愉悦地接受小马的帮助，此前动辄翻起的白眼消失了，全程基本上不需要我的提醒。小马似乎也更认真了。我就势对他们进行表扬，并说道："真的好朋友，坐在一起也是能够很好地彼此促进的哈。"

不少学生很羡慕，纷纷希望我帮他们调座位。我只是科任老师，还是不要越权了，而且，虽然班上不少同桌是零互动，但都还可以相安无事地各自学习。

（三）再续同桌缘

调位后的第四节语文课前，小马原同桌小林问我："老师，今天换座位吗？"问过小林，她觉得换座位后学习氛围更好，但总让她课前调换，也真是挺麻烦的。而且在第三次换座位的课上，小卓有次控制不住好玩的冲动，拿着笔戳弄了小马两下。我示意小卓，如果这样影响自己好友的话，就没有换座位的必要了。

想到这些，我对小林说："今天不换了。"结果如何呢？小卓又回复到原始的怠学状态。原同桌小军依旧只管自己学习，坚持要他跟小卓共享学习资料时，他会把资料向小卓的座位移动几毫米。小卓一副爱看不看的模样，或者趴下，或者木然四顾，进步的是提醒后不会像原来那么毛躁地翻白眼或不理会。第五节语文课继续没有换座位，小卓状态依旧如此。

不学习，安静地耗时间也是毫无意义的。老师直接的思想教育与引导，他接受得很慢，原同桌与他形同陌路，现在最能促进他、帮助他的，估计还是非他的好友小马莫属了。

座位，还是调换吧。实施换位方案后的第六节语文课，我又让他们坐到了一起。课间一知道又可以坐在一起，哥儿俩很是开心。上课时，小卓又像是重新活过来了一般，有神了，能读书了，能写字了。许是意识到了同桌不易，要且行且珍惜吧，小马依旧会提醒小卓，小卓也开始帮助小马。和谐互助的一幕幕再次上演：小马忘带练习册，小卓便翻出来两人一起读；小马进程本的作业，小卓笑着催促他快快写，虽然他自己的也还没写完。

一天，自习课我去到他们班，发现不少学生私换了座位。他们对座位是真在意啊！其实，也难怪他们在意：全天共9节课，去掉走班课、体育课、信息课等，每天同桌共坐共学的时间至少有五节课；当自觉自律还没养成、主观能动性还未被充分调动、独立的自我还不够强大时，身边的人和环境影响力巨大。因此，老师辛辛苦苦、费时费力编排好座位后，有时却反而会带来些许不愉快：有学生会哭着过来说不要和谁坐、不要坐哪里；有家长会想办法联系老师谈对换座位的意见，甚至意图掌控"座位编排大权"。

为排座位而费时费力又费神的班主任们，不妨试着采用与小组合作制相统一的座位编排法。不必担心关系好的学生坐在一起会有碍学习，如小卓和小马，他们关系好，互相买账，在我们的引导下，他们愿意正向互相帮助、互相促进，渐渐懂得良师益友的真谛，懂得真正的成人之美。而且，一切也可以尽在掌握：完备的班级制度保障纪律；恰到好处的行动支撑和思想，引导促进他们正向互助。

小组合作制之组内精细化分工及履责

小组合作制始终在推行，接手新班或中途接班可以对小组进行重组和重新定位。从初一带起的班级，在学习与反思中悟出了更优的方案，也可以果断加以改进，只为教师、学生、班级互相成全，实现共赢。

接手初一所带的班级后，新学期伊始，我便开始小组的精细化分工，定位每个学生的职责，随后便开始推动各职责负责人的履职。

（一）精细化分工定位

小组合作制要继续用于班级管理中，想要进一步发挥其育人效用，就需要有更精细的分工定位。班级有序运行所须涉及的部分都考虑在内，向全班告知所进行的精细分工和岗位简析，并表明后续将根据实际情况再优化。

这一学期，除了必有的学习组长、纪律组长、卫生组长外，根据需要增加了记录员、文体组长、信息组长（含家长支持在内）。岗位职责中也明确指明所要对接的班委，意在使有关事项在学生中就可以全流程完成，使组长和班委的善始善终、负责到底更有方向，也促进他们多进行沟通与合作。各岗位分工见表1-4。

1-4　初三13班9月组内分工表

组	姓名	组内任职	岗位简析	组	姓名	组内任职	岗位简析
①	×××			①	×××		
②	×××		1. 负责记录当天组内外表现好或进步显著的人和事，每天至少两组上台进行公示 2. 每周由专职班委收记录本检查并进行汇总	②	×××		1. 负责组内文艺、体育、宣传的组织和进行 2. 与班级文艺委员、体育委员、宣传委员对接好
③	×××			③	×××		
④	×××	记录员		④	×××	文体组长	
⑤	×××			⑤	×××		
⑥	×××			⑥	×××		
⑦	×××			⑦	×××		
⑧	×××			⑧	×××		
①	×××			①	×××		
②	×××		1. 负责自习课、集会等无老师在场时本组纪律管理 2. 组值日时，组织安排含自己在内的组员上台管理班级纪律，并做好记录、反馈和提醒的工作 3. 与班长、副班长、班主任对接	②	×××		1. 负责集会时组人员统计，对接考勤员 2. 负责各信息表格、回执等的回收，与相关班委对接 注意：家长兼任该小组信息联络员，确保重要群信息落实到群成员
③	×××			③	×××		
④	×××	纪律组长		④	×××	信息组长	
⑤	×××			⑤	×××		
⑥	×××			⑥	×××		
⑦	×××			⑦	×××		
⑧	×××			⑧	×××		

组	姓名	组内任职	岗位简析	组	姓名	组内任职	岗位简析
①	×××			①	×××		
②	×××		1. 负责组值日时安排组员分工合作，在规定时间内打扫教室、小房间及包干区，倒垃圾、全天擦黑板 2. 确保平时组区域1米以内的卫生保洁 3. 与劳动委员对接	②	×××		
③	×××			③	×××		
④	×××	卫生组长		④	×××	学习组长	1. 负责检查并落实本组成员与学习有关的任务的完成 2. 与科代表、学习委员、各科老师对接
⑤	×××			⑤	×××		
⑥	×××			⑥	×××		
⑦	×××			⑦	×××		
⑧	×××			⑧	×××		

而从制订方案到有效执行中间还有一段路要走。需要强化所有学生组内分工合作、人人有责、人人履责及互相支持的意识。需要陆续将部门组长及其对接的班委召集过来集中指导及强调。需要在他们进行具体工作时观察、留意、提醒以及再指导。

（二）推动组员对接班委的履职

各小组各项职责的工作人员要开始干活了。定位后的几天，每个课间都去找学生，为安排好各项任务使学生有充分时间为有关事宜做好准备。

1. 学习方面

早上，收作业，有6个组按要求组内每人收一样作业，同一列收同一科，这样效率比较高。有两个组是学习组长一人收全组作业，学习组长和科代表都更忙乱。确如前任班主任所言，组内一人收一科作业，速度会快一点儿。实验中有些混乱，速度也慢了；但经过对比，学生会更愿意接受组内每人分担某科的学习组长的安排，每人负责收一科作业。若组长一人收效率更高，也可由组长一人收全组。起始班级可实验及训练一下。

2．信息方面

前一天交代体育委员佳下发的健康调查表，第二天要全员收回。多余的表格要佳保管好，以给丢三落四的人备用。各小组信息组长负责收齐本组的，然后交给佳。第二节课间，佳已将全班的表格收齐并交给我。

各小组信息组长的家长就是该组家长的信息联络组长，待后续借助契机推进家长们的信息传递工作。

3．文宣方面

刚开学要展示暑假的优秀作业，而第二周适逢教师节，又有班级规范和文化检查，这是每学年开学初的"例牌"，这两周文宣人员很重要，也很忙碌。

安排文体组长负责组织成员为即将欢度教师节的老师们手工制作心意卡。重情义的孩子感念前任老师们，也要为他们制作。因此，每小组由原来只做一张心意卡变为两张。提供给他们彩纸，他们也可以自由选择和安排制作的材料。从布置任务，到分发材料，再到后续收集心意卡，都由宣传委员负责跟进。

宣传委员小姗在课间去我那里取来外墙布置需要的优秀作业，利用自习课布展。也给了她团委提供的大白纸、庶务组领来的彩色马克笔，嘱咐她要组织善于画画的学生，在下周三前画出老师们的漫画模样。

教室的白墙要让它们说话，说点儿什么呢？学生时间太有限，我先主持大局，把握大方向。其余班级文化细节则有待后续文宣组进一步丰富了。根据我们"博雅"班的命名初衷，我预设了方案。我利用自习课的一点儿时间，请出了擅长毛笔字的5位学生，给他们分任务，要他们周末分别按要求写下"博学而笃志，切问而近思""文质彬彬，然后君子"等《论语》章句。放学时与他们敲定每人的字所要放的位置，确定纸张大小和字的排版等。

4．卫生方面

课间找卫生组长们抽签，选出其中一组进行每日门窗等的擦拭。向卫生组长们强调他们的职责。要求常规劳动委员将评价细则告诉卫生组长，一起检查并进行对组员的评价。

有不少课间只有五分钟，而不少搭班的认真负责的初三教师还会拖堂，导致与学生交流的时间十分有限，于是便选涉及大多数人的事先进行。抽中负责日常擦拭的卫生组长和负责此项的劳动委员，到第十节自习课时才有时间叫他们出来，告知他们需要擦拭的6个位置，要求他们选定某个课间劳动。目前无人坐的区域不时出现小垃圾，日常保洁的落实方面，对常规劳动委员和卫生组长的精细化培训方面，都有待后续再安排人员负责及加强。

5. 纪律方面

前一天自习课扭动讲话的四人，按此前约定，特地给他们备了《诫子书》，给定时间让他们按要求抄完一遍。同时，也对全班进行了一番关于良师益友、专注学习的必要性及方法的交流。当有人忍不住课上交流问题时，小声告诉他先把会做的都做了，课后留下10分钟仔细询问。

请当天轮值的小组纪律组长坐到讲台上，提醒她要记录讲话和下位者。也特地对全班强调，纪律组长必须严管，否则就是失职，就要接受必要的教育与惩处。自习课上，《诫子书》一直投影着，陪伴着大家。

6. 记录方面

一天放学前，记录员进行了本学期的第一次公示反馈。每个小组的记录员在公示前才正式认定自己的职责和身份。公示各小组记录员前，特地正告全班：为什么要记录和反馈好人好事？大家习惯于看负面的东西，在上一学年的班级日志中总看到记录谁不好好听课、谁说话之类的。我们应该打开自己的慧眼，多看到别人的、周遭的美好，感受美好，也促使自己走向美好。

当听到有记录到帮忙捡试卷的好人时，学生笑了。刚好看到地面有个本子没人捡，我指着它说："看，有些人看到了却不会去捡。对比之下，能主动捡起来的人确实是表现不错的嘛。"勤同学被记录为善解人意、愿意听人倾诉，他听了很不好意思地抱住了头。我也会建议记录员的记录可以主要集中在乐于助人，如帮着解题、借文具等；认真履责，如科代表往返为老师和同学运送厚重练习册等。在记录员公示的美好中，在学生们的欢笑声中，这一周的校园生活告一段落。

（三）推动信息组长的家长们履责

周日快 19:00，年级长发出温馨提示：周一学生要列队到操场参加升旗仪式，服装要求与上周五早上的升旗仪式相同。糟糕！上周五放学前特地告诉学生，周一要上校长思政课，穿浅蓝色夏季短款运动校服在班升旗。

于是，我马上通过微信群和 QQ 群告知家长们："紧急通知：明天（9 月13 日周一）早晨举行室外升旗仪式，学生着装以及所有要求和上周五教师节升旗相同。请务必通传给孩子。小组内部请互相通知到位！"经验告诉我：只是群通知是不够的。上周五上午的服装多人不合格，有些学生在校听过却没记牢，有些家长没看群信息也没提醒。上周一告知脊柱侧弯检测要家长签名，后续多次群提醒，但直到周日晚家长才全都签署"同意"。

本可以发挥作用的信息组长及其家长还没起到多少作用。学生最初可能以为组内任职是走形式，没好好根据自己的能力和意愿进行选择，组内选出的信息组长的家长本该经常关注信息的，但他们最后推选出的信息组长中有几位家长平常几乎不怎么看信息。组内分工任职的第一周，我在班级及家长群公示了安排及各自职责，但学生与家长似乎都没太在意。我就借这机会进行训练，把信息组长家长的职责落实了，确保信息传达，也强化部分家长留意班级信息的习惯。

我便在群里提醒 8 位信息组长的家长："8 位信息组长的家长 @俊妈、@政妈、@翟爸、@曦妈、@左妈、@浩妈、@成爸、@麒爸，确定你们的组员都知晓后，请回复我，谢谢。若需要相应家长电话号码的话，可以问我要。"随后，不少信息组长的家长行动起来，或在群里呼唤，或自己建群通知，并陆续反馈过来。在群里呼唤的，我私信他们，建议他们私下建群，不要占用大群资源。一个小时后，有 3 位信息组长的家长还是没有动静。我便给他们私信、打电话，再次把要他们知晓及通传的发给他们，发给他们组名单，提醒他们："如果组员的家长迟迟没回，就麻烦电话他们一下，需要电话号码的话问我要。"

此前常常错过信息而如今担任信息组长家长的翟爸、俊妈等，这回不仅自己知晓了家校沟通须知的信息，也热火朝天地张罗着通知其他人。微信和 QQ 联系不上的，就找我要电话号码。唯有新换任为信息组长家长的政妈迟迟没回，我一边通知他们组的家长，一边试着联系该组学生。政同学刚好在线，便让他负责通传，必须一一通传到位，服装的细节也要提醒，不能"差不多"。

19:00 开始群通知，一番热火朝天的忙碌，到最后一个信息组长的家长回复说"通知完毕"时已是 22:30。时间不短且颇费事，但是值得的，具有长远意义，借此强化各个团队的组合作意识、留意信息的意识，以及信息组长到位履行责任的意识。各小组的群也都主动建起来了，方便后续他们的沟通交流。

第二天一早，全班都穿着合格的服装来参加升旗仪式。再后来，需要群通知的信息都能在各位信息组长家长的协助下，在越来越短的时间内通传给所有人。

多管齐下，自习课变安静

自习课安静下来了，从吵闹到比较安静，从比较安静到非常安静，一个半月。

（一）制订公约

每天有一节自习课，自习课纪律尤为重要。

在第一次自习课之前，我们提出了自习课的要求，然而第一次自习课却不够安静，于是在自习课快结束时，全班一起进行了自习课公约的商量制订，具体如下：

在家长们和家委会的全力支持下，杨伯峻译注版的《论语译注》在第一周就全员配齐了，网上每天背诵一则的打卡任务旋即开启。自习公约里的"5+3"与《论语》有关：自习课如果不够安静，那么小组就好好领略《论语》精神，找到一则具有教育意义的相关章句，始作俑者抄写 5 遍，可以制止却不作为的组员抄写 3 遍，更严重者过来背诵并解读章句等。约定好之后，就简称之为"5+3"。

用孔老夫子的话来教育自习课不够安静的人，这样的"小题大做"法在上一届也用了，帮助不少小组和个人熟练地背诵和精准地理解《论语》章句。连写一个字都嫌多的懒人，倒是赶紧闭了嘴甚至赶忙监督组员不得在自习课时说话。

管理人员按照要求进行管理：督促所有同学自习课上不许说话不许动，及时记录违约者并进行反馈，后续依照约定进行处理（初期由班主任来加持，落实后续处理）。周一汤班长管理时记录在案的几组多言者，都按照约定的"5+3"进行了处理，后来几天还是有些作用的，周四得到的反馈终于是"非常安静"了。

到周五，负责主管下午纪律的高副班长接受了专项任务和履责考核后，对纪律管理工作很上心，也越做越好了。高副班长选出自由组的小左同学上台管理，高副班长说"她威望高些"。接着，高副班长特地到讲台边交代小左管理的注意事项："不许下位，厕所也不许上；不许说话，讨论问题也不可以。总之就是要'非常安静'。"这些此前都强调过，主管的高副班长都记住了。

（二）体验静与闹

年级学生会的同学认真负责地对一些自习课评价和打分。其中有一次刚好是我们班小薛负责管理和记录，我们班只是"比较安静"。7 班和 14 班都是"非常安静"，我就咨询他们是如何使得同学们非常安静地自习的。7 班班主任分享说，她刚好有个契机，就顺势让学生体验了安静和吵闹两种情形，让他们知道安静是最重要的。这个方式很好，在班级刻意营造出对比来，让他们直观地感受安静的魅力。

事不宜迟，接下来语文课的前八分钟，就拿来让学生们做安静与吵闹的体验。第一个 3 分钟，让他们非常安静地去写作业、练字；随后 3 分钟让他们自由自在地想说话就说话，想动就动地写作业、练字。两个 3 分钟结束后，让学生分享交流：非常安静的 3 分钟里，学习状态和效果如何？自由自在地吵闹的 3 分钟里，状态与效果又如何？两个分享的学生中有一人说，非常安静的 3 分钟里他写了三四行字，但在随便说话的 3 分钟里，他只写了一个名字。多么鲜明的对比呀！

随后，我特地表扬了前一天负责记录和反馈年级纪律的小薛的刚正不阿，并询问她："刚才安静的 3 分钟，是否就是其他班级非常安静的状态？"小薛点头道："是的，他们没有人下位或乱动，没有任何人说话、问问题，全都安静地自己写作业。"借着小薛肯定的回答，我强调道："我们也可以做到非常安静的，而且你们也自己体验过了，非常安静时的效率也是非常高的。"

在体验安静后，不少学生已经知道自己能安静、要安静，但使之成为大多数学生的准则，还是需要较长一段时间，需要日复一日地不断强化，直到大多数学生建立起能安静、要安静的内在准则。接下来的一节自习课开始之前，我特地跟他们说："我希望今天看到的评价是非常安静。你们要相信自己是很安静，而且你们需要安静，你们一定能够做到。"

（三）多管齐下，想静且能静

雷夫道德发展的六个层次：第一个层次是我不想惹麻烦才这么做；第二个

层次是我想得到奖励才这么做；第三个层次是我想讨好某人才这么做；第四个层次是我要遵守规则所以这么做；第五个层次是我为其他人着想所以这么做；第六个层次是我有自己的行为准则并奉行不悖。学生的发展水平是不均衡的，每个层次都有部分学生在。因此，除了以上鲜明的策略外，自习课要使得全员都保持非常安静，在管理过程中需要多管齐下。

第一层，他们不希望自己害怕或觉得麻烦的事发生，他们想要免于惩罚，免于被老师或家长批评教育等。据了解，这一层有的班级用得很有效。使学生有所畏惧是在最底层，从长远来看，不宜因效果好而长久停留在这一层。

第二层，得到奖励，比如表现好的可以获得量化考核的加分、书签、奖品等。这项制度保持有度，有助于营造班级积极、美好的氛围。

第三层，因为喜欢某个老师、某个同学而表现得特别好。认为教育先要处理好关系，是基于这一层次的考虑。师生、生生间关系融洽确实很重要，可继续维持。

第四层，遵守规则，校规、级规、班规都对自习课的安静作出了明确的要求，为了确保学生好好遵守，老师及主管班委要按照规定强力执行。"5+3"的惩罚力度较轻，但作为约定的必要部分，贯彻执行也会有效果。

第五层，心中有人，为他人着想，主动想要安静自习，不会想要走动就走动、想要问问题就立刻找人询问。创设活动，使学生能够多为他人着想：在自习课轮流管理过程中，有些学生意识到了管理者的不易、安静自习的必要。

第六层，有自己的行为准则，就是认为安静自习是正确的事。创设活动，使学生能够意识到安静自习是更合适的事：在静与动的体验中，有些学生已经意识到了吵闹时的互相干扰，意识到安静学习的高质高效。

学生第五层、第六层道德观的形成，是我们所希望看到的内在品质，就如梁晓声所说"无须提醒的自觉""为他人着想的善良"等。相关的思想引导和活动体验可继续推进。

"老师，我想留在 B 班"

——走班教学过程中的引导教育

"老师，我想留在 B 班听课学习。"小楠已经再一次考进班级前列、年级中上等水平，但她再次向我表达想留在 B 班学习的，她觉得数学依旧有待于打好基础再提高。最初，当时成绩还在中等水平的她感觉在 A 班的数学跟不上，于是，经过与家长商量，她主动申请到 B 班听课学习。小楠能够果断选择更适合自己学力水平的 B 班，令我十分欣喜；而此后的事实也证明，她的选择是明智的。

走班制教学之下最易出现也最困扰班主任的问题之一，便是 A 班、B 班人员定位问题———一旦进入 B 班，就仿佛被贴上了"学习不好"等标签，于是学生会觉得不悦甚至消沉；宠爱孩子的家长往往不理解、质疑，甚至会提出不合适的要求。只有英语和数学在进行 A、B 走班，在最初走班时，很多学生和家长对于进 A 班还是 B 班依旧很在意，A 班似有魔力，学生和家长对它趋之若鹜，没有理性地分析学生自身的学习能力到底适合在哪里。究其根本，应是学生和家长对 A 班、B 班的偏见——觉得在 A 班必然优于在 B 班，不管是学习还是纪律，以及 A 班所带来的荣誉效应，即所谓的标签感。

学校进行 A、B 分层教学，目的就是使上课的难度和容量能更好地贴合大多数学生的水平，做到最大程度的因材施教。如果学生不能量力而行，进入适合自己的班级，那么学校美好的因材施教的预期就无法达成。对学生而言，不管是 A 班还是 B 班，只有适合自己的才是最好的。要使学生能够理智地判断与明智地抉择，就必须使学生具有较为明确的自我意识和较为清醒的自我认知。意识到这点后，我有意识地在这方面进行引导。在小楠之后，陆续还有因为进步可以回到 A 班的小睿、小翔，选择继续在 B 班听课学习，他们认为自己的弱势科目在 B 班缓慢而细致的教学中，能够学得更扎实，而在 B 班作为

"鸡头"也会得到老师们更多的关注与鼓舞；因退步本该去 B 班的小如，她觉得在 A 班更能鞭策自己促使自己学好而选择留在 A 班……这些自我意识觉醒的学生，都做出了最适合他们的决定，他们的学习无一例外都是保持螺旋式进步的，他们的决定也都得到了老师和家长的支持。

然而，他们并非一开始就如此有觉悟。作为班主任，我持续对英语、数学的走班制教学给予与之相配套的制度方面的保障，对学生进行与之相关的思想方面的引领，并及时进行有效的家校沟通来争取家长尽可能多的理解与支持。

（一）制订制度，维持变动与不变的平衡

除了按照年级的人员调整方式外，在征得年级长的同意后，班级数学、英语的 A 班、B 班人员调整是根据每一次考试来进行的。考试结束后，英语和数学分数相加，按分数由高到低排列，前一半分到 A 班，后一半分到 B 班。此项制度成为常规，每次考完，只要英语、数学成绩一出来，就可以根据计算后的结果进行调整。这样操作更能促进所有学生都持续努力：使暂时退步又心系 A 班的学生不至于萎靡不振，反而更有学习的动力，以期尽快进步回到他们心仪的 A 班；对已在 A 班但不努力认真学习的学生也起到有力的鞭策作用。

当学生在面临 A 班、B 班调整的抉择时，引导他们根据自己的需求进行思考，如果确实需要调整，比如被分到了 B 班，但觉得进入 A 班更合适，就按年级的规定让他们写有一定篇幅的有理有据的申请书，以此使他们进一步思考，且更坚定自己的想法。如果强烈要求留在 A 班或者 B 班，那么他们就会去梳理原因，且家长要过目并签名以示认同。如果年级长、英语和数学老师也都同意的话，那该生就可以进入申请的班级。

走班在英语和数学两个学科进行，学生走班后的座位最好由英语和数学的任课老师根据自己的上课需求和对学生的观察进行调配组合。

人员调整和座位调整都形成常规制度后，大多数学生就会知道按照规定，

想要改变，那就自己去做该做的事，且按制度操作，他们对结果也不会有什么怨言。

（二）思想引导，明确主观能动性的作用

除了按章办事、接受安排之外，学生能否根据自己的情况主动抉择，对其自身的发展更加重要，也是自我意识觉醒的标志与结果。为此，让学生们牢固树立为自己负责的意识的思想工作，要长抓不懈。

比如，结合 A 班、B 班的实际进行教育：A 班总有人退步到 B 班水平，而 B 班也总有人进步到 A 班水平，由此可见，学得好与不好，关键并不在于环境，所谓的"近朱者赤，近墨者黑"，是过于强调外在环境对自己的影响力了。A 班与 B 班哪个环境是更好的环境呢？适合自己学习的环境，能让自己静下心来学习的环境，就是好环境。

比如，结合课文进行教育：《爱莲说》，告诉我们莲花"出淤泥而不染，濯清涟而不妖"，外在环境的浊与清一点儿也不会有损莲的洁净、端庄、美好。人，也可以做到如此，关键要充分发挥自己的主观能动性，自己掌控自己的人生，就像莲一样。

比如，结合学生的活动体验进行教育：自己接手一项任务，便要尽自己所能做好；万一失败，也多从自己身上找可以改进的地方。如初一开学不久，有不少人把没完成作业归咎于布置做的作业没带回去。班会课上引导大家群策群力，以确保不管作业带没带，都要当天在家完成作业。最终大家想出了不止一种方法：询问并拿到钥匙到学校拿作业；找同学借来复印；找同学帮忙拍图发来后打印出来；找同学拍图发来后做到纸上……皆是自己行动起来就可以解决问题的可行策略。形成共识，反复强化，此后学生再也不能以没带作业等外在因素为由不完成作业了。其他活动体验，也对学生进行这样的引导和强化。久而久之，对于努力解决问题，学生不仅有主动意识，也越发自信。

（三）家校沟通，达成共识共促学生学习

大部分学生对于自己要在什么班并没有明确的思考，根据班级的规定调到哪个层级就到哪个层级。但是有些家长却认为孩子在 A 班的话，老师会更投入，爱学习的人居多，纪律会更好，孩子的学习成绩也会更好，因此有时在不了解自己孩子的情况下，就要求老师通融，希望可以让明显更适合在 B 班的孩子到 A 班去。也有极个别孩子因为不高兴被调整到 B 班，就要求不明就里的家长来向老师提要求。

此时，出于对学生个体长远发展和对班级整体有序发展的考虑，最好不要任由家长进行选择，而应及时地、理性地与家长进行沟通：（1）客观全面地向家长分析学生学习的状态和水平，告诉家长目前在 B 班会更贴合他孩子的水平；（2）试着消除家长的顾虑，告知他数学和英语老师常说人少的 B 班纪律更好，更有助于退步了的及暂时不够主动好学的孩子学习；（3）举例证明在 B 班学习的有效性，如小楠、小睿等自主选择留在 B 班且确实学得更好的例子，也把他们有理有据的申请书给那些依旧不放心的家长看看；（4）明确告知会再与孩子沟通交流，正向引导他进行理性的思考；（5）如果以上四点依旧不被接受，就告诉家长可以暂时让孩子在 A 班学习，但如果依旧不够认真努力，依旧没有进步，就还是回到 B 班学习。

如此沟通后，家长基本能够接受，也能够明智地选择在更适合孩子的班级里学习。最后学生留在 B 班，家长也不会有什么意见。如果家长还是执着于 A 班，也让他们知晓班级的制度——根据班级规定，学生努力使自己下一次考试达到回归 A 班的水平，即可回到心心念念的 A 班。把家长的关注点也转移到学生自我的努力上来，家校携手合作，共促学生进步。

与走班相关的教育、引导和执行，有力地促进学生自我意识的觉醒：学生知道要改变自己的命运就必须自己努力，而且是尽最大的努力，找准定位和方向，找到改进的策略，不断去提升自我，而不能依赖家长和老师给特权，也不

为自己的失败找理由和借口，不把责任推卸给外在环境。

于是，便有了开头呈现的明智选择留在 B 班学习的学生们，有了后续流动调整中群体的不懈努力和互相理解。到了初三下学期，A 班、B 班人员的调整变化基本告停。因为初三上学期综合几次考试成绩被分到了 B 班的学生，当他们后续再次进步到回 A 班水平时，却拒绝回到 A 班，因为他们也明智地意识到，在 B 班更有利于他们进步。而走班近三年，班级英语、数学两科的成绩都进步到年级中上等水平，其余各科亦然。

人本管理促跑操持续进步

有一个周三，第六次跑操后，7 班班主任对我说："今天全年级跑得最好的是你们班哦，你们是怎么做到的呀？"好问题！今天看他们跑操时，我侧重在思考：行与行之间的距离还是有点儿大。她这一说，确实 13 班今天很不错呢——跑操时每个横排都挺整齐，口号也始终很响亮。

从第一次跑操被留下多跑一圈，到第五次可以提前离场及第六次被如此赞美，中间隔了四次跑操的距离，这四次跑操中，我们都做了些什么呢？

（一）有自知之明

第一次年级跑操训练，因为没听到音乐，也没发现微信群里的通知，导致集体晚了十多分钟，虽然体育老师说要罚迟到的，然而同样晚下去的 4 班、14 班却因为整齐的步伐、响亮的口号已提前离场。因此，与学生分析交流时，为使他们迟到而致歉，更强调：跑得好不好才是关键。

真的跑得不好吗？部分同学没有自知之明呀。于是，接着的两次跑操，我都给他们录了短视频，然后找时间放给他们看，让他们知晓跑操时班级整体的模样、自己的状态。

大家一起总结出三个问题：（1）跑到距离我 50 米之外，口号声几乎听不到了，而其他优秀的班级依旧整齐响亮；（2）行与行的间隔太大，显得松散，第二、第三排间的女生距离尤其大，有个别同学跑了两圈后开始受不了，要停下来休息；（3）除了第一、第二排的女生是整齐的外，其余几排在行进中几乎没能保持整齐。

（二）有改进行动

1. 思想先行，激发主动性

利用语文课前十分钟，让他们在素材本上写下自己及大家跑操的表现，并好好想想、写写：怎样跑操才是优秀的？怎样才能做到快静齐地列队？队伍怎样排才能整齐？口号该怎么喊？他们写的同时，我也思考着对策。

2. 逐一破解

（1）口号声问题

问询口号特别响亮的 14 班的班主任，是用什么方法来鼓励学生呢？他谦虚地笑道：他们还觉得声音不够响。语文课上他们读书声小，在引导的时候说到了跑操时喊口号的事，我把 14 班班主任这话说给了学生们听，借以激发他们内在的驱动力。

第四、第五、第六次跑操，原来口号响亮的男生们更响亮，女生们也不惜力地大声呐喊。

（2）整齐度问题

第四次跑操训练时，设定每一排最右侧的人担任本月的排长，负责引导整排做到不足一臂距离的站位，并对同一横排站得不整齐的、说闲话的学生进行提醒与管理。个别屡教不改的由我去处理。明确告诉大家，整排、整班都纳入同甘共苦机制内，如果某排不齐，那就留下来特训，如果全班因为跑得不好需要被加罚，那么罚完再来特训。如此一来，排长管理相当有必要，最初不好意思的两位男生排长，第二天也行动起来了。

为了增强排长的监管力度，并尽可能锻炼到每个人，规定每一排的排长轮流当，到了第二个月，就轮到第二列的学生来担任排长。都体验管理者与被管理者的身份，彼此也更能支持彼此的工作。

（3）跑不动问题

有几位学生认为自己跑不动，跑着跑着或者跑到了队伍的最后，或者干脆停了一圈再跟上队伍。建议他们采用深呼吸的方式，比如，尽量做到两步一呼，两步一吸。此外，也进行必要的队伍调整，两次跟不上的同学选择站到队伍的最后面。所有人都跟上了，不过行与行之间的距离还可以再缩紧。

（三）有制度保障

1. 班级及时反馈

每次跑完后趁热打铁，有时就在紧接着的语文课上，三言两语分析我们此次跑操好在哪，问题是什么。简要地总说班级整体情况，也分析做得好和有不足的一些班级，以便"择其善者而从之，其不善者而改之"。每次也会聚焦某一点与学生们一起思考谈论改进策略。

2. 年级赏罚分明

第五次跑操训练时，体育老师再次言明：跑得好的班级，跑完四圈就可以先离场。起跑前巡视时，特意强调提醒他们这点。

13班同学在内修思想、外修形式之下，在实打实的利益驱动下，尽可能整齐地奔跑，跑到远远的对面，口号声依旧可以清楚听到。四圈结束，作为优秀班级之一，13班得以提前离场了，另有三个班级被留下多跑一圈。

我们跑操进步了，整体素质也一步步地成长进步着。

运动会中的德育

运动会中体育技能已经难以再突破，但却可以借此机会做好立德树人的德育工作。在积极正向的引导与有序的组织和安排下，学生们在运动会中既能各行其是又可合作无间，享受运动会带来的多样的锻炼。学生们在那些不受天赋制约、只需通力合作就能制胜的项目上都有优秀的表现，比如，运动会入场式的班级表演、男女生足球混合赛等。经过一次次运动会的演练，文体部、体育委员都能独当一面。学生不管有没有参赛，都有事情做，都有各自的收获。

运动会是德育良机。具体该如何把握呢？

（一）培养优秀的体育委员

我班的体育委员，只要在了解体育委员的职责要求后，仍旧有意愿来担此重任并持续改进，体育成绩及文化科成绩都不优秀也没关系。选定体育委员后，我会持续给予平台支持和方法指导等，促使他们在一年又一年的锻炼中成长到能够独当一面。初一学生入学不到三个月，学校就举行他们入初中后的第一场运动会。学生对一切都比较陌生，因此，我主导、安排及示范，体育委员全程跟进学习。到初二、初三再举办运动会时，逐渐使他们成为主导者、负责人。

比如，2016级1班学生的入场式表演方面。初一时，我抓住军训的契机安排学生加学军体拳；回校后组织练得好的学生担任组长并分别带组训练；与家委协商安排购买上场所需的迷彩服。入场式班级表演的训练过程很高效，最后获得了特等奖。活动结束后，我让体育委员总结梳理出后续两年的运动会中还可再用的好方法，也思考其中存在的不足并写下应对的策略。到了初二，大部分由体育委员负责，我加以辅助。

到他们初三，细节方面也放心交给体育委员处理。初二的暑假，体育委员就提前与大家协商，定好方案，提早设计入场式的表演动作，安排有舞蹈功底的学生担任动作总指导，请擅长剪辑音乐的学生准备好与动作配套的伴奏。集中训练时段，他们先教会动作技能优秀的学生，再分组训练剩余的学生，过程中他们进行宣传、鼓动和监督、管理。他们也根据动作内容设计或增减道具，并提前与家委商量并购置好入场式的演出服及道具。

在组织好比赛项目的报名后，体育委员组织、安排参赛者进行赛前训练。初二男女生混合足球比赛时，随着比赛的推进，女生体育委员发现只要女生的实力增强，班级就有获胜的可能。于是她们组织女生球员在放学后向男生、向足球队员挑战，进行实战训练。多次迎难而上的团队训练，培养出了她们的合作默契，提高了她们的体能与球技。在运动会的田赛、径赛中都颗粒无收的我们，最终奇迹般地过关斩将，荣获足球赛年级第一名。

三年的培养和锻炼，体育委员在尽职尽责的基础上发挥创意地进行工作，他们的能力在增强，自信心更足；他们帮助了其他同学，成就了班级。除运动会全员乐在其中之外，我班体育中考的均分也名列年级前茅。

（二）提前有序组织安排

运动会中的各项活动，都有必要也可以提前进行有序的安排。在陆续安排的过程中，要使全班达成一些共识。比如，参赛运动员方面，综合考虑班级利益、学生参与意愿和体育运动方面的技能；当参赛意愿与自己的体能、技能相悖时，以集体利益为重，体能、技能强者代表班级参赛。比如，运动会全程锻炼平台多多，或参赛，或宣传，或后勤，或值日，或助威，或服务……人人都要有事做，且人人都要尽职尽责把自己的一份事做好。

报名参赛者太多或不足该如何解决呢？学生在初一刚入学不久，我就安排体育委员找体育老师了解并记录全班学生跑步等的成绩，以便在运动会前按照要求并根据实力安排合适的人员报名参赛。报名参赛后，参赛者们可以利用放学时间进行强化训练。虽然短时间内很难提升体育技能，但勇敢面对和积极奋进的态度与行为是我们要练就的。

初一运动会结束后，体育委员及时根据赛场上的表现，调整并选定初二运动会的大部分参赛选手；初二运动会后，根据实际再调整确定初三运动会的参赛选手。抓住运动会契机，为初二、初三的运动会提早确定好运动员，既可以避免报名前急乱的局面，也可以让参赛选手提早进行针对性训练，为强身健体、从容参赛、争取好成绩持续努力。

其余未报名参加体育赛事的学生可以选择其他岗位：或者负责宣传，收集和选取同学们创作的广播稿，现场撰写优质的加油稿；或者进行后勤服务，帮忙抬桌椅等公共物品往返班级，保持班级区域整洁，帮忙送广播稿，等等；或者担任某位运动员的专职经纪人，始终为该运动员提供最贴心的服务；或者担任学校值日生，为学校运动会期间的纪律和卫生等的维持作出一份贡献；或者担任呐喊员，在运动员奔跑的过程中，全力呐喊助威，营造班级氛围。学生选定岗位后，到体育委员处报名并登记。如果有学生始终未主动选择任何岗位，或者某个岗位报名者太多，则由体育委员根据学生特点和岗位需要进行统筹安排，确保人人有合适的事做、事事有合适的人做。体育委员拟订的安排，我将进行最后的把关和敲定，然后再公示。

班级采用人人班委制，全体学生也形成共识：每个学生都要有一份事做，锻炼自己，服务班级。运动会前及过程中都再强调：不管是主动选择的还是被安排的，各岗位的人员一旦确定，就要善始善终、尽职尽责。除了思想教育、行动推进外，后续的反馈制度也进一步保障落实人人尽责制。

（三）及时反馈与成长总结

我校运动会一般举办两天。每半天活动结束后，我们都组织对学生在运动会中各方面的表现进行反馈总结。班级采用量化考核制时，会借助量化来及时反馈每半天里学生的表现。

要充分发挥量化积分制度的正面作用，就要进行更全面、科学的考量，使这套制度既能鼓励学生展现出体育方面的智能，也能使学生切实考虑班级的利益，在不同的岗位用心付出。比如，对不同岗位分别进行量化考核积分，运动类、经纪类、宣传类、后勤类、值日类都进行独立的量化积分登记和统计，相对客观地甄别出学生在各个岗位的优劣。再比如，最后将各类积分进行整合汇总时，按比例纳入，运动类占比最大，以鼓励运动方面智能较优秀的学生。除了公示半天的量化积分情况外，要多多表扬各岗位、各部门好的方面，也就存在的不足商定可执行的改进策略。

运动会闭幕后，我组织全班学生写下自己的"收获与成长"及对他人的"感动与感激"，记录自己在本次运动会中的收获、成长、进步与不足等，记录给自己留下深刻印象的同学及其表现，记录自己最想感谢的同学、老师、工作人员等，并写明感谢的具体缘由。通过这样的方式，运动会中更多美好能被更多人看见。这些文字记录既作为评选优秀经纪人、宣传员、后勤员、呐喊员等的参考，也保存为学生的成长备忘录。

较为理性客观的量化积分制与感性直观的成长总结相结合，运动会期间始终及时反馈跟进、监督管理，运动会后及时总结梳理、评优评先，为后续运动会做准备，引导、督促学生多努力使自己成长与进步，多为他人和班级着想和付出。

从初一到初三，三年三场运动会，我视之为一个有梯度的体系，学生逐渐熟悉运动会的各项活动，相关的能力和素质也应渐次提高。运动会不仅是关乎班级荣辱之争的任务，也不只是少数学生参加体育运动的盛会，更是立德树人的德育良机，好好把握，我们可以从容应对，也可促学生再成长、再进步，班级整体也越来越好。

高效共赢的入场式表演训练

学校的体艺节入场式进入了全面训练阶段。学校每年体艺节的入场式都是重头戏，近几年，入场式不玩大型团体操，而是进行各具特色的班级入场式表演，考验各班班主任及学生们的智慧、审美、团队协作等。

刚当老师暨班主任的两三年，班级训练入场式训练，我常是声嘶力竭到喉咙嘶哑，花的时间长，效果也一般。我侧重思考了我自己可以改变的部分，近几年来再带学生训练入场式都挺高效，全体学生都动起来，大家乐在其中，不管最终奖项如何，过程与结果都有很多可圈可点的地方。具体如何操作呢？

（一）集思广益想创意

入场式怎么玩，让学生们群策群力，他们来决定，只要大家觉得可行，我就同意。比如 2013 级 11 班初二时的入场式，他们选择了当时最流行的社会摇，还是平时特别沉默寡言的亦然和小敏过来提议的，在得到了大家的一致认可后，正式被采用；但包括提议者在内，全班没有人很会跳或者很会教，于是大家便先在教室里看着视频，把动作按节拍逐一分解，逐一练好。比如 2016 级 1 班初三时入场式的汉服舞蹈表演，女生们在暑假就开始购买衣服，设定了整个方案。

若时间有限，学生提议又久久不出来，那么我会做几手准备：一是直接用上较为可行及成熟的方案，比如 2016 级 1 班初一时的军体拳，我拿主意定下来，军训时拜托教官帮忙教教本来不教的军体拳；二是学生们纷纷提议，大家投票表决，最终采用得到最多票的方案，比如 2016 级 1 班初二时小文指导的新式拳法；三是让比较有想法和有创造力的学生赶紧去创设入场所需的动作及方案，比如 2019 级 13 班，早先给的时间学生没有设计出入场表演动作，只能利用在社会实践基地的那周时间，大部分学生要晚自习，而负责此事的文艺委员媛和她的朋友怡去设计女生的动作，篮球爱好者曦、楚、港去设计男生的入场表演动作，给他们有限的图片和视频资源作参考，随后便自行设计各 4 个 8 拍的动作，后续练习过程中再根据实际情况适当地增、删、改。

如果不是在寒暑假就进行构设和安排的话，体艺节前再来定创意时间会比较紧张，只能对学生们讲明，有限的时间里大多数人同意的方案一旦获得通过就要果断执行，如果想都按自己的创意进行，那就早点儿准备好。学生能想出来的，能锻炼到学生的，就尽量不请家长们来代劳。

（二）各有所长生教生

正如多元智能理论所呈现的，每个人的智能优势不同，体艺节入场式训练中，身体动作、空间、音乐等方面智能更为优秀的学生，往往可以成为小老师，他们先学会、学好入场式的动作，然后再教其他人。每个小老师一般每次带五六个学生就好。

2016 级 1 班在初一时由我进行统筹安排。军训回来隔了两三周才是体艺节，有些学生始终记得动作，有些学生周末用心跟着发布到群里的视频学习而打得很标准，这些优秀者在我的安排下，每人教若干个学生。在操场上、教室旁的空地上教，所有人务必在有限的时间内都学会。小老师们都很用心，示范动作、手把手教导与点拨，除了极个别需要我去干预的调皮学生，大多数学生都学得挺认真。初二体艺节时，小文是总教头，在我的支持下，他选出了在他看来动作方面较有优势的 5 个学生先进行教学，教会后 6 位小老师分工合作，一起教其余三四十人。到初三时，女生们的汉服舞蹈，她们已经自觉地用上分工互教的方式，学习舞蹈多年的小纪担任总设计指导，最终每个女生都学会了，都能美美地舞动起来。

用这样的方式，每个人都不会被忽略，每个人都有人教，大多数人的主动性被激发，所有人的参与感满满的。如果在生教生的过程中，有捣乱、不好好跟着学的学生，我就及时进行教育和后续的监督处理；而如果小老师在教的过程中放大问题，如把一两个人不好好学说成大家都不好好学，也要对小老师们进行引导，要在团队中营造积极向上的良好氛围，也要他们明确说出到底谁不好好学，后续针对该学生再强化训练。

（三）针对问题分别练

入场齐步走要整齐。群体训练，分排训练，再群体训练。如果还是有某一排走得不整齐，那么，其他人休息，这一排继续训练。练完横排，再练竖列。

动作尽量整齐划一。每个人逐一过关，反复练习，确保动作的流畅与标准。每一排、每一列分别一起练，练整齐，练动作幅度、手臂和腿脚的幅度，等等。再群体练习，如果发现个别人、个别排、个别列还有需要改进的，再分解开来练习。

口号要响亮有气势。口令员的指令要非常清晰，2016级三年的口令员都是欣同学，他主动担当此重任，喊得非常响亮清楚，而且都能很智慧地在该发布口令时精准发布。而整个队列的学生们听到相应的口令，齐喊口号，齐做出相应变化。军训的教官训练口号响亮的方式可以借鉴：一是把每个字清楚地喊出，脚对应踩好点；二是学生总喊得太小声，就以深蹲等小惩作大诫。

（四）齐心协力终共赢

学生们在校、在家都要利用时间把集体呈现的部分练到最好，我会见缝插针安排他们进行训练，有时也贡献出一两节自己的正课；可以在几分钟内解决的，比如响亮地喊口号，就利用几分钟抓紧练过。

负责音乐剪辑的学生，负责道具的学生，也都各自精益求精地做好各自相应的活儿。2016级1班从初一到初三越来越主动，越来越自主。初三的入场式，女生们基本上是互相帮忙化妆，不需要妈妈们再拨冗过来帮忙。化学科代表刘提议说，女生们汉服舞蹈表演时，男生们可以帮忙借助干冰来制造"仙气"以美化表演的背景。为了完美的干冰效果，在家长的支持下，他先后买了两大箱干冰，用冷水、热水等多次、多角度、不同速度进行实验，最终采用热水迅速冲击干冰的方式，瞬间升腾出最大的白雾，营造出仙境般的效果。

学生的家长们也动起来，如入场式所需的集体服装需要所有家长的支持。2019 级 13 班在初一开学初汇总统计学生信息时就进行了身高、体重的统计，后续紧跟着在学生中进行了班徽的设计、评比和选择活动。提前准备好，而后家委安排制作带有班徽的班服，以及为学生们定做合码数的衣服，都更为高效。

学生们参与度高，主动性较强，整体训练的效率高，效果也较好。每一次入场式前的集中训练累计时长不多，但出场的整体效果都较为给力：表演的创意、队列的整齐、口号的响亮、动作的呈现等。更重要的是，过程中所有人都行动起来了，学生在一次次活动的历练中不断成长，日渐成熟。

回归人本、促人发展的奖与惩

班级有序的运作，少不了必要的奖惩制度。而奖与惩，其根本是为了更好地促进学生的成长与进步，激发学生的责任感和主动性。为此，在进行奖惩时力图回归人本，更易被学生接受；当奖惩公示时，除被奖或惩的学生之外，大多数学生能从中有所触动、有所得。

近年来所带班级正是按此原则进行奖惩：取消大部分物质奖励，及时表扬与肯定良好行为，同时顾及大多数学生的积极性和主动性；对待问题行为、不良行为，避免疾言厉色的批评，避免简单粗暴的惩处，更多的是促学生改进的思想指引与行动执行。

打破思维定式，增强了信心。用这样的方式，不少学生的学习潜能被激发，先后有近三分之一的学生达到过前所未有的高度。

（二）适当惩戒，重在改进

1. 弥补型改进

学生本该做好的分内事却没做好，这时，要让学生加以弥补，直到做好为止。比如，劳动是每个人都要做的，是必须掌握的技能，也是为班级力所能及的贡献。轮流的卫生值日做不好，如果是因为不会做，那就进行教导与训练，并给机会再打扫、再锻炼；如果是态度不认真，打扫不细致，那就继续打扫，扫到处处干净为止。如果是小组因为分工不合适、彼此推诿等导致打扫效果不好，那么小组就一起加扫，直到内部分工安排好，能合作着按时按质按量打扫好为止。如果是个人本该打扫却跑掉，导致四人小组的活儿只有三人做，那么私自跑掉的学生接下来将要独自履责至少一天，直到所有责任都明晰，打扫合格才换为下一小组。

再比如，班级的课间跑操，既是学生每日强身健体的体育锻炼活动，而在学校层面也要接受排面整齐、口号响亮等的考核。横排六人由学生自己选人组队，以期他们自发自觉地互相约束、互相帮助，一起多加锻炼，做到排面更整齐、口号更响亮；而如果哪个横排效果依旧不佳，那么跑操结束后，该横排继续奔跑直到合格。跑操过程中，偷溜掉的、因故请假的个别学生，后续要他们把该跑的圈数跑完，既确保全班得到公正公平的严格管理，也保障学生锻炼身体的时间。

2. 输入型改进

有些学生犯错，是因为没有正确的认知。在学生树立世界观、人生观、价值观的重要阶段，不妨让学生懂得更多为人处世、待人接物的道理。因此，我将《论语》引入课堂教学中，当学生需要相关的教诲时，我会对全班进行集体指导，会与相关学生深入地交谈指导，有时也会通过让学生抄写并解读《论语》里的相关章句的方式强化他们的认识。

初三上学期初，我发现有学生一不高兴，就会故意当着大家的面摔摔砸砸；有些学生传递负面话语，导致不少学生的关系出现裂痕，原本和谐的班级氛围也变了味。与其批评、处分这些学生，不如教他们知晓如何利人利己地待人接物。因此，我们特地进行以"听说之道"为主题的班会课，融合《论语》相关章句，如"乐道人之善""躬自厚而薄责于人，则远怨矣"等，对全班进行听与说的指导。课后继续与问题较多的学生详谈，提醒他们尽量做到"不迁怒，不贰过"，引导他们改进不足，学会待人与说话的正道。

自习课的管理，将抄写、背诵与解释《论语》章句引入，以对自习课时不安静的学生及不进行管理的组员小惩大诫，也让学生借此记住相关章句，记住其中的道理。有次自习课，君华与组员说着闲话，按照班级自习课公约，我便让他们四人一起抄写《论语》中的子曰："群居终日，言不及义，好行小惠，难矣哉！"君华讲得最欢，抄写五遍；没进行干预和管理的组员写三遍。下课后让君华来背诵此章句并解释给我听，他解释完后不无尴尬地笑了："原来老师在说我们呀！"用这样的方式教育学生，凝聚小组，有效管理班级的自习课。

3. 重塑型改进

如果不良行为或问题行为是因为能力有限、方法不对等，这时，可以给机会、给平台、给指引、给建议，让他们重新学与做，不断调试，直到做好。

比如，迟到多次的时间管理问题，学生迟到的第三次，就要他去思考并写出后续改进的对策，确保不再迟到。往往他们只要早起几分钟就能改变现状，关键就是如何确保自己能够早起。如果需要家长或者老师帮忙，也让学生写出，后续我与家长一起帮助他，直到他不再迟到。比如，眼保健操没做好的学生，如果是因为不会做，那么下课后就让他站到眼保健操图前，由管理员监督指导他学会。

比如人人都是班委，如此设定与执行是为了让将来要步入社会的学生都得到锻炼，也使他们在履责的过程中慢慢培养出自信心与成就感等。虽然尽可能使学生根据意愿和能力就职，但并不是人人都能做得好自己的工作。做不好的话，不适合给予批评和惩罚，本来已经因为失败而受挫，这时候，更合适的方式是继续给他们机会去做，继续提点学生加以改进。如果尝试多次依旧没有任何改变，证明他确实不适合该职务，则根据他的能力和意愿给他换岗。做得不好或者做错了的学生，平和地告诉他不好或错了，然后指引他走上正道，提供技术支持和方法指导，助他提升能力，进而获得成就感与自信心，获得尊重与认可，增强做事的积极主动性，增强对班级的归属感。

总体而言，近年来的班级管理中，我刻意淡化奖与惩的痕迹：慎重奖励，重在内化，尽量照顾大多数学生的思想和情绪，希望人本的关怀与引导能够如和煦的春风，使学生在温暖中成长；适当惩戒，重在改进，更多关注学生的内在驱动力，提升他们的能力，引导他们注入新的思想与思维模式，希望他们能够在问题发生后思考如何改进而不是逃避责任，驱动自己内在的动力去求学、做事、为集体做贡献，并力争越做越好。

第二章

温润有力地引领学生之主题班会

进行有影响力的主题班会

作为人民教师、班主任，我们肩负着立德树人的教育任务，我们要努力把学生培养成德智体美劳全面发展的社会主义建设者和接班人。初中生正处在他们成长的关键阶段，他们的世界观、人生观、价值观逐渐形成，他们的自我意识逐渐觉醒，以为自己懂得很多、自己所思所想很正确，但其实他们还有很多不懂的部分，如果放任他们未知全貌、一知半解地固执己见，就很容易走向错误与偏执。

因此，当看到学生说得不够得体、做得不够合适、想得不够通透时，我们不必为此过于担心，也不必上纲上线地严词苛责，而应该庆幸学生把问题暴露在我们面前了，我们恰可以借此望闻问切，既立足现实，带领并促进学生去妥善解决问题，说话做事都更得体，也要从根源处丰富学生的思想、优化学生的认知、培养学生成长型思维模式，促进学生培育并践行正确的价值观。

当所需要进行的教育涉及不少学生时，我们可以用心地设计和开展主题班会，对学生群体进行引导教育，使学生顿悟或逐渐发生正向改变。

如何开展对学生有影响力的主题班会课呢？

首先，把握学生的特点，抓住教育契机。不同年级、不同班级的学生，特点不同，我们一定要把握学生的特点，根据学生的特点，思考恰切的内容和方式。除了进行系列化的主题班会之外，学生出现问题或发生特定事件都是很好的教育契机，宜用心设计以进行深入浅出的教育。

其次，用饱满的有深度和有广度的内容来对学生进行思想引领。我们可以引入2017年教育部印发的《中小学德育工作指南》所明确的德育内容：理想信念教育、社会主义核心价值观教育、中华优秀传统文化教育、生态文明教育、心理健康教育。这五项内容，既是党和国家希望我们引导学生领略的，也是学生们确实需要的。用心去准备，深耕细作为系列主题班会。比如，从2016年起，我便引入《论语》与学生进行深入浅出的交流，三年下来即便每周上一节《论语》课，也未能与学生交流完《论语》的全部精华。从2019年起，意识到价值观教育对学生的重要性，我便开始有意识地与当时已是初三的学生们交流部分社会主义核心价值观，结合生活实际深入浅出谈，学生们颇感兴趣。于是，2019年8月起我带领所主持的市级名班主任工作室的成员、学员，一起设计并开发社会主义核心价值观主题班会，我们的课例和设计汇编结集为《"践行社会主义核心价值观"主题班会设计》一书。

最后，用心设计并上好系列的或单节的主题班会课。单节的聚焦学生问题的主题班会，设计时要包含背景的分析、目标的设定、内在的逻辑、主要的形式等，即我们为什么要进行这节主题班会课，学生的知情意行方面要达到什么目标，如何进行才能充分调动学生、促进学生。推进系列主题班会时，我们也要有问题意识，所进行的主题班会要能够促进学生应对生活中常见的情境。班会课的形式不必拘泥，除了近年来备受推崇的活动体验型之外，可以以讲授型、辩论型、图片型、故事型、视频型为主，也可以进行正面管教型主题班会课，但凡能够使得学生心动、脑动、眼动、手动，便是可行的。

为了上好主题班会课，平常我们就要做教育的有心人，储备尽可能多的教育活动、优质视频、有意义的故事和图片等，秉持着对学生的爱而持续激发我们的教育机制，善于抓住契机，及时推进我们精心准备的以学生为主体的主题班会，对学生们的影响便不容小觑了。

如此，我们所进行的班会就是有主题、有内涵、有章法的，对学生进行的思想引领，学生愿意接受，会被触动、会去思考，后续也会去行动。

爱国，就要爱护公物

【背景分析】

学生不爱护公物的行为时有发生：洗手间的水任其流，公共物品如消防设备等被破坏了，公共区域的墙面、桌面被涂写……如何杜绝这样的行为发生呢？如何从思想根源处触动他们呢？

【班会目标】

1. 学生知悉公物的由来，珍惜国家将纳税人缴纳的税款统筹安排购置的公物，为珍惜国家资源、保障个人及他人的权益而爱护公物。

2. 梳理爱护公物的行为准则，从改变自己的观念和行为做起，从督促他人爱护公物做起，当下就开始爱护公物。

【班会准备】

1. 观察并记录校园内、教室内公物不被爱护的情形，教室内的情形留待引导学生观察，教室外的部分拍图片以备展示。

2. 学生查找资料、询问学校相关人员，了解学校公物的由来。

3. 学生提前演练情景剧：没有免费公物的校园。

4. A4纸、笔。

【班会过程】

（一）导入

学生代表出列，观察课室里的桌椅有无破损，桌面和墙面有无被乱涂乱画。随后向全班进行反馈。

教师展示校园内公物不被爱护甚至被破坏的图片，如未关紧的水龙头、被打坏的消防设施的玻璃门等。

教师：为什么公物比你们的私人物品更易被破坏？公物从何而来？为何我们需要公物？我们可以为保护公物做些什么呢？这节课，我们将一起来解决这些问题。

［设计意图］结合现场和图示，让学生真切感受到公物被破坏的现状，进而引导学生思考保护公物的相关问题。

（二）取之于民，用之于民

教师：公物，指供公共使用之物。公物的由来，你们知道多少？比如学校的各项公共设备设施。

学生代表根据课前查找和询问得来的信息，进行分享交流。

教师强调：纳税人所缴纳的税由国家均衡调配，学校用来安排购买公物，可谓取之于民，用之于民。家长们、老师们都贡献了一份力量。因此，公物是国家资产，是大家的，也是汇聚众人的力量而来，是值得被每个人守护的。

［设计意图］很多学生对于公物的由来不清楚，因此破坏了也不心疼、不愧疚。对此，要追根溯源，让他们知道公物是国家资产，也是身边纳税人的付出而购置来的。

（三）没有公物，麻烦多多

1. 学生表演情景剧：没有免费公物的校园。

学生自己事先编排和演练，假设没有免费的公物，所有物品都要自己购买，或者付钱使用，所会发生的故事和带来的影响。

表演完后，表演和观看的学生各派代表发表感想。

2. 学生结合实际研讨交流：公物被破坏后，会有什么影响？

教师强调：影响使用，所有人的权益受到影响，比如电脑、投影、公共区域环境等；资源有限，浪费了仅有的资源，比如水、电等；资金有限，有限的经费只能重复购买，不能致力于更待发展的事业。

［设计意图］用情景剧的方式，将设想在一定程度上变成真实，使学生直观感受没有公物的艰难生活；通过研讨更清楚地知悉公物被破坏导致的诸多不便和资源浪费，促使学生由衷珍惜此刻所拥有的公物。

（四）爱护公物，你我同行

1. 学生自我反思：在对待公物方面，做得好的有哪些方面？有待改进的有哪些方面？结合具体公物进行分享。

学生代表发言。

2. 学生反观他人：你看到过别人不爱护公物吗？具体表现如何？你当时是怎么做的？该怎么做更合适？

学生代表发言。

3. 学生研讨准则：使用公物，大家应该遵守什么样的准则？以学校公物使用为例进行研讨，小组合作，将准则写在A4纸上。

小组代表上台分享交流小组商议的结果。

教师梳理总结：爱护公物，人人有责。根据需要适度合理使用。节约使用，不破坏不损毁。及时还原，损坏则须赔偿。爱护珍惜，使后人仍可用。监督有责，确保人人维护。

［设计意图］认知改变后，行动也要跟上。不管是自己还是他人，曾经对待公物如何，此后当如何，既有延续性，又要有发展变化。规范使用公物的准则，大家一起商定、一起改进。

（五）爱护公物，迎难而上

1. 自我难题解决：能改变自己的意识与行为，从此刻起切实做到爱护公物吗？如果不能，请说出困难之处，一起想办法解决。

有难处的学生先发言，其他学生提出建议。

2. 他人难题应对：如果制止对方浪费水或乱涂乱画，或乱用消防设备，对方却恶劣地回应，要怎么办？以杜绝公物被破坏、被浪费为首要目标，能改变行为出错的人则更好。

小组探讨，小组发言人代表发言，组记录员进行记录。选择组代表在班级进行交流。

［设计意图］有些学生有心改进，行动起来却没那么有力，因此提前让学生深度自省，使他们得到更多帮助，以促进执行。为监督他人而进行的研讨，也是很有现实意义的，既为应对那些顽劣者，也让学生们知晓，遇到阻碍时如何想办法理性地达成目标。

【拓展延伸】

1. 请生活委员整理好大家要共同遵守的公物使用守则，每个小组一份，互相监督提醒，确保遵守使用规则。

2. 每个小组指定一位公物专员，观察并监督小组成员日常的公物爱护情况。

3. 每周进行一次总结回顾，每位学生总结反思自己爱护公物方面的表现。

规范地敬重国旗

【背景分析】

为增强公民的国家观念，弘扬爱国主义精神，培育和践行社会主义核心价值观,《中华人民共和国国旗法》1990 年已制定并施行,而后两次修订。但有些人还没有领会其中要义:每周一入校时隆重举行的升旗仪式,极个别学生有时因一点小事就请家长帮忙请假不参加;国旗已经冉冉升起,极个别学生竟还不知要就地肃立;在校外曾看到有机构悬挂着的国旗已经破损。如何规范地敬重国旗,是每个人都要再研习的。

【班会目标】

1. 学生准确把握国旗以及其对国家的重要意义,感受中国"14 亿护旗手"的爱国热情,成为优秀的护旗手。

2. 学生熟知《中华人民共和国国旗法》等相关法律法规的规定,依法规范地敬重国旗,认真对待每一次升旗仪式。

【班会准备】

1. 打印《中华人民共和国国旗法》等法律法规,学生人手一份。

2. 教师准备与国旗相关的人物故事。

【班会过程】

(一)导入

教师:每周我们都进行升旗仪式,你们知道为什么吗?你知道国旗对国家的重要意义吗?你知道我们有《中华人民共和国国旗法》吗?

学生回答。

教师点拨:学校举行的升国旗仪式活动是进行爱国主义教育和集体主义教育的重要手段。爱国者,当敬重、爱护国旗。本节课我们就侧重来学习具体要如何做到。

[设计意图]开门见山,开篇定调,这是爱国教育,也是侧重规范敬重国旗的教育,直接引入本课重点。

（二）国旗，是国家的旗帜

1. 由战旗说国旗的重要

教师：在说国旗的重要前，我们先来探究战旗的重大意义。

学生根据已知，初步推敲战旗的意义。

教师点拨：战场上，旗帜相当重要。旗在，将在，继续战；旗无，将无，战争不战而败。第一，旗帜是一种信号。第二，旗帜是一种指挥方式。第三，旗帜表明身份。国旗于国家，犹如战场之战旗。国旗是国家的标志性旗帜，是国家的象征，在一个主权国家领土上一般不得随意悬挂他国国旗。

2. 中华人民共和国国旗

学生根据已知，初步描述国旗及其所象征的意义。

教师强调：五星红旗，通称中国国旗，是中华人民共和国的象征和标志，每个公民和组织都应当尊重和爱护国旗。国旗是革命先烈们抛头颅、洒热血，用鲜血和生命换来的。国旗中红色象征革命，国旗上的五颗五角星及其相互关系象征中国共产党领导下的革命人民大团结，五角星用黄色是为了在红旗上显出光明，四颗小五角星各有一尖正对着大星的中心点，表示围绕着一个中心而团结，在形式上也显得紧凑美观。

3. 国旗升降有原则

图片展示国旗升起的感人瞬间：开国大典的升旗仪式、国庆阅兵时天安门广场升起的国旗、香港与澳门回归时升起的国旗、奥运健儿夺冠时升起的国旗等。

学生结合背景故事，表述看到图片时的触动。

给每个学生分发印好的《中华人民共和国国旗法》，学生阅读其中允许升降国旗的时间、场合及要求，并进行提炼、分享、强调。

［设计意图］以战旗意义谈国旗的重要意义，直观易懂，进而再次规范地重申我国国旗及其象征意义，图片展示国旗升起的感人瞬间，进而借助读法来明确升降国旗的具体要求，将理性与感性相结合，使学生既有所感动，更要知

有所必为、有所不为。

（三）爱国者，当依法爱护国旗

1. 国旗法，人人要学习

师生再次深入学习《中华人民共和国国旗法》。教师重点强调以下几条，并与学生在过程中结合生活实际交流，确保人人遵法守法，看到错误行为要勇敢地纠正，必要时进行举报。

共学的重点条文：

第一条　为了维护国旗的尊严，规范国旗的使用，增强公民的国家观念，弘扬爱国主义精神，培育和践行社会主义核心价值观，根据宪法，制定本法。

第四条　中华人民共和国国旗是中华人民共和国的象征和标志。

每个公民和组织，都应当尊重和爱护国旗。

第九条　国家倡导公民和组织在适宜的场合使用国旗及其图案，表达爱国情感。

公民和组织在网络中使用国旗图案，应当遵守相关网络管理规定，不得损害国旗尊严。

网络使用的国旗图案标准版本在中国人大网和中国政府网上发布。

第十三条　依照本法第五条、第六条、第七条的规定升挂国旗的，应当早晨升起，傍晚降下。

依照本法规定应当升挂国旗的，遇有恶劣天气，可以不升挂。

第十四条　升挂国旗时，可以举行升旗仪式。

举行升旗仪式时，应当奏唱国歌。在国旗升起的过程中，在场人员应当面向国旗肃立，行注目礼或者按照规定要求敬礼，不得有损害国旗尊严的行为。

北京天安门广场每日举行升旗仪式。

学校除假期外，每周举行一次升旗仪式。

第十九条 不得升挂或者使用破损、污损、褪色或者不合规格的国旗，不得倒挂、倒插或者以其他有损国旗尊严的方式升挂、使用国旗。

不得随意丢弃国旗。破损、污损、褪色或者不合规格的国旗应当按照国家有关规定收回、处置。大型群众性活动结束后，活动主办方应当收回或者妥善处置活动现场使用的国旗。

第二十条 国旗及其图案不得用作商标、授予专利权的外观设计和商业广告，不得用于私人丧事活动等不适宜的情形。

第二十一条 国旗应当作为爱国主义教育的重要内容。

中小学应当教育学生了解国旗的历史和精神内涵、遵守国旗升挂使用规范和升旗仪式礼仪。

新闻媒体应当积极宣传国旗知识，引导公民和组织正确使用国旗及其图案。

第二十三条 在公共场合故意以焚烧、毁损、涂划、玷污、践踏等方式侮辱中华人民共和国国旗的，依法追究刑事责任；情节较轻的，由公安机关处以十五日以下拘留。

2. 侮辱国旗者，依法被惩处

教师讲述典型案例：

2019年7月、8月，香港尖沙咀天星码头连续两次发生国旗受辱被反对派激进示威者从五支旗杆拆下扔入大海事件。

2020年4月15日，又一个香港侮辱国旗案被判了，这次香港法院的判决又是社会服务令。据香港"东网"15日消息，香港21岁男子邓智乐被控在2019年9月21日的屯门冲突中撕毁、焚烧和践踏国旗，早前他已承认一项"侮辱国旗罪"，该案15日于屯门法院判刑。裁判官认为，被告因一时冲动才犯案，已深切反省，决定判处他240小时社会服务令。

学生结合法律与案例，发表感想。

3. 敬重国旗者，受人敬重

教师讲述典型案例：

四岁的杨烁臣弟弟，唱歌唱到"向着国旗敬个礼"时，自觉地向国旗敬了个礼。

2019年7月，武磊跟随西班牙人队前往英国参加与谢菲尔德星期三的热身赛，受到了当地中国球迷的欢迎。其中有一位球迷手中拿着国旗请武磊在上面签名。但武磊随即拒绝了这一请求，并表示不能在国旗上签名。对武磊的举动，网友纷纷点赞。有人称赞武磊"尊重国旗"，"好样的！"

2019年8月在澳大利亚墨尔本、悉尼等多地出现"港独"分子集会，引起广大留学生和当地华人的强烈愤慨和极力抵制。8月17日，墨尔本州立图书馆前，许多中国留学生以及华人华侨一起声援祖国。即使下起雨，他们也优先给国旗撑伞，雨浇不湿国旗，更淋不灭大家炙热的爱国心。

2019年8月5日晚11时20分左右，数十名来自各行各业的香港同胞前往尖沙咀"五支旗杆"，将五星红旗重新升起。国旗尊严，岂容践踏，他们是香港护旗手！多位香港明星随后在网上发布"爱国爱岗守护国旗#我是护旗手"及国旗的图文，内地民众及世界各地华人华侨也纷纷转发"我是护旗手#五星红旗有14亿护旗手"。

学生结合法律与案例，发表感想。

［设计意图］把握国旗对国家的重要意义，知悉《中华人民共和国国旗法》的相关规定，不仅知道要敬重国旗，而且能依法执行。通过香港辱旗者依法被惩处的案例，以及敬重国旗者被赞叹的表现，进一步强化学生依法敬重国旗的意识。

（四）总结

教师：由衷地热爱、尊重国旗，规范地爱护国旗，是在表达我们的爱国报国情感，也是在培育和践行爱国、法治等社会主义核心价值观。著名教育家陶行知先生说过，唯有从心里发出来的，才能打到人的心灵深处。愿大家能由衷认同并落实到行动中，为爱护国旗付诸更多行动，都成为优秀的护旗手。

［设计意图］总结提炼，进一步强调学生要依法规范敬重国旗，由内而外，言行合一，成为名副其实的护旗手。

【拓展延伸】

1. 全面学习《中华人民共和国国旗法》，并将其中重要内容分享给身边人。

2. 留意观察学生后续的升旗仪式是否规范，根据具体情况再行教育。

不抱怨，靠自己

【背景分析】

通过观察发现，不少学生在遇到困难、挫折或觉得不顺心时，往往容易情绪低落或暴躁易怒，很容易怨天尤人或者自怨自艾，不能冷静理智地思考解决问题的对策，也难以克服外在的困难和调适内在的不悦，以继续面对问题直到问题解决。如果任由这种内心不和谐的情形发展下去，对学生的心理健康很不利，也难以培养学生的理性、勇气、抗挫力、毅力等。

【班会目标】

1. 通过聆听和分析崔万志《不抱怨，靠自己》的演讲，学习历经坎坷的崔万志勇敢迎战一个又一个困难直至成功的精神品质。

2. 引导学生明确并坚持应对困难和痛楚的正确态度：不抱怨，靠自己。

【班会准备】

1. 准备好崔万志《不抱怨，靠自己》演讲视频（截取自《超级演说家》第三季）。

2．制作多媒体课件。

3．A4 纸、笔。

【班会过程】

（一）导入

教师（结合课件）：自我内心的和谐，能让自我更舒心、更强大。但有不少同学遇烦心事情绪不稳定，易急躁、伤感、愤怒，甚至迁怒，没法沉着冷静应对。出问题后或一味自责（自怨自艾），或责备他人（怨天尤人），没能客观分析，也不去解决问题，觉得无能为力，任由事态恶性发展。这些自我身心的不和谐，使得自己不高兴，爱抱怨，难成事。

［设计意图］开门见山，直指学生中存在的身心不和谐的情形及具体表现，引入本节课的主题。

（二）初看视频，梳理内容

学生欣赏视频：崔万志《不抱怨，靠自己》演讲视频。

学生梳理分析：崔万志遭遇了哪些困境？他都是如何应对的？

教师点拨。

［设计意图］初看崔万志的演讲后，学生们对崔万志遇到的困境及其应对的方式进行梳理分析，更清楚、准确地把握人物故事及人物的精神品质。

（三）再看视频，温故知新

学生再欣赏视频：崔万志《不抱怨，靠自己》演讲视频。

学生提取精华：其中哪些句子令人深受启发、印象深刻？

学生反观自身：遭遇过怎样的困境？当时是怎么思考和应对的？看完崔万志的故事后，未来再遇困境时，你将如何应对？

教师进行引导与点拨。

[设计意图]再次欣赏崔万志的演讲，提取人物语言的精华用以指导自己、提醒自己。重温崔万志的困境和应对方式，借此反观自身，思曾经，明未来。

（四）三看视频，加深印象

学生第三次欣赏视频：崔万志《不抱怨，靠自己》演讲视频。

教师：人生不如意事十之八九。愿"不抱怨，靠自己"的崔万志能够成为你的明灯，助你消除内心的苦楚，战胜外在的艰难，实现自我的和谐，成就美好的人生。当你没法改变现实时，就请努力改变自己吧。

[设计意图]最后一次欣赏演讲，借以牢牢记住这个人物形象及其精神，当遇到困境或不顺心时，能以崔万志为榜样，不抱怨，靠自己，达成内心的和谐，成为真正的强者。

【拓展延伸】

1. 学生回家后向家长转述崔万志的故事，一起写下崔万志给你带来的启示。

2. 生活中，当学生听到有抱怨声时，互相提醒，互相帮助。

附：

视频中崔万志以《不抱怨，靠自己》为题所演讲的部分内容

我出生在肥东县的一个农户家庭，出生的时候脚先落地，头被卡在里面，一连几个小时都下不来，我出生的时候没有呼吸，然后赤脚医生就拎着我的腿，头朝下使劲地抖，一直抖了十个小时，我才有了第一声哭声，就这样我活了下来。

我九岁的时候上小学。我记得从我家到小学之间有一条沟，别人很容易就跨过去了，我就跨不过去，我又不愿父母天天背着送我上学，我试着蹲下去，然后趴在地上然后爬下去，然后再爬上来，哎，我再看我过去了！也许上天在我小的时候就告诉我，人生没有过不去的坎。

可是我上高中那年，我中考的分数在我们县里名列前茅，我被一个重点高中录取了，把学费交了，床单也铺了，突然间被校长发现了，校长就很惊讶地看着我，我们学校怎么来了个残疾人？然后在几分钟之内把我和我的父亲，以及我的行李踢到校园之外，然后指着我说，就算你考上大学，也没有学校会要你，你还耽误我一个名额！我爸当时就跪了下来，一跪就是两个小时。我恨，我恨，我恨，我恨命运对我这么不公平！为什么，为什么，为什么？我爸用双手捧着我的脸对我说："万志，你听着，没有为什么，抱怨没有用，书还要不要读？"我说："要！"我爸说："那么回家吧，一切靠自己。"

我上大学的时候，我真的害怕没有大学收我，我选择一个比较偏僻的，离我家里很远很远的一所大学，很幸运我被录取了！

大学毕业以后，我和所有的大学毕业生一样面临着找工作。我天天跑人才市场，我投了上百封简历，没有一家单位要我。我记得最后一次，我很早很早就去排队，我排在第一位，然后面试官看着我，指着我就说："你快走开，你快走开，别挡着后面的人！"从那以后，我再也没有去找工作。那天走在大街上，风好大，我的眼泪再也忍不住地滚了下来！我心里非常地绝望——我要养活我自己，我要养活我自己，我要养活我自己！那个声音就在我心里嘣嘣嘣地敲打着我！我就想起了我父亲的话："抱怨没有用，一切靠自己！"我改变不了现实，我就改变我自己！我已经不在乎别人对我的看法，也不再抱怨，甚至不再难过。

我去摆地摊，我卖旧书，卖卡片，我一顿饭当两天吃！就这样坚持了半年，我开了自己的一家小书店，后来开音像店，开超市，开网吧。我的书店被烧过，我的超市被偷过，我的网吧被拆了一次又一次，后来我又开始开网店，我把我几年积蓄的二十多万元一下子亏光了。再后来我又成立自己的电子商务公司，然后欠了外债四百万元，但是所有的委屈，所有的挫折，所有的痛苦，我埋藏在心里，我说不出，我也不想说！因为我知道抱怨没有用，一切靠自己！就这样我坚持、坚持、坚持下去，一直把我们的天猫做到第一名！

走到今天我回头再看，看我走过的这些经历，这些挫折，原来都是上天对我最好的安排。世界是一面镜子，照射着我们的内心，我们内心是什么样子，这个世界就是什么样子，选择抱怨我们内心是充满着痛苦、黑暗和绝望，选择感恩，我们的世界就充满阳光、希望和爱！

富强，是奋斗出来的

【背景分析】

所在支教学校的班级，有近半的学生家庭经济情况不乐观；但从他们的学习状态和考试成绩看，他们中的大多数没有把求学视为改变自己命运、改变家庭命运的有效路径，他们对未来没有清晰的思想认识，对自己和家庭没有责任意识，浑浑噩噩地度过了初中前两年，包括初三开学以来的一个多月。如今学习方面已是积贫积弱，有些人想学好，却可能觉得没有希望、有心无力最后选择放弃。因此，在使他们意识到并坚信"知识改变命运"的同时，也要让他们明白：只要有心并肯去努力，奋斗至富强不是梦。

【班会目标】

1. 知悉不同学历所对应的不同职业及其待遇等，学生意识到并坚信：要实现自己和家庭的富强，好好学习、坚持努力是极佳路径。

2. 用近来社会上逆转命运的人物实例来鼓舞学生：只要有心并肯去努力，奋斗至富强不是梦；有目标、有方向，便有逆袭的可能。

【班会准备】

1. 教师到各求职网站，提前搜索不同行业的入职要求及薪酬待遇，并选择其中较具代表性的几种，聚合入授课所用 PPT 中。

2．教师准备 10 年从流水线厂妹做到纽约高薪程序员的娄底新化 90 后农村女孩孙玲、2017 年世界砌墙冠军梁智滨等经过努力成功逆袭人生的人物故事，并聚合入授课所用 PPT 中。

3．A4 纸、笔。

【班会过程】

（一）导入

教师：班级家庭经济情况略见一斑。2020 年 10 月，15 人填写家庭经济困难生认定申请，另有 4 人已建档立卡。2019 年 10 月，20 人填写家庭经济困难生认定申请，另有 4 人已建档立卡。家庭富强，个人富强，需要你的奋斗！

［设计意图］通过班级学生的经济情况引入班会主题，贴合学生生活实际，能吸引最大程度的学生关注。

（二）富强之路，我们要提前规划

教师：你思考过如何让自己富强、让家庭因为你而改变吗？具体路径是什么？不同的职业路径，发展与影响大不相同。你想走哪个路径，现在就要开始努力。

教师用 PPT 展示不同行业领域，不同的学历要求，不同的薪酬待遇：

项目经理：年薪 20 万—40 万元，全日制本科及以上学历。

产品经理：年薪 26 万—50 万元，全日制本科及以上学历。

运营经理：1.2 万—2 万／月，全日制本科及以上学历。

某工厂操作工：小时工，18—25 元一小时，保底 286 小时，一个月 6000 元以上包吃包住；正式工，5200—7800 元／月。男女不限，16—40 岁，无学历要求。

某餐厅服务员：2500—3500 元／月，18—30 岁，身体健康，能吃苦，无学历要求。

快递收派员：5500—10000 元 / 月，高中 / 中专及以上学历。

（以上数据来自各招聘网站）

教师：初三已经快要过半，同学们即将面临继续读书或选择就业的抉择。读书与就业、富强的关系，你了解多少？请结合以上来自各招聘网站的数据和内容说说你的看法？小组交流后，派代表发言。

学生进行小组交流，随后选若干学生代表发言。

［设计意图］家庭经济本身就困难的学生，只能靠自己打拼来谋生；而如果继续懵懂无知，不知道为更美好的前途打拼，那么只能一辈子劳碌而艰辛地生活，个人和家庭都难以摆脱贫困的命运。因此，以职业薪酬待遇对应富强，以所需学历对应学生在学习方面可以有的投入。

（三）富强之路，我们可以逆势而上

教师：虽然现在大家的学习基础是比较差的，但只要想改变，从来都不会迟。只要有目标，有方向，便有逆袭的可能。接下来，分享给大家几个实实在在的例子，你们可以循着榜样的路径，自信、勇敢地行动起来。

榜样 1：娄底新化的 90 后农村女孩孙玲，10 年从流水线厂妹做到纽约高薪程序员！

2009 年 6 月，孙玲参加了高考，最后以 399 分的成绩在学校的应届生中排第一名，尽管这样，还是够不着二本分数线。高考后的那个夏天，她在堂哥的介绍下去往深圳的工厂打工。闲暇时，她开始到培训机构咨询软件培训，在敲定了一个最合适的课程后，2010 年 5 月，月薪只有 2300 元的她省吃俭用攒够第一期的 8000 块钱学费后，从工厂辞职了。

后面的将近 500 个日夜是孙玲漫长的"蛰伏期"，她从深圳龙华的工厂来到福田区学习，两家培训机构、三期软件课程、三份勉强够生活的零工、一张额度为 3000 元的信用卡，这些几乎构成了孙玲一年多来生活的全部。

孙玲完成培训顺利毕业后，2011 年，她在 IT 行业找到了工作，那是一家与政府合作的技术公司，她负责为深圳公务员计算工资。2014 年等到工作稳定，孙玲先是报了西安交通大学的远程教育课程，拿到了大专文凭，后来又利用一年半的周末学习完成了深圳大学的专升本课程。

孙玲在招聘网站上划过了无数信息，在一条平平无奇的招聘广告前面，她停住了，那是一所美国学校正在招聘赴美带薪实习的程序员。孙玲想要抓住这个机会，从 2017 年 1 月到 9 月，她的生活中只有两件事：学习英语、攒钱。5 月的雅思考试中，孙玲拿到了 5.5 分；而在 9 月来临前，存款数额也勉勉强强达到了 12 万元，终于，孙玲拿到了学校的 offer。

孙玲的学校在美国艾奥瓦州的小镇上，人少，很安静。学习期有 9 个月，每个月都要学习一门课程，上午学理论，下午练实操。学习结束后，为了寻找工作，孙玲来到了靠近硅谷的加州，她觉得会有更多机会。在寻找了两个月工作，并且经历将近 60 场面试之后，Epam Systems 公司向她抛来了橄榄枝，雇用她作为与谷歌对接的程序员，在谷歌总部办公，年薪高达 9 万—13 万美金（62 万—90 万元人民币）。

榜样 2：19 岁男生砌墙"砌"成了世界冠军！这是中国在世界技能大赛砌筑项目上的首枚金牌！

2017 年 10 月 19 日晚，在阿联酋阿布扎比举办的第 44 届世界技能大赛闭幕式上，来自中建五局长沙建筑工程学校集训基地的梁智滨，凭借砌筑的"高颜值"墙，以 69.89 分的好成绩夺得砌筑项目第一名，为中国队捧回世界技能大赛砌筑项目第一枚金牌。

教师：以上真实的励志故事，给你怎样的触动？你将如何行动？

学生谈感受，讲改变，分享交流。

［设计意图］在讲故事的过程中，强调他们的不容易、他们曾经遭遇的挫折和他们的锲而不舍，意在用榜样的力量让学生确信：有目标、有方向，便有

逆袭的可能。

（四）富强之路，我们现在要启程

教师：想要书写出自己美好的人生，为家庭、为社会做出贡献，你的目标和方向是什么？你将为实现富强如何奋斗？请大家在 A4 纸上初步写下自己的人生目标：想要成为什么样的人？也写下五年规划：中考后，将去向哪里？高中或职校三年将如何过，三年结束后又将如何？

学生思考、书写，并选择几位学生进行交流、分享。

教师根据学生的交流分享，适当点拨、建议：了解自己的兴趣爱好、行业特点；爱你所选，爱岗敬业，互相成就；坚持刻意练习，有努力、有思考。

教师强调：罗马不是一天建成的！想到达明天，现在就要启程！相信自己，从现在就开始努力！

［设计意图］引导学生思考自己的人生路，切实让自己走到走向富强的路上。奋斗确实能够使自己逆袭，强调提醒：想要奋斗出富强，就要即刻开始行动。

【拓展延伸】

1. 学生课下自行查找资料，了解更多行业的特点，尽早明确自己的发展方向和目标，并切实开始脚踏实地学习。

2. 学生找到自己将看齐的榜样，常温习他们奋斗不息而实现人生逆袭的故事，给自己鼓劲，落实行动。

语言文明，从干净开始

【背景分析】

初一的男生喜欢脱口而出一些脏字、粗口，似乎没有中外的国骂夹杂在里头，说话就不痛快。连着两学期评班级文明学生，都能特别快地选出来：全班从来不说脏话的男生，就寥寥三两人。污言秽语，污染的不仅是耳朵，还有心灵，如此不文明，该遏制。而女生中有部分人常喜欢说消极负面的话语，这样的话语一出，整个场域如被阴霾笼罩，使听者颇为不舒服。于是，特地开设这节以语言干净为主题的班会课，希望可以扭转学生中的语言不文明现象。

【班会目标】

1．正视班级中不文明用语的现象，分析背后的原因及可能带来的影响。

2．梳理干净语言的特点，学生在日常生活中净化语言，多说文明语。

3．提出文明语言的中级和高级要求，学生进一步要求自己。

【班会准备】

1．梳理学生中常见的不文明语言类型。

2．找来常说不同类型语言的人物对比图。

3．制作本节课所需的多媒体课件。

4．A4 纸、笔。

【班会过程】

（一）语言文明，基本要求是干净

教师引导学生结合班级内的语言，梳理出干净与不干净的语言。

学生畅所欲言，并进行适当的梳理。

教师点拨：

（1）不够干净的语言

低俗、粗口、多涉及动物本能或原始反应的字、词、句，且常故意使用。

对认知和情绪具有消极暗示的口头禅：如否定自己、对外界环境的偏见、过于频繁地宣泄负面情绪。

没必要说的多余话语，且常当众脱口而出，或习惯使然，或哗众取宠。

（2）干净的语言

根据需要进行的科学表述，必须说有用的话、积极正面的话。

（二）于己于人，语言影响力大

1. 言为心声

（1）教师附上几幅不同人物图，请学生猜：谁更有可能常脱口而出不干净用语？为什么？

学生根据图片进行猜测并阐释自己的理由。

（2）教师提供一些口头禅，比如："随便""据说""也许""看我的""没问题""太棒了""谢谢""对不起""无聊""没劲""郁闷"等。请学生推测：这样的人更可能具有什么特点？

学生进行猜测并阐释自己的理由。

教师点拨：常说"随便"的人大多安于现状、缺乏主见、目标不明确；常说"据说""也许"的人大多自信心不足；常说"看我的""没问题""太棒了"的人通常充满自信，善于欣赏别人，乐于承担责任；常说"谢谢""对不起"的人通常文明、有教养；常说"无聊""没劲"的人通常较为颓废、疲惫和无追求。

（3）教师：通过以上两个猜想，你得到了什么启示？

学生思考及发言。

教师点拨：一位人类行为学家曾说，人类有两种表情，一种是脸上所呈现的表情，另一种是说话时传达给对方的信息。语库中提用率和重复率较高的口头禅具有某种心理投射功能，在一定程度上揭示了说话者的内心世界。你常说的话、你的口头禅，折射出你的态度，或消极，或积极；折射出你的思考及不思考，是否人云亦云，是否只是想跟群体一致，是否贪图一时爽快不计后果，是否误以为很帅；影响其他人对你的印象与观感。

2. 言于他人

教师：说出的话对他人、环境会有怎样的影响？请结合实例阐释。

学生探讨并结合实例发言。

教师强调：语言是双刃剑，污言恶语伤人，良言善语暖人。语言就是环境，恶俗语言恶化环境，良言善语美化环境。

［设计意图］结合班级中出现的语言，界定出文明的语言与不文明的语言。引导学生对常说的话与人的形象特点之关联进行猜测与思考，使他们意识到语言不仅仅与文明相关，也与人的心理及外在形象密切相关。再通过探讨及结合实例发言，直观体认语言对他人、对环境的影响。促使学生多角度思考，进而主动多说文明的话语。

（三）语言文明，从净化语言始

教师：著名心理学家威廉·詹姆斯说过，播下一个行动，收获一种习惯；播下一种习惯，收获一种性格；播下一种性格，收获一种命运。让我们一起来净化我们的语言，收获新的命运吧！请说说看，你将如何净化你的语言？

学生思考、探讨并分享交流。

教师点拨：

（1）想清楚：你为什么放任自己污言秽语？为什么放任自己脱口而出的废话？你希望在别人眼中是个什么形象？

（2）换行动：去掉低俗的、消极的口头禅，改为积极的、正面的话语；脑子管控嘴巴，少说无益的废话，只说必须的、有用的话语；知道自然科学，只在需要时进行必要的科学表述。

（3）实在不懂，宁可少言、不言！子曰："君子欲讷于言而敏于行。"子曰："刚、毅、木、讷，近仁。"

［设计意图］引导学生思考净化语言的方法，教师进行点拨引导，力图使

得学生能够由内而外地改变自我，净化语言。

（四）语言文明，有更高的要求

教师：干净是语言文明的基本要求，在此基础上，我们还应该有更高的要求。你们觉得更高的要求是怎样的呢？

学生探讨交流。

教师点拨：语言文明中级要求——合适，即得体、周到、正确、严谨。语言文明高级要求——有意义，即有内涵、有价值、有影响。想想看，我们要如何才能达到？

教师与学生结合实例，进行初步的分享交流。

［设计意图］这一部分既是本节课的总结，也作为对学生语言文明的更高要求，以及生活中语言文明的延展提升。在学生的思考与交流中结束本课，也开启对语言文明的思考与行动。

【拓展延伸】

1. 设立监管语言文明的专门班委，也告知家长班级正在进行的语言净化行动，携手促进学生语言文明。

2. 建议学生阅读与说话之道相关的书刊，并学以致用，进一步提升自己的语言交际能力。

敬业的妈妈们

【背景分析】

陆续接到几位妈妈反馈，孩子似乎越发不懂事了。比如，回家后，发现饭还没有做好，孩子就默默生气；因为忙碌而忘了给孩子买鞋子，孩子就不和妈妈说话或说话语气很重。家庭中最辛苦的往往是妈妈，单位上着班，同时又担负做家务、照顾家人等重任，妈妈需要得到孩子的体谅、感激与尊重，而平时对妈妈和颜悦色、说话和气是最基本的。不体谅、不感激，往往因为不知道妈妈的辛苦；不尊重，往往源自不认可、不欣赏。为从根本上解决问题，本次课将侧重体现妈妈在工作和生活中的辛劳付出和认真敬业，也使学生向敬业的妈妈看齐。

【班会目标】

1. 学生能留心妈妈的辛劳与敬业，体谅妈妈的辛苦和因忙碌而导致的遗忘和疏忽，给予妈妈尊重、感激，懂得采用合情合理的方式来与妈妈进行沟通交流。

2. 学生学习妈妈的责任心、用心、细心和执行力等，像妈妈一样爱岗敬业、吃苦耐劳。

【班会准备】

1. 每位学生都与妈妈进行深度交谈，详细了解妈妈在成为妈妈前后的生活和工作等的不同，包括日常的工作，生活中为自己、为家庭、为孩子在时间、精力、心思等方面的付出，并进行记录。如果妈妈在某方面做得较好，而某方面有所疏忽，也与妈妈交流，试着探讨问题所在。

2. 选择一天时间，学生在家进行"我与妈妈换角色"的活动，学生体验妈妈的责任与辛劳，也让妈妈感受下孩子的不易。

3. 找两个学生进行课上导入部分情景剧的演练。

【班会过程】

（一）导入

情景剧表演：小溪兴高采烈地回家，期待着妈妈许诺的球鞋。她一看到妈妈没有给她买回球鞋，就立刻大吵大闹，饭也不吃。妈妈跟她说："今天工作太忙了，抽不出时间，然后就赶回来做饭了。等吃完饭后再一起去。"小溪依旧拉长着脸，愤愤地责备妈妈答应的话不算数。妈妈看到小溪如此，便把小溪骂了一顿。随后母女俩互不搭理。

学生探讨交流：母女俩不欢而散，都是妈妈的错吗？

教师点拨：不体谅、不感激，往往因为不知道背后的辛苦；不尊重，往往源自不认可、不欣赏。请注意一个细节——妈妈的忙碌。妈妈的工作与生活，你们真的全都知晓吗？

［设计意图］用情景剧还原生活中常见的亲子矛盾场景，让学生直观而理性地看到平时难发现的自身的不足，进而开启体谅妈妈之旅。

（二）持续在上班状态的妈妈，你知多少？

学生在小组内进行交流，展示访谈记录中各自妈妈在有孩子前后的生活与工作等各方面的具体情形。重点分享妈妈在有孩子后，如何保持做好自己的工作、照顾自己、照顾家人、做家务等各方面的均衡，感知妈妈的不易，给予妈妈必须的尊重。

选择部分小组的优秀分享者，上台图文并茂地展示，并说出感受。

［设计意图］为促进学生更充分地了解自己的妈妈，课前准备要求学生对妈妈进行访谈。课上进行相应的交流与展示，既确保访谈真实进行，也让学生在交流分享中更进一步意识到妈妈们有孩子后的付出与不易。

（三）妈妈的辛劳与用心，你体验到了吗？

1. 妈妈的辛劳，体验才知道

学生在组内分享"我与妈妈换角色"所体验到的妈妈的一日辛劳与用心。

选择部分小组的优秀分享者上台进行交流，并说出感受。

2. 换个角度解决情景剧中的问题

如果你遇到与小溪类似的情形，你会怎么跟妈妈说话？怎么对待妈妈因为忙碌而忘记给自己买东西的事？如何处理更合适？

［设计意图］课前设置一日体验活动，让学生直观体验妈妈不辍劳作的辛苦与执着，对妈妈多一些体谅。并利用情景剧，引导学生带着对妈妈的体谅，思考妥善处理问题之策。

（四）成为敬业的学生与孩子，致敬妈妈

1. 学生探讨交流：我们应该且可以向工作与生活都兢兢业业、努力做到两全其美的妈妈学习什么？

教师点拨：对工作、家庭的责任心，对家人的细心与用心，忙而不乱、高效运作的执行力，等等。

2. 学生自我反思：为了回报妈妈，该如何让自己成为学习和生活中名副其实的敬业者、优秀者？

学生进行探讨交流。教师进行点拨。

［设计意图］不仅要尊重和体谅妈妈，还要向妈妈看齐，在不间断的忙碌的工作与生活中，调整心态与状态，努力让自己也成为敬业者、优秀者。

【拓展延伸】

1. 学生课后与妈妈再进行对话，表达对妈妈的尊重、赞美、体谅、感激等。

2. 学生持续进行行动方面的改进：好好学习，认真负责做好自己的分内事，不让妈妈担心；平时好好与妈妈说话，多帮妈妈做家务，并每天记录自己的进步。

3. 也请深入去了解和关爱爸爸。

善待"弱者"，就是善待自己

【背景分析】

新接手的班级有个学生小A，他总是龟缩着身子，紧紧抓住衣服的前领口，一看到老师要跟他说话，他就退缩。了解得知他的智商比较低，此前曾受一些男生的排挤、驱赶，也被要求帮忙洗衣服、干活。我看到班上有男生把垃圾扔给他，看到体育锻炼时有几个男生用手驱赶着即将靠近他们的小A——这样的行为，受到伤害的不仅是"弱者"小A，还有班级的氛围、人际关系，也会令这些行为实施者不知如何更好地自处，如何理性地对待自己和他人的弱项。为了从根源处解决小A被轻视和排挤的问题，也为了培养学生平等待人的品质，特开设此主题班会。

【班会目标】

1. 解决班级当下存在的问题，小A能够得到平等、友善的对待。

2. 学生从思想根源处梳理，纠正无益的强弱观，进而理性对待自己和他人的弱项，平等、友善待人，并勤于改进自己。

【班会准备】

1. 设置贴合学生的问卷调查内容。

2. 制作多媒体课件。

3. 学生每人准备一张A4纸、若干支笔。

【班会过程】

（一）导入

教师：人和人是平等的。但是，我发现咱们班的小A同学却没有被平等地对待。他并没有妨碍任何人，但他的桌面被同学放了垃圾，有次体育锻炼时，他走近四位男同学，那四位男同学挥手驱赶他。为什么要这样对他呢？仅仅是因为觉得他明显比大家弱吗?

　　学生进行思考与简单交流。

　　［设计意图］引出本节课的出发点——小 A 同学得到的不平等对待，继而引向学生行为背后的思考。

（二）比较之下，我们皆"弱者"

　　请学生填写问卷调查。题目诸如:

　　比我记忆力好的人有：_____

　　比我反应快的人有：_____

　　跑步比我快的人有：_____

　　唱歌比我好听的人有：_____

　　画画比我好的人有：_____

　　语文学得比我好的人有：_____

　　数学学得比我好的人有：_____

　　…………

　　选学生代表分享交流，并谈谈填写完后的感受。

　　教师点拨：我们习惯于比较，人与人相比皆是某方面的"弱者"，有的人很弱，有的人相对弱一点。当你忍不住想要轻视、排挤"弱者"时，请也想想自己的弱。

　　［设计意图］学生梳理比他人弱的部分，直观体认"弱"不过是人与人比较出来的，每个人都有自己的弱项，轻视、排挤觉得比自己弱的人实在没必要。

（三）常态之下，"弱者"被轻视

　　案例分享：几位学生讲述被轻视或轻视别人的经历。

探讨交流：

（1）被轻视者，有何感受？

（2）轻视别人者，将会如何？

（3）整个环境与氛围，又是如何的？

教师点拨：你我皆有"弱"项，不宜互相轻视。通过案例和分析可知，轻视和排挤会给自己、他人和环境带来负面的影响。因此，请大家不要将轻视"弱者"变成习惯，也要勇敢地拒绝被轻视，应理性从容地对待所谓的强弱，善待自己，善待他人。

［设计意图］设置此环节是因为常态之下，人们往往会明显地或暗暗地轻视弱者。由学生回忆和讲述自己曾经被轻视的经历，重温被轻视的不愉悦体验，将心比心，不再轻视别人。而学生对轻视别人者的外在和内心的结果、因轻视而形成的不和睦氛围等的分析，意在使学生更坚定地拒绝轻视和排挤他人。

（四）指向成长，我们应正视弱项

1. 学生探讨交流：如何对待他人的"弱"更合适？

教师点拨：对于他人的"弱"，我们可以：（1）看到，但不嘲笑；（2）正视，给予帮助；（3）反观，改进自身。

2. 学生探讨交流：如何对待自己的"弱"更合适？

教师点拨：对于自己的"弱"，我们可以：（1）泰然处之，全面理性地把握自己；（2）与自己比，不断努力，求得进步；（3）见贤思齐，并积极争取他人帮助。

［设计意图］除不轻视别人的弱之外，学生还应懂得正确对待别人和自己的弱，并用以指导未来的生活。学生进行充分的探讨交流，老师再点拨强调，力图使得学生能够更加理性与平和，做到善待他人，严于律己，勤于进取。

（五）总结

教师：你我皆是某方面的强者，也是某方面的弱者。因此，应平等地看待弱者，理性地对待自己与他人的强与弱。在互相尊重、互相关心、互相帮助的良好氛围中，善待他人，善待自己——专注于自己的成长，不断自我完善。

［设计意图］总结本节课的主要内容，再次强调，提醒学生注意。

【拓展延伸】

1. 关注学生日常行为，先重点关注大家对小 A 的态度与行为。对于依旧不改的学生进行一对一的再指导。

2. 制作如下班级每月感恩总结表，并每月填写、回收、反馈。

```
                       每月的进取与感恩
一、我的收获与成长
这个月，我难忘的事情有_____。
我从中学到了_____。
我取得的进步有_____。
二、我的感谢（后三格写同学、家长、老师等）
我感谢_____，因为_____。
我感谢_____，因为_____。
我感谢_____，因为_____。
梳理总结者：_____

                                              年      月      日
```

珍惜主食，你我同行

【背景分析】

2020 年 8 月 11 日，习近平总书记对制止餐饮浪费行为做出重要指示。他指出，餐饮浪费现象，触目惊心，令人痛心！"谁知盘中餐，粒粒皆辛苦。"尽管我国粮食生产连年丰收，对粮食安全还是始终要有危机意识。2013 年 1

月起民间发起的"光盘行动"的倡议，变成由上而下的呼吁，不少餐厅、民众都积极响应号召。但生活中仍旧不时看到对粮食尤其是主食浪费的不和谐现象：观察发现，午餐发下来的米饭学生吃不完只能倒掉；调查了解，家庭聚餐中点多的米饭几乎不打包。珍惜粮食的意识与行动都还须再强化。

【班会目标】

1. 学生通过了解粮食及粮食的来之不易，通过重温历史中及当下其他地区饥荒的可怖，由衷地珍惜粮食。

2. 学生通过创设的活动"小手牵大手"，带动家长们一起珍惜粮食，共创人与粮食、与世界和谐共生的美好。

【班会准备】

1. 学生课前查找资料。分小组把握麦类、豆类、稻类、粗粮类、可作为补充主食用的瓜果蔬菜类食物等主要粮食的生产过程，了解其中影响收成的多种因素、粮食制造者的辛劳与付出、20世纪国内外曾经遭遇过的饥荒，并制作为PPT，课上展示。

2. 学生采访爷爷奶奶或外公外婆，了解曾经缺衣少食的生活的具体情形，课上要能讲述爷爷奶奶或外公外婆艰难生活中的饮食细节。

3. 学生与家长交谈，了解家长处理剩饭背后的思考。

【班会过程】

（一）导入

展示若干餐桌上粮食被浪费的图片。

教师：我国每年餐饮浪费到底有多严重？答案是：800亿斤至1000亿斤！据测算，我国城市餐饮业仅餐桌食物浪费量就在1700万吨至1800万吨之间，相当于3000万人至5000万人一年的食物量。作为世界人口最多的发展中国家，咱们国家用仅占世界7%的耕地，养活了全球20%的人口。对于一个拥有 14 亿人口的大国来说，任何微小的浪费都是一个惊人的数字。珍惜粮食，你我须先行。

［设计意图］用直观的图片再引用《经济日报》的数据，直击人心，揭示我国存在的粮食浪费问题的危害性，引起学生重视。进而提出本课的主题：珍惜粮食的思与行，于我们是刻不容缓的。

（二）一粥一饭，来之不易

学生按小组上台用 PPT 形式，展示各种主食的"前世今生"。

根据课前的安排，各小组有序进行麦类、豆类、稻类、粗粮类、可作为补充主食用的瓜果蔬菜类食物等中的代表食物的成长过程的展示。

侧重展示其中影响收成的土地、气候、虫害等多种因素，展示劳动者耕耘、栽培、收割、保存等的辛劳与付出，真切感知一粥一饭的来之不易，手中有粮的生活之和谐美好。

［设计意图］课前组织部分学生收集资料，激发他们的主动性，对粮食生产的全过程多一分了解。小组通过制作 PPT 进行梳理，后续展示交流，进一步拓宽认知，加深印象。

（三）粮食问题，引以为鉴

1. 学生按小组上台用 PPT 形式，用图文或插入视频的形式，展示中外饥荒中人们的惨状。

根据课前的安排，两个小组有序上台进行国内外饥荒的触目惊心的惨状的展示。国内如 1942 年河南、河北、山西、山东、安徽的大饥荒，20 世纪 50 年代末 60 年代初三年严重困难等；国外如非洲国家的饥荒，陷于战乱中的国家人民衣食堪忧的窘况等。

2. 学生代表讲述爷爷奶奶或外公外婆曾经粮食艰难的故事，讲出生活细节。

3. 教师：中国近几十年来粮食问题得以解决，要感谢袁隆平爷爷研发的高亩产的杂交水稻。如今中国高产杂交水稻在数十个国家推广，助力全球粮食安全。如今国泰民安，粮食亩产也高，我们是否可以确定饥荒不会再来？

学生探讨并交流。

教师点拨：粮食生产会受自然环境等影响，洪灾、台风雨等都会导致粮食歉收；和平与发展是主旋律，但国际形势风云难测。

［设计意图］课前组织部分学生收集饥荒资料并制作展示PPT，向爷爷奶奶或外公外婆了解曾经缺衣少食的生活细节，使温饱无忧、生活富足的他们借以知晓没有粮食之苦，对现在美好的生活要格外珍惜。爷爷奶奶或外公外婆重温旧事后，也会对子孙进行珍惜粮食方面的教育。最后，引导学生居安思危，不放松珍惜粮食的弦。

（四）珍惜粮食，你我同行

1. 现实问题一：午餐统一分发同样分量的饭，有人吃不完怎么办？

午餐学生代表先发言，为剩饭思考解决策略。

其他学生提供参考意见。

教师点拨：可以提前给饭量大的同学一些；尽量自己吃完；打包带回家。

2. 现实问题二：外出用餐，剩饭打包吗？

学生代表分享家长处理剩饭的方式及理由。

学生代表继续讲述自己对家长的做法和思考的态度，以及后续自己如何行动以确保家庭用餐中的粮食不被浪费，包括点餐前及处理餐后剩饭剩菜等。

其他学生倾听，并提出补充建议。

3. 教师：自己吃饭不浪费，家庭用餐不浪费，为珍惜粮食作出一定的贡献。除此之外，我们还可以为珍惜粮食做些什么呢？

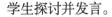

学生探讨并发言。

［设计意图］真切把握粮食的来之不易以及饥荒的可怖，触动学生的内心，进而在行动中切实珍惜粮食。学生反思自己与家人有待解决的剩饭问题，大家群策群力，想出解决方案。

（五）总结

教师："民以食为天""吃饱了才有力气干活"这些耳熟能详的话语，无不在告诉我们粮食是一切的基础，更是我们和谐美好生活的基础。珍惜粮食，你我同行，从这一刻起，我们不仅要心动，更要行动起来，并带动、监督更多人一起行动。

［设计意图］提炼总结，申明主题，强调提醒。

【拓展延伸】

1. 所有学生写一份"我们为什么要珍惜粮食"的课后感。

2. 在校午餐的学生写一份解决午餐剩饭问题的倡议书，并印送给其他班级，大家一起杜绝午餐剩饭的浪费。

3. 连续三周，学生或家长将家庭用餐光盘的图片如实拍到群里，互相引领，互相监督。

体育赛事中的公正

【背景分析】

体育节中发生了一件事：因为梓同学在 10×300 米比赛结束后，在裁判面前对别班同学做出不文明的手势、言语无礼，班级团体第二名的成绩被取消。虽然后续耿同学带着梓同学去道歉，成绩得以恢复，但有些学生对裁判取消我班成绩的做法不理解；而在班际篮球、足球比赛中，不少学生看到对手抓伤人之类的行为没被裁判判罚时，质疑裁判及最终结果的公正性，为此闷闷不乐许久。因此，有必要与学生深入聊聊体育精神之公正，兼谈互相关爱、尊重的体育精神与体育道德，指导学生后续更得体地参与各项体育赛事。

【班会目标】

1. 通过探讨班级被裁判取消成绩的事件，链接相关事件，学生把握体育赛事中的公正评价所参考的要素，在竞技类赛事中也能做到互相关爱与尊重。

2. 通过探讨此前篮球、足球赛事中反馈的不公正问题，链接相关新闻，学生理性地对待体育赛事中一些不确定的因素，面对既定的不公正，努力用更强大的实力来赢得比赛；面对可以争取的权益，走体育仲裁等科学合理的路径。

【班会准备】

1. 准备好与班级事件相关同时也与体育公正相关的事件，比如孙杨"暴力抗检"事件、伊朗队球员博尔哈尼事件、武大靖在平昌冬奥会的短道速滑夺冠等。

2. 学生准备好纸、笔。

【班会过程】

（一）导入

教师：法国著名教育家、国际体育活动家、现代奥林匹克运动的发起人顾拜旦在《体育颂》中说："啊，体育，你就是正义！你体现了社会生活中追求不到的公平合理。任何人不可超过速度一分一秒，逾越高度一分一厘，取得成功的关键，只能是体力与精神融为一体。"正规的体育比赛中，过程与结果都力求公正公平，参赛者们根据规则公平竞争，尽显风采。但在几次班级集体参与的体育比赛中，却频频听到有同学发出不公正的质疑和控诉。让我们重新走进事件，重新把握体育赛事中的公正。

［设计意图］以顾拜旦对体育公正的说辞引入本节课主题——体育公正，并为下文即将研讨的事件做铺垫。

（二）班级成绩取消的结果公正谈

1. 详说班事

教师：10×300 米的成绩来之不易啊。据悉，梓同学在 10×300 米比赛结束后，在裁判面前对别班同学做出不文明的手势、言语无礼，使得咱们班级团体第二名的成绩被取消。后续耿同学带着梓同学去向裁判道歉，成绩得以恢复。请梓同学、耿同学及旁观者分别来讲述事件经过，并说出自己的看法。

梓同学、耿同学和旁观者具体讲述，并说出自己的看法。

2. 他山之石

（1）教师讲述相关事件 1：

2006 年多哈亚运会，中国国奥队对阵伊朗国奥队的比赛中，伊朗队球员博尔哈尼突入禁区晃过王大雷后将球带向空门，他侮辱性地将球停在门线前做出招呼队友来庆祝的动作后将球打进。但博尔哈尼在之后受到了伊朗名宿阿里·代伊的批评。阿里·代伊评论道："不尊重对手的人是没有体育精神的，不配为国家而战。如果我是国家队主帅，我以后不会征召博尔哈尼。"

博尔哈尼后来向中国国奥队道歉。阿里·代伊在成为伊朗国家队主帅后才召入博尔哈尼。博尔哈尼后来在同中国队的比赛中又取得了进球，但这一次他没有做出任何庆祝动作，低调了许多。（来自中国体育的微博）

学生探讨：阿里·代伊对博尔哈尼的评价和处理，与此番班级故事多有相似。裁判因梓同学的行为而取消班级团体第二名的成绩，是否公正？耿同学将成绩争取回来，是否有违公正？

教师点拨：梓同学的表现不礼貌，不尊重对手，不符合体育道德，该受惩罚。而团队赛，个人与团队密切关联，个人即团队，因此为了团队的利益，更要爱惜自己的羽翼。耿同学为集体利益及时补救，裁判接受道歉，恢复成绩，也公正合理。

（2）教师讲述相关事件2：

> F1车手维特尔在比赛的回场圈因出现事故需要返回维修站，对手维尔莱茵把他带回维修站。为了表示感谢，赛后维特尔也开车载维尔莱茵跑了一段。这是赛车的精神所在，速度虽快，也有温度。（来自中国体育的微博）

学生探讨：这个美好的故事展现了怎样的体育精神？

教师点拨：来自对手的互相尊重、互相帮助。

［设计意图］通过对班级事件的梳理，结合对体坛曾发生过的与班级事件同类型的事件的研讨分析，使学生明白互相尊重的体育精神是体育运动所必须的，缺乏尊重的队员不具备上场的资格，个人及所在团队成绩被取消都是公正合理的。

（三）班级体育赛事的过程公正谈

1. 初探班事

教师：此前班际篮球、足球比赛中，不少学生看到别班的球员抓伤了咱们班球员之类的行为，却没被裁判判罚时，都很愤慨，默默不满着，觉得裁判及最终的结果不够公正。过程中，如果我们觉得不公正，应该如何更合理地维护我们的权益呢？而如果裁判、主办方、对手真的使阴招，参与其中的我们又该怎么做呢？

学生进行初步的探讨交流。

2. 他山之石

（1）教师讲述相关事件1：

2018年9月4日晚，国际兴奋剂检查管理公司（IDTM）的三名工作人员来到孙杨位于杭州的住处，对其进行赛外反兴奋剂检查。由于检查人员不能提供合法的兴奋剂检查官证件和护士执业证，孙杨认为这一检查是非法和无效的。在此过程中，双方发生争执，孙杨一方毁掉了样本瓶，随后IDTM报告国际泳联说孙杨"暴力抗检"。对此，孙杨第一时间在媒体上做出说明："我已经全力配合检查，但是检查方存在多项违规操作。"但是，雇用IDTM的世界反兴奋剂机构（WADA）则认为，孙杨不仅干扰了其采样工作，而且使用了暴力手段。

在双方争执之下，2018年11月19日，国际泳联就孙杨"暴力抗检"事件，在瑞士洛桑举行了长达13个小时的听证会。听证会上，孙杨出示了58个视频和图片，但主检测官则是在中国通过视频方式参与了听证，"血检官"和"尿检官"缺席。最终国际泳联判定这件事孙杨没有责任。

但对此结果，世界反兴奋剂机构并不满意，并于2019年3月12日上诉到国际体育仲裁法庭。2019年11月15日孙杨"暴力抗检"听证会如约而至，此次会议持续了12个小时并全程公开。

2020年2月28日国际体育仲裁法庭认为孙杨违反了反兴奋剂相关规定，并考虑到这是他第二次违反规定，决定支持世界反兴奋剂机构针对国际泳联判定孙杨无过错的上诉，裁决孙杨禁赛8年并立即生效。

根据《世界反兴奋剂条例》等法律文件的规定，退出检测并拒绝提供检测样本是《世界反兴奋剂条例》规定的逃避、拒绝接受兴奋剂检测的表现形式，并不是运动员可以援用的对检测程序表达异议的合法方式。在反兴奋剂领域中，运动员无条件接受检测是原则，即使对程序有异议，仍然应当先检测后质疑。只有在极端情形下，如检测人员确是假冒的，检测程序才会自始无效。孙杨虽质疑两名助理的资质，但并不否认检测本身、主检测官的身份和资质以及三名检测人员前去履职的真实性。程序瑕疵并没有严重到使孙杨无法根据《世界反兴奋剂条例》接受检测、提供检测样本的地步。

从2007年开始，孙杨共参加了7届世界游泳锦标赛，共拿了11枚金牌，加上3枚奥运金牌，金牌数一共14枚，而且他是游泳史上第一个能够拿满从200米到1500米所有可能自由泳金牌的运动员。孙杨被判禁赛8年，对我国游泳队而言也是巨大的损失。

学生探讨：孙杨对过程的公正性存疑，选择了"暴力抗检"，最终被禁赛8年。你从中得到什么启示？

教师：2020年12月24日孙杨禁赛8年裁决被撤销，后续将再次回到国际体育仲裁法庭重新审理，我们可以持续关注。但对于保持过程正义，我们要引以为鉴。

（2）教师讲述相关事件2：

2018年平昌冬奥会期间，短道速滑赛场的种种争议判罚，很大部分都来自东道主韩国队，他们的犯规裁判可以视而不见，中国队却申诉无效。2月22日晚，平昌冬奥会短道速滑男子500米决赛上演，中国选手武大靖一骑绝尘，没有给韩国队任何机会，战胜两名韩国选手，以39秒584的成绩再次刷新自己刚创造的世界纪录和奥运纪录，获得冠军，为祖国拿下本届冬奥首块金牌。

学生探讨：武大靖确实遭遇了来自裁判、东道主韩国队的各种名副其实的不公正，他是如何应对的？你从中学到了什么？

3. 深入研讨

（1）研讨过去事

教师：结合以上两个事件，再来回忆并分析咱们的篮球和足球赛所谓的不公正，是真不公正吗？我们采取了合适的方式来应对吗？

学生反思并交流。

（2）设想未来事

教师：下次比赛，不管是个人赛还是集体赛，过程中如果你感觉到了不公，你该怎么做才能合理地维护个人和集体的权益？

学生探讨并交流。

教师点拨：体育的问题，按体育的途径和规定来处理，尊重体育仲裁等的结果；而如果确实遭遇多面的不公，倾诉无门，那就用自己超高的实力制胜赛场。

［设计意图］通过对学生曾经发出的质疑公正性的事件回顾，引入与之相关的体育事件，引导学生吸取其中的经验教训，从中学得应对的策略，合理地维护体育赛事过程中的公正。

（四）总结：兼谈含公正在内的体育精神

教师：奥林匹克运动的宗旨是，通过开展没有任何形式的歧视并按照奥林匹克精神——以互相理解、友谊、团结和公平比赛精神的体育活动来教育青年，从而为建立一个和平而更美好的世界作出贡献。奥林匹克精神是体育精神的代名词，体育运动如果不讲体育精神，就无法为任何人带来快乐，只会带给别人伤害。

体育赛事的输赢很重要，但参与、拼搏、尊重、团结、公正、公平等体育原则和体育精神更重要，运动员的表现是否合乎体育精神、体育道德，甚至直接影响其能否上场比赛。在体育赛事中，运动员除了赛出水平、尊重自己外，还应注意尊重对手、尊重观众、尊重队友、尊重裁判员、尊重有关工作人员、遵守相关规则。

希望大家能充分享受体育运动的快乐，不管结果如何，重在参与、永不放弃、永不气馁、永不低头，就像曾参加过七届奥运会却从未获得过金牌的牙买加运动员奥蒂那样，坚持不懈，50 岁仍然奔跑在竞技场上。

［设计意图］强调本课主题，并适当拓宽学生对体育精神的认知，鼓励学生参与体育运动与体育赛事时能始终秉持着体育精神。

【拓展延伸】

1. 学生书写本次体育节中自己的收获与对他人（包括班级同学、竞争对手、老师、来帮忙的家委们）的感谢与思考。

2. 根据本次体育节的一些情况，为下学年体育节班级的入场式、训练、正式比赛、啦啦队、比赛后等提点建议，要求符合参与、公正、竞争、奋斗、友谊、尊重等体育精神。

信息传播领域的公正

【背景分析】

当一些不良社会现象被报道出来时，一些媒体、一些所谓的"键盘侠"，看不到社会发展的主流，对国家和民族没具备该有的信心，肆意发出负面声音，影响甚至误导青少年。比如 2019 年发生在香港的暴乱，香港本地及境外不少媒体进行了扭曲事实的报道，既歪曲了原有的公正，还滋生了许多新的不公正。网络上对一些人事物的评价也容易出现一边倒的情形，或群起而攻之，或群起而赞扬，一些无辜的当事人因此遭受了严重的网络暴力，而后知后觉的旁观者在群体意见的裹挟下难以辨认真伪。因此，有必要引导学生透过纷繁的信息明辨是非曲直，也能理智公正地看待各种传播的信息。

【班会目标】

1. 学生能理性看待新闻官方媒体、自媒体报道中的信息，以及网络上不时风起云涌的评论，能明辨真伪，进行独立的思考与判断。

2. 学生能理性对待正面新闻和负面新闻，能明辨国家与人民向好的主旋律，把握虽轰动一时却只是小概率事件的负面新闻带给我们的正面意义。

3. 学生成为公正、负责任的信息发布者、传播者。

【班会准备】

1. 教师提前准备好与信息传播公正相关的案例。

2. 学生查找资料，初步了解媒体报道须遵循的法律和准则，并了解几个不断出现反转的舆情事件。

3. 学生准备好纸、笔。

【班会过程】

（一）新闻所报道的事件，一定可信吗？

1. 将以下两段文字印发或投影或讲述给学生：

在关于香港暴力行动的报道中，谷歌、脸书和推特三大社交媒体与西方传统媒体的立场高度一致。比如，激进分子设立路障、使用对人体有很大危害的激光笔照射警方和行人，被英国《每日电讯报》视为示威者的"创新手段"；葵涌警署外两名落单警察被数百名暴徒围攻，在遭受砖头砸、激光笔照、棍棒打等攻击时的无奈举枪示警，却被英国《卫报》、BBC、美国商业内幕消息网等欧美媒体报道为香港警察用枪指着抗议群众，同时还发布剪辑过的视频；7月20日，数十万名香港市民冒雨举行"守护香港"大型集会，硬是被现场直播的BBC记者睁着眼撒谎为几千人，被路过的行人斥责"假新闻"。本来应该中立、客观传递新闻事实的报道，被这些西方媒体变成了夹带私货、混淆视听的信息战工具。

而当内地网民自发将暴徒冲击立法会、损毁立法会设施、向国徽泼墨、扔掷国旗、围攻警署、汽油弹袭击警察、瘫痪香港国际机场、围殴内地旅客和记者等真相传递出去时，居然被推特、脸书、YouTube一律视

97

为"假消息"。原本网民的自发行动，也被认为有"官方背景"。西方传统媒体与他们的配合完全步调协同，BBC、《纽约时报》等多家外媒在报道中特意强调他们删除的账号属于"官方散布假新闻"。《华盛顿邮报》更是在社论中欢迎推特和脸书对所谓"中国散布虚假信息"采取对应行动，并呼吁谷歌迅速跟进。

（节选自《"双重标准"的报道谈何客观公正》，2019年8月29日《光明日报》）

2. 学生结合以上材料及自己查找的材料探讨交流：媒体报道的新闻，真的都可信吗？为什么？我们该怎么面对各种媒体渠道、各种新闻？

老师点拨：新闻，本应该是真实、准确、可信的，应该秉持公道与正义的原则，但是新闻是人写出的，播报立场与媒体幕后团体的态度和利益相关，有时可能有失公允。作为观众，我们要客观辩证地看待新闻；如果我们是新闻播报者，希望我们可以保持公正。

［设计意图］在香港乱港风波中，香港及西方部分媒体的报道极其不公正，违背事实，扭曲真相，极度不负责任，唯恐中国不乱，刚好拿来作为引导学生明辨新闻真伪的极佳素材，借此使学生后续更冷静理智地看待各媒体的报道。

（二）众口一词的声讨，一定代表公正吗？

1. 将以下文字印发或投影或讲述给学生：

（1）小岛里的大海（微博名）于2020年5月30日发布微博长文称，读小学一年级的女儿被班主任罚跑操场10圈，导致哮喘病发口吐鲜血，还讲述了凌晨2时被老师威胁殴打、送老师6万元等情节。细节详细，图文并茂，义愤填膺，誓言要维权到底。网友们看到这样的微博后，信以为真，纷纷声讨涉事的班主任、学校，此事一天之内刷爆微博、快手、头条新闻等自媒体云集的渠道。

（2）据广州白云公安5月31日凌晨通报，发帖人刘某（微博名：小岛里的大海）承认其女儿因遭体罚吐血、凌晨2时被老师威胁殴打、送老师6万元等情节，系其为扩大影响而故意编造的谎言，照片展示的衣服"血迹"实为化妆品和水，其女儿目前精神状态良好。据接诊医院反映，就诊过程中患者及其家属均未提及哮喘病史和吐血的情况，目前亦无法提供其女儿哮喘诊断的有关病历证明。

广州白云警方6月1日通报：关于刘某（微博名：小岛里的大海）故意编造谎言引发社会广泛关注一事，经警方进一步调查核实，查明刘某故意编造虚假信息，通过注册微博、微信账号方式冒用其他家长身份恶意散布传播，并雇请人员进行网络炒作，从而达到迫使学校开除涉事老师、索要赔偿等目的。鉴于刘某的行为严重扰乱公共秩序，社会影响恶劣，涉嫌寻衅滋事，目前警方已立案侦查，并依法对刘某采取刑事拘留强制措施。

2. 学生结合以上材料及自己查找的资料探讨交流：众口一词的声讨，一定代表公正吗？我们要如何甄别信息？怎样表达？如何维护真正的公正呢？

老师点拨：要以事实为依据，不了解真相前，不轻易发言表态，以免虽有公正之心，却离公正越来越远。

［设计意图］近年来不断反转的舆情事件不断增多，自媒体、网民习惯于在不明真相前就对舆情中心的人物群起而攻之，网络变成法庭，然而却充满戾气，干扰旁观者，对后续被证明是无辜的当事人造成伤害。因此，有必要引导学生不被群情裹挟，要冷静、理智、客观、公正地对待舆情。

（三）负面新闻很轰动，代表社会主流吗？

1. 将以下文字印发或投影或讲述给学生：

（1）2020年8月4日《新闻联播》部分内容：【走向我们的小康生活】

山西大同云州区：小黄花做成大产业；抓农时抢进度毫不放松抓好粮食生产；2020 年服贸会筹备工作稳步推进；徐州贾汪区：创新新时代文明实践中心建设新方式；香港各界：与时间竞赛，全力对抗疫情；香港方舱医院收治 80 多位患者，各界对战胜疫情有信心……

（2）2020 年 7 月引起轰动的负面社会新闻：浙江离奇失踪 19 天女子遇害，化粪池里找到涉案物；女孩遭男伴"下药"！网友震惊：恶魔不仅在人间，而且可能还在身边！

2. 学生结合以上材料探讨交流：负面新闻与正面新闻，分别有什么社会意义？以上新闻中，第二则负面新闻轰动一时，但哪种新闻更贴近日常生活及社会主流？我们生活的主旋律是什么？

老师点拨：正面新闻所反映的才是我们生活及社会的主旋律，而负面新闻提醒我们在生活中要保持该有的警惕和谨慎。

［设计意图］通过看透正负面新闻的内涵，学生学会公正理智看待正面与负面新闻，不被少数具有轰动效应的负面新闻误导，把握我们国家、我们生活向好的主旋律。

（四）成为公正的信息接收者与传播者，当如何？

1. 学生探讨交流，派代表总结：真伪难辨的信息大潮面前，如何成为公正的信息接收者？

2. 学生探讨交流，派代表总结：如何成为公正的信息传播者？当要发布新闻，写下留言、评价等时，要如何确保公正，不伤及无辜？

3. 学生探讨交流：万一有一天不公正的网络评价发生在你身上，你将如何应对？

教师点拨：根据不公正网络评价的情形决定对策，如：远离网络；不理会网络评价；进行纠正声明；通过法律手段维护权益等。但不宜以暴制暴。

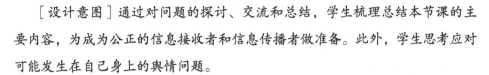

［设计意图］通过对问题的探讨、交流和总结，学生梳理总结本节课的主要内容，为成为公正的信息接收者和信息传播者做准备。此外，学生思考应对可能发生在自己身上的舆情问题。

【拓展延伸】

1. 举行一场信息交流会。各个渠道的信息皆可，意在检验学生在解读信息时能否明辨真伪，能否领略该信息对我们的意义。

2. 同学间互相监督。留意彼此在 QQ 空间、QQ 群、微信群、微信朋友圈、微博等群体信息发布区域发布的言论，是否冷静、理智、公正、客观。发现问题，及时提醒；若被屡次提醒还是不改的话，及时告知老师、家长来协助处理。

妥善处理不和谐的"小沙子"

【背景分析】

看到有学生需要移动桌椅或关上窗帘以避免桌面被阳光照射，但后排同学却拒绝给予方便时，他无心听课，继续执着要躲避阳光及与后排同学对抗。这类情形犹如鞋子进了硌脚的小沙子，不时会出现。当教室里出现不和谐的小音符，比如有人按笔、敲笔制造声音，有人课上随意交谈，当公共场合有人干扰秩序，比如电影院里有人大声说话，剧院里有人用闪光灯拍照，有人插队……看到这样的情形，是及时制止，还是默默地隐忍？

倒不倒鞋里的那粒沙，既关乎舒适，影响心情，也折射出一种态度：是选择做和谐的缔造者，还是成为不和谐的隐忍者？细节决定成败，愿借此班会课，促使学生从小事做起，成为和谐的缔造者。

【班会目标】

1. 学生意识到发生在自己身上的和外在环境中的那些会引发不舒适的小

细节，有碍于和谐共生，有待用合理的方式去消除。

2. 学生培养主动营造和谐环境的意识和能力，收获内心的完整和充盈。

3. 学生愿为班级、学校和社会的有序、和谐发展作出贡献。

【班会准备】

1. 教师和学生留意和搜集生活中的不和谐细节。

2. 制作多媒体课件。

3. 学生准备好 A4 纸、笔。

【班会过程】

（一）导入

教师：走路或跑步时，突然鞋里有沙子硌脚，你会怎么处理？

学生们发表各自的意见。

教师：生活中类似于鞋里进沙子而带来不愉悦、不和谐的情形有不少，让我们一起走近这些与生活息息相关的细节，思考更合适的应对态度与方法。

［设计意图］由对鞋子里硌脚沙子的处理，启发学生思考，导入对那些会引发不愉悦、不和谐的小细节的应对与处理。

（二）处理班级里的"小沙子"

1. 重拾"小沙子"

教师：请同学们回忆班级里曾发生过的干扰秩序和纪律的小细节、小事件，小组内交流并写在 A4 纸上，然后派代表选择其中一个进行分享，分享时最好也说出自己的感受。

学生小组内交流并按要求写在 A4 纸上，并派代表分享。

教师或学生将其中最常见和最容易被忽视的行为板书在黑板上。

2. 处理"小沙子"

教师：一些日常的出声举动，在需要安静有序的集体中却会成为干扰班级秩序的因子。希望后续大家要尽量避免类似的举动。但如果身边的同学还是会做出影响秩序的事，你会怎么处理呢？请小组内交流探讨，在已写出的事件旁写上你们的处理方式，然后派代表选择其中一个进行分享。

学生小组内交流并按要求写在 A4 纸上，并派代表分享。

学生与教师互相补充，将商量出的解决方式中较为合适的部分板书到黑板上，如当面温和而坚定地提醒或制止，按规章制度进行处理，多次提醒无效后寻求老师帮助，过后私下找当事人恳谈、建议等，然后请学生把更合适的处理方式写到相应事件的后面。

班级里的"小沙子"	当时的处理方式与感受	将要采用的处理方式

［设计意图］用教师启发、小组交流的方式，由学生自己发现问题并解决问题——发现并正视班级中干扰秩序和纪律的小细节，互相提醒，并试着一起找到解决的好方式。

（三）处理生活中的"小沙子"

教师：能够去掉干扰，对大家都好。日常生活中一些公共场合也有类似的"小沙子"，大家探讨出的班级处理方式大部分也可以用上，但要找的辅助者不是老师，而是相关负责人。但是问题来了：当看到有人插队，影院里观影中你的邻座老是大声说话，剧院里坐你旁边的人开闪光灯拍照、录像，你敢、你会当面温和而坚定地提醒或制止吗？先请制止过和没制止过的同学来讲讲故事，说说感想，谈谈自己认为更合适的处理方法。

三位学生讲述自己遇到的事件，讲述受到干扰时自己的心理和随后的表现，讲述制止或不制止后的外在结果和对自己的影响，并讲述自己认为较为合适的处理方法。

教师出示新闻标题："开封男子因孩子吵闹与服务员冲突，被另一拨顾客打死""大连某餐厅内一女子因女童喊闹做出过激反应，女童母亲与其发生冲突""男子嫌合租邻居吵闹与对方起冲突1死3伤"等，请学生进行点评与引导。

教师：无作为，往往就只能愤愤地忍受，始终不愉悦。而提醒时还真是要注意采用合适的方式才好，不然结果往往就适得其反了。文明有礼地提醒，或寻求相关组织者、管理者的帮助及时制止，尽快回归和谐有序，也能让自己更愉悦、更有成就感。如果对方始终蛮横无理，那咱们还是要注意安全第一。

［设计意图］不少人对于公共场合里发生的不和谐，即便利益受损，也常是敢怒不敢言，或者用不合适的方式加剧了矛盾，这都是不合适的。因此，此板块以学生实例及新闻案例为素材，提醒学生们注意采用合适的方式来维护我们的和谐有序。

（四）处理自己的"小沙子"

教师：处理完外在的"小沙子"，也要妥善处理我们自身的"小沙子"——自己遇到的小不痛快，包括身体的不适、进程中的小状况、心情的小郁闷等，虽然都不是大事，但也需要我们正视，因为这些"小沙子"不及时处理好就会"硌心"，影响不小。请大家在A4纸上写出最近发生的三件小不顺事件，回忆当时自己的处理方式，如果对曾经的处理方式不满意，请写出你的新处理方式。

我遭遇的"小沙子"	当时的处理方式与感受	将要采用的处理方式

学生进行回忆、梳理与书写。

请学生代表进行分享交流。教师适当点拨与引导，请遇到类似事件的学生补充自己的处理方式。

教师和学生将处理方式中较为合适的部分板书到黑板上，比如，及时就医、用顽强意志控制住、与相关人员协商交流、试着去改变环境、改变自己的心态、寻求帮助等。

［设计意图］正视那些会影响自己情绪的小问题，并及时妥善地去处理，达到身心和谐，既能避免因小失大，过程中学生学会控制情绪、正视问题并想办法解决问题，对成长和发展意义重大。

（五）总结

教师：身心的和谐和外在环境的和谐需要我们合力来缔造和维护。细节决定成败，勿以善小而不为，勿以恶小而为之，希望大家能够在实践中运用起本节课分享和交流的合适的处理方式，从小事做起，成为更好的自己，也使班级、社会因为你我的改变而更加美好。

【拓展延伸】

1. 学生写两则成长小故事，重点突出在遇到不和谐"小沙子"时，自己是如何思考与应对的。

2. 重点关注班级秩序，大家按课上商量出来的方式，合力改变那几位惯于干扰秩序和纪律的同学，维护课堂秩序。

【班会反思】

角度小，但意义重大。教育无小事，而生活也是由大量小事组成的，因此，要正视这些小事，并借以引导学生培养改变环境、改变自我的意识与能力，人人都为和谐共生作出一份贡献。

我们的平等

【背景分析】

平等指的是公民在法律面前一律平等，其价值取向是不断实现实质平等。它要求尊重和保障人权，人人依法享有平等参与、平等发展的权利。平等不仅是当今中国人民群众的迫切要求，也是中国特色社会主义的本质要求。平等的实现，既需要平等理念的弘扬，也需要社会改革的促进，更需要党和人民的共同努力。

作为幸福的一代人，我们生活在新时代的中国，国家为我们营造的来之不易的平等，经过近几十年的努力，不管男女老少，基本上做到了人人收入平等、人格平等、机会平等、身份平等、资源平等、权利平等。这一点，有必要引导学生知晓并珍惜，并能努力创造出属于自己的辉煌。而生活中必然存在的一些不平等，在亲子间、师生间、社会中依旧存在，有些人容易心存怨怼。因此，有必要引导学生学会理性看待、理性对待，并尽我们的能力去改变不平等，最终收获平等。

【班会目标】

1. 认识国家在促进人人平等方面做出的努力和取得的成果，对祖国更有信心。

2. 重新认知保障平等的制度，如考试制度等，珍惜平等的机会，努力创

造属于自己的辉煌。

3. 理性对待生活中的不平等，尽力实现平等。

【班会准备】

1. 要求学生阅读与平等相关的资料，包括看书和视频、法律条文等，了解国家在保障人人平等方面做出的努力、采取的行动、相关的制度配套等，提前做好 PPT 等。

2. 要求学生查找并分析在科举考试等考试制度之前的人才选拔方式。

3. 学生准备好 A4 纸、笔。

【班会过程】

（一）导入

教师：你觉得自己享受到平等了吗，在家庭、在学校、在社会中？男女平等，你与其他同龄人之间的平等，你与大多数社会成员之间的平等……如果没有，请结合具体实例说说哪些让你觉得不平等？遭遇不平等时，你的感受是如何的？

与学生进行适当对话，在后续环节中具体回应。

［设计意图］引入本次班会课的主题及主要思考方向，使学生迅速进入话题并一起思考。

（二）国家为我们的平等保驾护航

1. 考试，平等的选拔方式

（1）请学生代表分享：在科举考试制度前，中国人才选拔的方式有哪些？有何利弊？

（2）请学生思考并分析：如果没有考试，人才如何选拔？每个岗位的人选如何选出？考试选拔人才的优势是什么？

（3）请学生思考并分享：享受考试这一平等机会，你该如何？

［设计意图］考试并不被大多数学生喜欢，但是，考试制度却是截至目前最公正、最平等的人才选拔制度。学生站在历史和社会发展的高度，重新正视保障平等的考试制度，并借此改变对考试排斥的态度，认真学习，用心迎考。

2. 我们的平等，国家努力争取并维护

（1）图片对比呈现中华人民共和国成立前后平等方面的显著区别。

学生结合课前所做的准备探讨、交流：中华人民共和国努力实现人人平等，翻身农奴把歌唱，妇女能顶半边天。为了实现人人平等，党和国家付出了怎样的努力？又是如何一步步使人们越来越平等的？

（2）教师：除了考试制度外，国家还制定了哪些来保障人人平等的制度？

学生结合已找到的资料和生活中的具体实例发言。

教师补充，尽量涉及：民主权利制度、机会均等的市场经济制度、以公正为核心的社会制度（包括衣食住行、高考、就业、养老、医疗、住房、教育、社会保险制度）等。

（3）法律保障我们的平等。

学生代表向全班分享保障平等的法律条文，结合 PPT 展示。

［设计意图］课上点拨引导，学生结合课前准备，充分把握中国现当代历史中的平等情况，了解与保障平等相关的法律与制度，更切近地把握新中国为了促进和保障公民的平等所付出的努力。

（三）我们应在平等中怒放

教师：在富强、民主、文明、和谐的中华人民共和国，人人平等，才可能有不可胜数的普通人在各自领域干出一番事业，如于漪（人民教育家）、董明珠（女企业家）、王卫（顺丰老总，高中毕业）、马云（阿里巴巴创始人）、马化腾（腾讯创始人）……在平凡中创造出不平凡，为社会造福。你将如何珍惜当下，创造出自己的价值呢？

学生结合自身实际、结合名人故事，探讨、交流并发言。

［设计意图］结合当下成功的人物典型，激励学生珍惜当下，努力在平凡中创造出不平凡，实现自我的价值，为社会发展贡献一份力量。

（四）理性对待不平等

1. 教师：现在的你得到无区别的尊重吗，在家里、在班级、在社会中？如果没有，妨碍它的是什么？你打算如何改善以使自己得到该有的尊重？

学生结合实例具体分析。

2. 教师：虽然国家尽力保障每个人平等的权利与义务，但发展过程中仍会存在些不平等。比如，教育资源的不均衡（就近入学难免有些学校好些，有些学校弱些）、地区差异带来的机会不均衡（北上广深的就业机会好于其他城市），我们该如何理性地对待？为了将来你能更好地履行属于你的义务与行使你的权利，此刻的你该做好哪些准备？对他人、对社会有什么好建议？

学生结合实例具体分析。

［设计意图］结合在班级、在家庭中的直观感受来谈自己所遭遇的不平等，也带学生一起正视在促进和保障平等的发展过程中存在的问题，引导学生理性地对待现实生活中的不平等，并想出更好的对策以期实现平等。

【拓展延伸】

1. 人人平等得到有力保障的当下，你将怎么努力实现自我价值？请写出你短期（初中阶段）和长期（人生）的发展规划。

2. 写出你认为依旧存在不平等的一个情境，然后试着写出几条有助于实现平等的建议。

3. 论交友难题

学生讨论：待你很好，但本身却行为不良、违规乱纪，这样的朋友还要继续结交吗？如果他当着你的面做违法乱纪的事情，你要如何处理？

［设计意图］学生讲述自己朋友的好，激活课堂，引入本课话题。通过对损友、益友的研讨与对交友中难题的辩论，明确交友须慎重。引入孔子对益友和损友的诠释，结合生活实际进行阐释，促使他们去思考并甄别益友、损友。

（二）友情须经营，不可太随意

1. 你的友情问题

教师：你曾经和朋友闹过别扭、产生过矛盾吗？是谁的错？是哪方面的问题？随意对话，语气、说话内容不得体？随意传话，秘密成公开？随意承诺，却不能兑现？随意无度用人财物，不问自取？随意动作，如太亲昵、太过火、太疏离、太粗鄙？……和好后，真的一切如初吗？

学生代表进行分享交流。

教师点拨：友情是需要经营的。认为自己有足够的自由而言行放肆，太随意或所求太多，只会伤友情、伤己、伤人。要如何经营友情、善待朋友？如何平衡保持自我与善待他人？对家人、朋友都可以用的五种爱的语言：肯定的言辞（发掘并在言辞中肯定对方所做的事情），精心的时刻（互相陪伴、共同参与、付出你个人的时间，如一起去散个步），服务的行动（为他做一点事，任何一件你觉得对他而言意义重大的事），接受礼物（能够表达出他正在想"我"的礼物），身体接触（亲吻、拥抱、拍背、握手等）。

2. 向他人学待友

部分学生分享课前准备好的古今中外感人的友情故事（如管仲鲍叔牙之交、恩格斯和马克思的友情等）、学生中待友方式值得称道的做法等。

学生们从中提炼出待友之正道。

教师借助 PPT 展示孔子名言以提供参考：

《论语》中的交友之道相处篇——

　　子曰："忠告而善道之，不可则止，毋自辱焉。"

　　子曰："主忠信，毋友不如己者，过则勿惮改。"

　　子曰："爱之，能勿劳乎？忠焉，能勿诲乎？"

　　子曰："君子周而不比，小人比而不周。"

　　子曰："君子和而不同，小人同而不和。"

　　子曰："君子矜而不争，群而不党。"

建议始终要保有自我，不管是精神还是物质层面。

3. 青春期的男女生友情问题

教师：青春期身心变化的一个显著特征就是性觉醒，由异性疏远变为异性吸引，因此如果对异性产生好感、在异性面前会害羞、会思考爱情是什么，都是正常的。青春期男女生如果真的互相有好感，怎么做更有助于彼此的成长进步呢？

学生展开讨论。班上、跨班已有正在交往的几对，还曾在公开场合有过亲密举动，此话题学生感兴趣，但又有点儿羞于去谈。鼓励学生理性客观地进行思考，组内探讨交流后派代表陈述本组观点。

教师点拨：我们不提倡男女生在求学期间就交往过密，但如果确实很想在一起，要注意态度是认真负责的，情感是愉悦幸福的，要有明确的是非对错观、有道德底线、有法律伦理意识。你们是未成年人，既要遵守法律规定，也得到各方的保护，即便彼此倾心，彼此间的行为也要以尊重、理解、道德规范为前提，在公众面前要符合文明、场景、社会约束，不管男生女生都要学会自我保护。

［设计意图］学生分享自己与朋友相处过程中发生过的不愉快往事，领悟友情是需要用心经营的，言行等方面都不能太随意，以致伤人伤己。让学生分

享他人的待友之道、教师分享孔子提倡的交友之道，有助于大家借鉴学习，更好地维护友情。最后集中探讨学生们感兴趣却又羞于提及的男女生交往的问题，切磋交流该把握的方向与原则。

（三）未成年人交友，须接受监督

教师：各位都是未满十八周岁的未成年人，虽然你们日渐成熟，但人格未定型，看问题不够全面，自控能力较弱，容易情绪化。因此，即便懂得慎重选友、懂得妥善待友，但你们也必须接受监护人、师长等合情、合理、合法的监管，必须遵守法律法规、区域（含学校班级）的规章制度、社会的良知公共秩序等。

1. 教师出示并强调《未成年人保护法》相关条文，并结合学生实际进行解读，强化学生接受家长、学校师长等监督的义务。

2. 教师出示并强调《中华人民共和国刑法》、校规等学生在交友方面必须了然的条文，并结合学生实际进行解读，如男女生之间的交往距离、朋友间恶作剧的尺度问题等，避免学生因无知而行差踏错。

3. 总结：要有正确的交友观：有无朋友皆可；始终善待自己；好的友情能滋养彼此。愿你结交良师益友，友谊长存。愿你与你的朋友一起走向美好。

［设计意图］直截了当、开诚布公地告知学生，他们交友必须接受监督和必须遵循各项规定，为师长、家长等合情、合理、合法的教育和监管正名。

【拓展延伸】

1. 学生写一篇以"我和我的朋友"为题，对交友方面进行思考的文章。

2. 与人际关系紧张的学生及家长保持联系，帮助学生解决交友难题。

3. 与谱写着青春期恋曲的学生一对一交流，将课堂上未展开而他们必须清楚的基本原则谈透彻。和家长进一步沟通，使家长能妥善履行好监管的责任。

第三章

温润有力地引领学生之群体交流

引导学生理性爱国

研读《人民教育》2019 年第 19 期核心议题 "爱国主义教育 70 年" 系列文章，深有感触。在平常教育、教学中，除了坚持在广大青少年中开展深入、持久、生动的爱国教育，让爱国主义精神牢牢扎根，结合时代特征和对象特点，更要使学生们懂得理性爱国。

（一）理性认知

对国家的现状，学生们要有理性的认知，而其中国家与个人的关系，要进行使他们深刻意识到自己和祖国一刻也不能分割的梳理。不妨也与他们算一算国家对每个人的投入与支持：从小到大的免费预防针、免费的九年义务教育、大量可免费使用的公共设备和公共区域、大量可优惠使用的基础设施……在此基础上，每一次教育学生要好好学习时，不单强调他们是在对自己和父母负责，也要强调他们不要辜负党和国家的栽培。

（二）理性表达

爱国要表达出来，通过口头语言、书面语言、肢体语言都可以，但无论用哪种方式，都要注意在合适的地点、用合适的方式理性地表达。如前段时间留学生们在海外一起表达对祖国的热爱，他们在此之前都要获得合法集会的官方批准。引导学生客观辩证地看待国家的发展，要有道路自信、理论自信、制度自信、文化自信；但不应过于自负，进行目中无人的狭隘表达；也不应过于自卑，片面夸大发展中存在的不足。

（三）理性行动

引导学生们结合自己的生活实际和广大爱国者们的事迹，一起分析理性的爱国之举当是如何。使他们明白：天天都做好分内事，不给别人添麻烦，还能因自己的存在而给他人带来点幸福，是爱国；有为国为民的雄心壮志，并努力去实现它，是爱国；在平凡的岗位上，带着坚定的理想信念，不懈地认真努力，踏踏实实把每件平凡事做好，创造不平凡的成就，是爱国。

（本文发表在《人民教育》2019 年第 23 期）

做好预防学生自我伤害的教育

纵观那些自我伤害的学生，往往是遇到困难挫折后，没能理性地梳理分析，不知道如何调适心理，不知道如何应对及解决问题，于是，便出现了或重或轻的自我伤害行为。因此，防患于未然，要预防学生自我伤害，就要从思想根源处加以引导和教育，在行动中贯彻执行新的思想与行为模式。我也如此做了，尤其注意做实、做好学生的生命教育、抗挫教育。

（一）生命教育：端正认知，塑成长型思维模式

主题班会课，我们就专门来研讨生命的意义。愿学生牢牢树立"生命，是一切的根本"的观念，珍爱生命，进而在生命长河中实现生命的价值。

生命是得来不易的：母亲怀胎 10 月的辛苦；"子生三年，然后免于父母之怀"的照料之苦；入幼儿园起至今，父母家人及国家投入与栽培。每个人能平

安顺利长大，离不开家人、国家尽心尽力的保全。因此，个人的生命也不能由着自己任性挥霍。伤害了生命，最痛最伤的绝对是自己，以及关爱自己的亲人。而社会为拯救意欲自残自伤的生命，付出的代价却可能是他人的生命或大量的社会资源。爱惜来之不易的生命是感恩惜福，也是一份对家人和家国的责任。

生命，自有意义。奥地利著名心理学家弗兰克尔发现可能找寻到生命意义的三个途径：工作（做有意义的事），爱（关爱他人），拥有克服困难的勇气。因此，实现自我，成为更好的自己，造福社会，为家、为国、为世界作出贡献，生命就会富含意义。

生命，是充满困难的。困难本身毫无意义，但我们可以通过自身对困难的反应赋予其意义。面对困难，乐观积极应对，会有无尽的收获；消极怨叹及逃避，只会全面败退。我们无法控制生命中会发生什么，但我们可以控制面对困难时自己的情绪与行动，自主选择如何应对不同处境。

除了与学生们交流生命的意义，也助他们养成积极阳光的成长型思维。能战胜困难挫折的人，都是善于化解烦恼与不悦的人，都是具有成长型思维的人。来源于心理学家卡罗尔·德韦克的经典作品《终身成长》的成长型思维模式有什么特点？要如何培养它呢？结合生活实际，引导学生知晓并慢慢发展出成长型思维。具备成长型思维的学生，认为凡事皆有可能，总是寻找机会，欢迎挑战，拥抱变化，喜欢探索新事物，对已选择的领域保持兴趣，把每次失败都当作一堂课，主动学习，注重过程而非结果，学会给予并接受建设性意见，不断为自己制定新目标，不断激励自己。

（二）抗挫教育：理性分析，做到不抱怨、靠自己

主题班会课，我们也集中进行抗挫教育。在众多抗挫英雄中，我特意选择了从小到大一直遭遇各种不公却将旗袍卖到平台销量第一的崔万志，他的"不

抱怨，靠自己"是很多学生该具备的品质。因此，我将《超级演说家》中崔万志《不抱怨，靠自己》的演讲拿来与学生分享，我们一起分析崔万志所遇到的各种困难和挫折，以及他如何靠自己的努力战胜所有的不公与困顿，最后练就坚强的品质并收获成功。解析完崔万志的演讲，有学生发言说："看了崔万志的奋斗经历，感觉自己遇到的所有烦恼都不是事儿。"有位学生在观赏演说前因为头痛想请假回家，看完后她说："小问题，没必要请假了。"有些学生则记住了其中具有指导性的话语，如"抱怨没有用，一切靠自己""世界是一面镜子，照射着你的内心，你的内心是怎样的，世界就是怎样的""我改变不了现实，那我就改变我自己"等。这些话语，学生在后续的学习生活中彼此互相提醒，一起试着做到不抱怨，并靠自己的努力积极改变现状。

除了给予榜样，也授予方法。让学生明白并能做到，问题发生、困难出现后，要进行理性的分析：要能区分哪些是我们可以改变的，哪些是我们无法改变的，不因我们无力改变的部分而焦灼，更不放弃改变的可能并为之付出努力；区分哪些是我们的责任，哪些是别人的责任，不一味怨天尤人或自怨自艾，而是各尽其责，沟通协商，携手努力。理性梳理区分后，尽力地积极主动地去改变我们所能改变的部分，确定无法改变后，就平和地接受现实、适应环境，调适好心态和状态，在行动中尽量做到最好。

（三）贯彻执行：活动育人，善始善终，负责到底

利用多种形式对学生们进行以上的思想教育，而在日常教育中，更以多种活动来锻炼学生的毅力。

比如，班级每个学生都担任至少一项班级职务，除借学生对班级的付出以加强学生对班级的归属感外，也提供给他们机会与平台，将一项职责贯彻到底以培养毅力、能力。因此，不管是常设岗位，还是临时的一些活动或岗位，基本都由具体负责的学生负责到底。善始善终是每个履职者必须做到的，过程

中学生如果遇到困难和障碍，我引导他们想尽办法以解决问题，必要时会提供具体的帮助与支持，使他们能够调动智慧、激发潜能、坚持不懈直至收获成就感。

再比如，班级4人小组一旦确定，该小组及其四人一体的座位，在小组重组前，除了组内座位微调外，4人小组不拆开，也不调换组员，不管4人小组合作中发生怎样的不愉快或因太愉快而导致纪律不佳。借着这看似不起眼又切实会让人难过的人际小挫折，使学生们学会适应环境，或通过改变自己待人接物的方式，或做到互相监管，营造出和谐美好的人际氛围及宜居环境，也提高自己的抗挫力。

坚持做到了以上所提做法，所带班级学生大多能够理性地看待问题并进行思考，用积极的思维模式来笑对生活的挫折甚或苦难，更好地守护生命，成就自我，助益他人，实现生命的价值。

苦雨转甘霖

体育中考那天早上，天阴沉沉的。我陪学生来到考试地点，体育委员组织大家热身，热身动作做到一半就下起了雨。学生四处躲雨，有几个学生脚底打滑，摔倒在地。过了一阵儿雨停了，考试如期进行，200米跑、男生单杠、女生仰卧起坐，所有项目依次进行。

学生进入考场后，我只能在场外等候。他们考得如何？我有点儿担心，一是下雨导致场地湿滑，二是学生此前的训练不到位。

考试结束，学生陆续走到我身边，吐槽和抱怨不绝于耳。

"老师，我明明做了60个仰卧起坐，但计数老师才算我48个，说那12个不标准，不能算！"杨说。

"单杠是湿的，太影响发挥了。"龙直摇头。

"有我惨吗？我直接摔下来了！"林拍了拍裤子上的污渍。

"跑步的场地那么湿，仰卧起坐又那么严，这次成绩肯定很差。"琪为自己和同学打抱不平。

学生升学压力本就很大，所以体育考试的分数学生格外在意。但考试已经结束了，如果学生一味抱怨，于自身发展没有半点助益。如何才能把这场苦雨转化为有利于学生成长的甘霖？

回到教室后，学生们默默坐回自己的座位，往日抑制不住的热闹、喧哗都没有了。我站在讲台上，引导学生说："每个人都完成了中考的第一门考试，先为自己鼓掌吧！"掌声稀稀拉拉，没有力量。

"你们担心体育考试成绩，但考试已过，结果已定，多思无益，不如往前看，最后两个多月的时间可以在文化课上多努力，弥补体育考试的缺憾。"有些学生被说动了，眼睛里有了光。

学生中认为倒霉、不公平的人不在少数，但这种想法除了让学生更难过外，什么都不会改变。我建议学生换一个角度看问题：我们应该怎么做才能不管遇到多么严苛的评委、恶劣的环境都保持最好表现呢？我让学生结合平时训练情况谈一谈。

杨站起来说："如果我们平时把每个动作都做到位，正式考试就不会有那么多不算数了。"

琪说："以往一下雨，不管雨大雨小，大家就不训练了。如果平时我们克服困难坚持训练，就不会像今天这样受天气影响了。"

龙补充道："还要练得更熟、更好才行，练得不够熟、不够好，就会不稳定，结果就可能出问题。"

平时，我长期训练学生的反思意识，现在终于起作用了："大家善于反思，分析得也很好。这次挫败更是在告诉我们，平时要对自己高标准、严要求，那么遇到再严格的评委，结果也不会差。这个道理对于即将迎接中考、面对新生活的你们同样适用。"

这时，大多数学生已一扫考试结束时的颓唐和消沉。令学生颇感挫败的体育中考的苦雨终于化作了滋养学生的甘霖。

（本文发表在 2021 年 1 月 27 日《中国教师报》）

从"不要唱歌"到唱响经典歌曲

班会课上，我才提起："周四百日誓师活动班级要合唱的歌曲，大家可以想一想要唱什么……"底下瞬间一阵骚动，似乎对要唱歌之事颇为不满。

鹏突然大喊道："老师啊，我们不要唱歌！初一的时候给初三唱，初二的时候给初三唱，现在初三了，还让我们唱。不公平！学校针对我们！"大家纷纷附和，音浪此起彼伏。

听鹏如此说，我敏锐地意识到：鹏等情绪常出问题的学生，遇到烦心事八成就是这样思考的。我示意大家安静："唱歌的事，容后再说。我先做个调查：遇事就觉得别人在针对自己，觉得自己是受害者的，请举手。"情绪问题较严重的几位果然都举手了。

"这个观点要改一改。"我指着我衣服上的一处污渍问："我衣服上有块小小的污渍，一度很困扰我，觉得这件衣服都不合穿了。有人留意到这块小污渍了吗？"

学生们纷纷摇头，离我最近的欣彤瞪大眼睛端详一番，说："很小一点，不影响的。"

"这就是我想告诉你们的。我们常会放大与自己有关的一切，觉得自己很重要，其实我们在别人眼里并没有那么重要。而且，每个人都有自己的一堆事要忙，哪里有那么多时间和精力特地去针对某个人。你觉得人家在针对你，其实可能你只是人家为把事做好而进行统筹安排中的一部分罢了。"

学生目光炯炯地看着我，我便继续道："再来，当你觉得别人针对你时，你的心情如何？"

学生纷纷答道："不开心。""很烦躁。"

沉静了一阵子的鹏又叫道："但我们真的不想唱歌！"

我也不恼，而是平静地说："现在来解决唱歌的事。你们确实不想唱歌，那这件事要如何解决？"

鹏腾地站了起来，作势往外走："我要去和校长说。"他们知道这件事是校长负责的。

"好，我同意。你去吧！"我真诚地表态。

他走了两步，旋即又回座位坐下了。我忙问："你已经找到了解决问题的路径，为什么不去？"鹏一脸愕然。

我接着对全班学生说："如果你们确实不想唱，那就要找负责此事的校长，好好讲明原委，尽量劝服。"学生依旧觉得不可行，我便指引他们："活动马上要开始了，时间紧迫。下课后，你们就选几个代表去找校长商量这件事。注意要有礼貌，合乎情理、有条有理地表达。"让学生去与校长交流，意在锻炼学生的胆量和表达，也使他们意识到自己可以试着去改变他人、改变事态。

但方案早已定下，为避免学生到时失望，我决定提前给他们打预防针："如果最终没有说服校长，你们还是需要唱歌的话，那就要调整心态，好好准备歌曲。如果你们还是被要求唱歌，怎样才能使自己心平气和地去唱，甚至乐意唱呢？"

全班哗然，大家都觉得这是不可能的事。

我决定将美国马歇尔·卢森堡博士《非暴力沟通》中的好方法教给他们："其实，就是要转变心态。先摒弃'不得不'做某事的观念，把不想做、不愿做的负面想法统统去掉，然后改为：'我选择做某事，因为我需要做它，我想要达成某需求，它恰可以满足我这方面的需求。'这样想，就是在化被动为主动。我们试着拿唱歌这事来演练一下。"

班长小单说："我选择唱歌，因为我需要唱歌，我想我们班集体齐心协力做成一件事，而大家合唱恰可以满足我这方面的需求。"

鹏也努力思考自己的需求："我选择唱歌，因为我想让我的大嗓门有它的好用处，大声唱歌可以满足我这方面的需求。"

分享的学生似乎一下子就领略到了要旨，我颇感欣慰："多进行这样的练习，强化主动积极的新观念，你们就能化被动为主动，化不悦为平和了。在不知道最终结果前，我们还是要做两手准备——除了去找校长交流之外，文艺委员也要把歌找好。"

下课后，班长和鹏找了几位口才不错的同学，迫不及待地去找校长。不久，我们被告知：初三不需要唱歌，改由初二学生唱。可能是班代表起了作用，也可能是别班有类似意见并也去找校长反馈了。全班学生如释重负，学生代表们也为自己能够"力挽狂澜"而颇为欣喜。

不过，到了5月初，学校为庆祝建党100周年开启多项活动，其中一项就是每班必须合唱一首经典歌曲。学生们一听全班必须合唱红歌，老大不乐意。

看来，用非暴力沟通法转变心态，使自我积极主动起来，方法是很好的，但只是教一遍、用一次，对学生而言还远远不够。要常提醒学生想起，引导学生反复练习，直到牢牢记住，需要时就可以用上，才能尽快去除负面情绪，为自我赋能。

我制止了学生的怨怅："这次班级合唱经典歌曲是全校的规定动作，没法改变。既然是必须做的事，不如积极主动快乐地去做。谁还记得先前教你们的非暴力沟通法？"

"我记得。我们选择唱经典歌曲，因为班级需要唱经典歌曲。"鹏脱口而出。

学生确实还没学透，我纠正道："这样说是班级在迫使你唱经典歌曲，依旧没有激发出自己的主动性。表述应为：'我选择做某事，因为我需要做它，我想要达成某需求，而它恰可以满足我这方面的需求。'简而言之，唱经典歌曲对你有什么好处。"

"我选择唱经典歌，因为我本来也挺喜欢唱歌，刚好可以多学一首歌。"于莉思索一番后起立表达。

"这样想可以，贴合了自己的需求。"我肯定道。

"我选择唱经典歌，因为我想表达对党百年诞辰的祝福，用唱歌的形式来送祝福，挺不错的。"学习委员雪梅说。

"化被动为主动，且有爱党之心，借此表达心意，很好。"我为雪梅点赞。

接着又有几位学生进行了为自我负责的积极表达。渐渐地，班级的氛围为之改变，大家都接受了要合唱经典歌曲这件事。

接着，我们便一起选定了歌曲《祖国不会忘记》。此后，每节课的课前 5 分钟，优美的旋律从教室飘出，学生的歌声日渐响亮："我把青春融进，融进祖国的江河，山知道我，江河知道我，祖国不会忘记，不会忘记我。"

学生不想唱歌时，我抓住时机，引导他们试着去改变，改变他人，或改变自我的心态；当必须唱经典歌时，我引领他们用好方法，改变自我，改变心态。我一路观察着、引领着，学生们也一路慢慢成长着、进步着。

（2020—2021 学年支教村镇中学时的教育故事，本文于 2021 年 7 月 14 日发表在线上教育平台）

《论语》精华走进学生心里

为了使学生的观念更正确，使他们的思想更丰富、充实、深刻，使他们学会为人处世、待人接物之道，2015 年，我重拾《论语》，在所任教的初二两个班讲授《论语》，一直坚持到中考前。此后所带的班级和学生，我都继续与他们交流《论语》的精华，2020—2021学年支教村镇中学时也每周向学生们讲授《论语》里的一则。

最先接受《论语》教育的两个班的学生，高考后回校谈及我的教育中最令他们难忘的、觉得最有益的部分，不少人都说是《论语》。学生认真地品学《论语》的精华，而它也真的走进了学生的心里。

（一）课上的切磋交流

每次讲授《论语》，必引入原章，一节课按主题讲若干章，或者有时只分析一章，重在讲析透彻，引导学生们进行针对原文的研讨、进行结合实际生活的分析和思考，深入挖掘，全面铺开，力图使学生领悟原章所包含的道理，形成新的认知乃至思想，进而改变行为，重塑新的行为模式。

在讲"孝"时，花了三节课时间，陆续将与"孝"有关的章句引入。学生在课上进行深入浅出的分析、思考与交流，还原孝的多面。

"子生三年，然后免于父母之怀。"（阳货第十七·21）孔子用这句话来解释，父母去世后儿子为什么要守三年丧。现在，我借此使学生重温自己三岁前父母无微不至的贴心照顾，让学生明白为什么要孝敬父母、回报父母。

子曰："父母在，不远游，游必有方。"（里仁第四·19）学生领悟：要做到"游必有方"，外出或不能按时回家就及时告诉父母自己的去向，避免父母担心。

子曰："父母唯其疾之忧。"（为政第二·6）一种理解是要关心父母的身体，另一种理解是要做到只有疾病这类不可抗的因素才令父母担心，其他为人处世求学等自己努力就可以做好的事，都不要让父母操心。

子曰："父母之年，不可不知也。一则以喜，一则以惧。"（里仁第四·21）子曰："生，事之以礼；死，葬之以礼，祭之以礼。"（为政第二·5）结合学生的生活实际，当下要做到的是什么呢？要知晓父母的年纪，好好为父母过生日，平时体贴与照顾父母，且要在合乎礼、法的范围内，以免父母受自己牵累。

子游问孝。子曰："今之孝者，是谓能养。至于犬马，皆能有养；不敬，何以别乎？"（为政第二·7）子夏问孝。子曰："色难。有事，弟子服其劳；有酒食，先生馔，曾是以为孝乎？"（为政第二·8）侧重强调的是对父母要有敬意，不光要提供酒食奉养父母，照顾好父母，更要对父母和颜悦色。"色难"，始终好言好语好脸色，很难，但这才是出自内心的敬，才是真孝。

子曰："事父母几谏，见志不从，又敬不违，劳而不怨。"（里仁第四·18）当与父母的意见相冲突，或者发现父母犯错后，不要言辞犀利，也不要视而不见，要委婉地去规劝，实在劝不过，也要给父母起码的尊敬，做好自己该做的事。

《中学生日常行为规范》的"四、勤劳俭朴，孝敬父母"写道："经常与父母交流生活、学习、思想等情况，尊重父母意见和教导"，"外出和到家时，向父母打招呼，未经家长同意，不得在外住宿或留宿他人"，"体贴帮助父母长辈，主动承担力所能及的家务劳动，关心照顾兄弟姐妹"，"对家长有意见要有礼貌地提出，讲道理，不任性，不耍脾气，不顶撞"。古今孝的思考和做法有很多相通之处，可见《论语》精华的魅力。《中学生日常行为规范》与《论语》互相结合、互相补充，切实从思想到行动，指导学生真正地孝敬父母。

《论语》中的孝敬之道、听说之道、辩证看人之道、为人处世之道、学习之道等，都引导着学生将原章句与生活相结合，去分析，去思考，去领略，去践行。

（二）课下的继续学习

每周一节课的交流，对于学习及运用《论语》之精华，时间远远不够。因此，课下安排时间使学生进行再背诵、再学习、再思考，真正领略与践行《论语》高屋建瓴的极富智慧的人生指引，使之内化为学生思想，促进学生改进行为。

学习形式之一，结合自习课的管理进行必要的读写、背诵和理解。自习课上，看到俊华不时左顾右盼，不时和小组其他成员聊聊天，虽然压低了声音，但都沉浸在聊天的快乐中，各个笑逐颜开，作业等摆在面前俨然成了摆设。我走过去，让他们好好读读写写子曰："群居终日，言不及义，好行小慧，难矣哉！"（卫灵公第十五·17）"始作俑者"华抄写三遍，其他三位组员跟着说得欢的抄写三遍，然后要他们背给我听，并向我解释这章说的是什么意思。华及其组员读写了几遍，结合注释看懂了文义，华不好意思地笑了："老师，原来你在说我们啊！"

学习形式之二，与相关学生深入地交谈指导，促其领悟。开学不久，了解到小溪常会说或者传递一些会带来负面影响的话语；一不高兴，她会故意当着同学的面摔摔砸砸；有些学生传递她的负面话语，导致不少学生的关系出现裂痕，原本和谐的班级氛围也变了味。

因为涉及的学生比较多，所以特地上了一节听说之道的班会课：

孔子曰："益者三乐，损者三乐。乐节礼乐，乐道人之善，乐多贤友，益矣。乐骄乐，乐佚游，乐宴乐，损矣。"（季氏第十六·5）从听说的角度，我重点提取出其中的"乐道人之善"与他们进行交流：不管人前人后，若要说便多说说别人的好。如果还是觉得不想说别人的好，那么再学习一章——子贡问曰："有一言而可以终身行之者乎？"子曰："其恕乎！己所不欲，勿施于人。"（卫灵公第十五·24）谁都不喜欢听别人说自己的不好，那么为什么要说别人不好呢？将心比心，自己不想要的，也不要施加在别人身上。

除了多说别人的好，说话的时机也很重要。子曰："可与言而不与之言，失人；不可与言而与之言，失言。知者不失人，亦不失言。"（卫灵公第十五·8）该跟对方说却不说，那就失了对方的心；不该跟对方说的时候偏要说，是说话失当。话说出口，就会有它的影响。因此，要抱着负责任的态度，该说的时候说，不该说的时候不说。

子曰："三人行，必有我师焉，择其善者而从之，其不善者而改之。"（述而第七·22）子曰："躬自厚而薄责于人，则远怨矣。"（卫灵公第十五·15）与人共处时，看到别人的优点，要欣赏，要学习；看到别人身上有不足，不要一味批评责备，反观自身，确保自己不要犯类似的错误就好。而在与人相处的过程中，如果出现了问题，发生了不愉快，这时候，多多思考自己的问题，少去责备别人，这样可以让自己心平气和，远离怨恨。这样待人待己，避免令自己产生吃亏受害的错觉，且还能从根本上促进自己进步与成长。

班会后发现小溪等人依旧用"受害者思维"来"武装"自己，觉得自己虽然有错，但别人更有错。为了让小溪和传话者们知晓如何待人、如何说话更利人利己，课后分别找他们再交流，继续引入《论语》相关章句，引导他们走上待人及说话的正道。特地提醒小溪尽量做到"不迁怒，不贰过"：不高兴时故意大动静让全世界都知道自己的不高兴，便是在迁怒，除了也令他人不悦之外，对自己的情绪并无缓和作用。类似的情形一再出现，便是多次犯错，只会让人觉得不可爱，预期想得到的同情、支持和理解更得不到。

在交谈的过程中，我们结合原章句及实际情况，既不偏不倚直指问题，点出根源，又授之以正确的待人说话之道，循序渐进，引导再思考，再领悟。在班会课统一做了思想工作的基础上，再进行"对症下药"的恳谈，小溪等人的情绪基本得到了安抚。后来，班级再也没听到纷飞的负面话语了。

（三）且学且思且改进

每个学生都配备一本"行思录"，常学常思考并做好记录，把《论语》中提倡的如"吾日三省吾身""内省不疚""躬自厚而薄责于人"等提倡的自省切实进行到底。每次班级大事件，比如军训、劳技、体艺节、班级秀等之后，及时进行总结和反思，写过程中表现的优劣，写未来可努力的方向；每节班会课的末段，要将新知、新观念对接自己的生活进行反思，因为班会课基本有涉及《论语》，因此《论语》指导生活的思考有不少。

在"孝"的班会课后，全班进行思考，其中有不少学生以"孝"为主题写了作文。嘉写的是妈妈说起80岁高龄外婆时的喜中带忧，她想到姑婆突然离世给大家带来的伤痛，明白了要在父母有生之年，珍惜与他们在一起的每一天，多陪陪父母。琨由邻居家的孩子没及时回家又没告诉去向，导致家长心急如焚的事引入，说到班上有几位同学玩得尽兴，晚上快7点了还没回家，害得家长一番好找，呼吁大家一定要"游必有方"，少让家长担心。琳则是反思了自己与妹妹没按约定导致错过父母接送的惊险经历，来强调无论是去游玩还是工作学习，都要和父母、家人交代去向，临时有变化也要电话告知。后来对比发现我班大多数学生与家长能和睦共处，极少数"青春期叛逆"也基本上通过亲子间有效的沟通得到扭转。

在"听说之道"班会课之后，大家也进行了深入的反思。婉写道："非礼勿听，对于一些不利己也不利人甚至荒唐至极的话，没有必要去听，不管被说的对象是别人还是自己。对于说这些话的人，可以选择疏远或者停留在'点头之交'。一些事情结束后，不要评头论足，要体贴别人，不要说'我早跟你说过……'这种话，安慰一下更好。不要在人前评是非、人后论长短，也不要和这种人深交。说话要注意时机，不要在不恰当的时机说不恰当的话。"晔写道："非礼勿视，非礼勿言，非礼勿听，非礼勿动。当别人在说对自己不好或对别人不好的话时，可以选择不听。不要在别人面前说是非，不在人后说长短。发生一些不好的事时，要勇于站出来维护自己的利益。别人做了什么对自己不好的事时，不要一遍遍对自己和别人抱怨，这样就会一遍遍重复，还使自己心情不好。多学习说话之道，不会是可以学的，不想学了就是放弃自己。多站在别人的角度思考问题，不要出了事还在抱怨。想要解决，就要好好说。发生不好的事情时，不要只想着别人的错误、问题，要多自省。不要老是麻烦别人，尽量自己解决。听到什么时，要有自己的判断力。"他们中的大多数人也积极地践行自己的思考。

我立足实实在在的授课，立足适时渗透的教育，尽我所能盘活中华优秀传统文化《论语》的精华为今用。讲、思、背、写、行相结合，《论语》的精华真正地走进学生的心里，滋养学生为人、为学、为文等方面。处于性格养成、思想观念形成等关键阶段的初中生们，因为持续学得《论语》精华，他们的观念更正确，思想更丰富、充实、深刻，也学会了些为人处世、待人接物之正道。学生的成绩有高低，但不管文化成绩如何，他们大多能兼容并包并不断自省、不断改进，较好地处理与家长、与同学、与老师等的关系，感恩互助，积极进取。

有学生写道："郑老师将学科素养和班级管理、学生的人格教育相结合，坚持教学《论语》，每周班会课上专门留时间讲，并贯彻到学生每天的学校生活中，不时抄写、背诵，并结合自身写下感悟，不仅提高了学生的语文水平，更教会了学生做人的道理，同时强化了班级管理。"

好的"告状"，意在成人之美

把班里的情况、同学的坏行为反馈给老师，不少学生认为是向老师告状、打小报告，觉得这样的做法不好。曾有篇文章写的是一女教师对怀着不良居心告恶状的孩子的公正处理，标题却写得像该对一切告状说"不"。"告状"就都是错的？

班上学生在老师看不见的地方做了违反规定的事。其他学生看着他们做了一次又一次，和他们关系比较好的人不忍报告；关系一般的人，怕告诉了老师就会被视为另一个阵营的，被孤立、被排斥，便选择沉默不语。在认为"告状可耻"的大文化里，知情不报才是常态。结果如何呢？违规的人一而再，再而三地违规，一错再错，甚至犯下更大的错；而其他人渐渐地会误以为，如此行径是可行的，越来越多人也跟着犯错，发展到最后，班级中几乎无人不犯错。不告诉者，不仅是在成人之恶，成班级之恶，最终也是成自己之恶。

子曰："君子成人之美，不成人之恶。小人反是。"明知道对方有问题，自己也无力改变，隐瞒不报，任由其发展，这是在"成人之美"，还是"成人之恶"？不管是因为有意还是无知，选择"成人之恶"，最终就难免会变成真小人。然而，世俗的眼光和偏狭的见地，正在培养"成人之恶"的、圆滑世故的"小人"。

因此，很有必要和学生们好好交流一下"告状"这回事。如何打破思想樊篱，使学生敢于、乐于、善于仗义执言呢？

首先，要能够根据出发点来判断"告状"的好坏。如果出发点是满足个人利益、伤害他人权益、图自己省事却给别人添麻烦，这样的告状是在损人利己，不值得提倡。但如果出发点是寻求必要的帮助以成人之美，是为了维护集体的或大多数人的合理合法的正当权益，那么这样的告状是好的，这是在仗义执言，值得多多鼓励。"君子成人之美，不成人之恶。小人反是。""君子之于天下，无适也，无莫也，义之与比。"可以作为指导思想和行事原则。

其次，可以根据与对方的关系，坚定果断地采取行动。维护集体和社会的正义，需要大家的仗义执言。出于朴素的为对方好、为集体好的心，做成人之美之事，就该有底气，就可以义正词严。如果犯错的人是朋友，可以尝试直接阻止友人继续犯错。如果友情和能力不足以起到作用，又真的想帮助朋友，可以告诉能起作用的老师、家长等。关系普通的，为长远着想，为整个班级着想，也不能任错误放肆，必须亮出正义之"剑"，说出正义的话语。

学生心中还是会有顾虑，如担心原先的同学情意破裂，被揭穿的人会不开心，可能会被打击报复……这些顾虑有待我们辩证地分析：看到他犯错却不知错、不认错，不揭穿他也就意味着包庇、纵容他，这只会令他越陷越深，谈何真情意？而如果他在意别人的情意和感受，又怎会让人如此煎熬？因此，为了小情意和大道义，都应该说出真相。保护举报者的安全，也是应有之义，而更重要的是要在班级营造出正义的"告状"光荣的氛围，使仗义执言者也能得到来自学生的尊重和保护。

最后，与步入社会后接轨要学会做好自我保护。现在学生间当面揭发错误的危险系数比较低，步入社会后危险系数可能高许多，现实生活中举报违法乱纪的勇士们，得到的不仅是尊重，还有保护。我们要仗义执言，也要保护好自己。勇敢地当面仗义执言，可行，因为正气凛然，不容侵害。但谨慎一点，采用私聊、发邮件、发信息、通过家长等第三方的形式来告知真相，并请求为提供信息者保密，也未为不可。懂得智慧地、勇敢地维护正义，是值得修习的功课。

"告状"到底好不好，具体情况具体分析。一刀切地以"告状"为耻不合适。我们可以进行好的"告状"，出自成人之美的真心，并力图确实做到成人之美。

说话伤人可能违法

有些学生说话伤人，或是故意为之，或是随声附和。很多人觉得就是说说而已，没什么要紧的；然而，侮辱、诽谤等语言暴力却能结结实实地给他人甚至社会带来伤害。

无知者无畏。对法律的无知使这些学生说伤人的话却不以为意，甚至一再为之。因此，除了进行友善、和谐、平等等价值观的教育外，也要让他们知道点与他们息息相关的关于说话的法律，进而好好守法。

曾有一次，W学生公然说Y学生的坏话，并大肆宣传，几个学生故意跟着起哄，导致 Y 学生听到后难过痛哭。于是找来以下内容，及时向全班，尤其是口出恶言还不以为意的这几位学生，郑重地通传。

《中华人民共和国刑法》第二百四十六条：以暴力或者其他方法公然侮辱他人或者捏造事实诽谤他人，情节严重的，处三年以下有期徒刑、拘役、管制或者剥夺政治权利。前款罪，告诉的才处理，但是严重危害社会秩序和国家利益的除外。通过信息网络实施第一款规定的行为，被害人向人民法院告诉，但提供证据确有困难的，人民法院可以要求公安机关提供协助。

什么是侮辱他人？用言语或文字形式，对他人不尊重、对他人人格进行侵犯等。

关于侮辱诽谤方面的专门的法律文书，比如：

《公安部关于严格依法办理侮辱诽谤案件的通知》：对于不具备"严重危害社会秩序和国家利益"这一基本要件的，公安机关不得作为公诉案件管辖。对于具有下列情形之一的侮辱、诽谤行为，应当认定为"严重危害社会秩序和国家利益"，以侮辱罪、诽谤罪立案侦查，作为公诉案件办理：（一）因侮辱、诽谤行为导致群体性事件，严重影响社会秩序的；（二）因侮辱、诽谤外交使节、来访的外国国家元首、政府首脑等人员，造成恶劣国际影响的；（三）因侮辱、诽谤行为给国家利益造成严重危害的其他情形。

《中华人民共和国治安管理处罚条例》第二十二条：有下列侵犯他人人身权利行为之一，尚不够刑事处罚的，处十五日以下拘留、二百元以下罚款或者警告：（一）殴打他人，造成轻微伤害的；（二）非法限制他人人身自由或者非法侵入他人住宅的；（三）公然侮辱他人或者捏造事实诽谤他人的；（四）虐待家庭成员，受虐待人要求处理的；（五）写恐吓信或者用其他方法威胁他人安全或者干扰他人正常生活的；（六）胁迫或者诱骗不满十八岁的人表演恐怖、残忍节目，摧残其身心健康的；（七）隐匿、毁弃或者私自开拆他人邮件、电报的。

《公安机关对部分违反治安管理行为实施处罚的裁量指导意见》三十六、侮辱、诽谤、诬告陷害：

【法律依据】[《中华人民共和国治安管理处罚法》第四十二条第（二）项、第（三）项] 有下列行为之一的，处五日以下拘留或者五百元以下罚款；情节较重的，处五日以上十日以下拘留，可以并处五百元以下罚款：（二）公然侮辱他人或者捏造事实诽谤他人的；（三）捏造事实诬告陷害他人，企图使他人受到刑事追究或者受到治安管理处罚的。

【理解与适用】有下列情形之一的，属于"情节较重"：（一）使用恶劣手段、方式的；（二）给他人正常工作、生活、身心健康、名誉造成较大影响的；（三）经劝阻仍不停止的；（四）利用信息网络公然侮辱、诽谤、诬告陷害他人的；（五）针对多人实施的；（六）其他情节较重的情形。

以上法律内容，结合其中 Y 学生被恶语伤害的部分，着重强调提醒 W 学生及其附和起哄者，也突出学生们容易出现误解的部分，提醒学生格外留神，以免误入违法乱纪的歧途而不自知。

除了以上所提做法，也教学生后续如何应对以更好地保护自己，使伤害与影响降到最低：首先，可以听若罔闻。听到不好听的言辞后，不理会，当作不是在说自己，远离是非。其次，可以以德报怨。如果包容心足够强大，智慧了得，可以试着以柔克刚，以德报怨，溶解掉别人的恶意，化"敌"为"友"。最后，可以以直报怨。如果已然深受伤害，十分生气，也不要激动回怼，可以冷静地录音留作证据，报警备案。据悉，警方备案记录后，即便骂人者不必被拘留或罚款等，但被留了案底。留了案底，后续必然有影响，比如一些职业和行业就不准入了。这些自我保护的内容也是对全班分享，其中留案底后的影响，易以伤人者姿态出现的人更要知道，以免害人害己而不自知。

如果以上内容交流过后学生的改变不大，班级内针对言语方面的执法小分队可以组建起来，专门来监督和纠察学生此项遵纪守法的情况，班级的预处分，甚至年级、学校的处分等也要用上了，借助专门的执法团队，借助法律法规，保护弱者，惩恶扬善。

课堂上的 WC 手势

我满怀期待地看着大家，再次追问："吴伯箫的《灯笼》想表达的还有什么情感呢？"小林急切地举起手来，我很是欣喜，赶紧点他起来。他霍地站了起来，朗声说道："老师，我要上厕所。"瞬间全班爆发出哄笑声。无奈的我只能把手一挥，让他赶紧去。

不久后，大家进入安静的阅读和思考环节。突然，小萧径直向我走来。有什么要紧事呢？他走到我跟前，捂着肚子说："老师，我要上厕所。"旁边听到的几个学生忍不住笑出声来。我点头同意，他便从我身边折返到前门，在众目睽睽下，大步流星地奔向厕所。

想起不久前的禁毒教育讲座，授课的警官老师正在与学生一问一答地进行禁毒知识的传递，有个学生高高举起手来，大声地报告："我要上厕所。"瞬间两百多个学生的哄笑声充满了整个礼堂，警官老师好不尴尬，颇为不悦地让需要上厕所的学生赶紧离开。如今，我也陷入了同样的尴尬境地。

课堂教学过程中，学生中途需要上厕所等，直接举手并大声说出外出事由并不是最合适的报告方式。课堂上高举的手和大声报告"老师，我要上厕所"等带来的是全班的哄堂大笑，学习节奏和进程被打乱。

学生交流的当儿，我进行了一番思考，离开班级前向老师报备，避免老师担心，是尊重，是礼貌，就这点而言，三个报告要上厕所的学生都有值得表扬之处。但是，上课过程中，学生因为自己的私事，大声报告或煞有介事地向老师汇报，直接打乱了课堂节奏，打断了教学进程。因为要去洗手间等中途离开教室的人虽是少数派，但当下对班级的影响和冲击却不小；而长此以往，学生的自我意识被不断强化和放大，只想着要即刻表达出自己的需求，忽略了群体和大局，十分不利于为他人着想的思维模式的养成。不行，这打断教学的报告声，不能再有！如何向老师报告更合适？如何引导才能让学生多考虑到别人呢？

想到这些，待小林和小萧回到班级，我笑着对学生们说："同学们，刚才小林和小萧离开前会告诉老师他们的去向，这是确保安全的做法；但是大家听到他们的报告后都笑了，可见他们的方式还不够好。大家想想看，有没有什么更好的方式，能够既使老师知晓中途你们离开的去向，又不干扰到大家的学习呢？"

学生们瞬间格外精神，纷纷发表自己的观点，然而很多都似在开玩笑。后来终于听到有学生喊道："比手势。"我立刻赞许："比手势好。那用什么手势呢？"

大家纷纷献计献策，有比出大拇指上下摆动的，有比画着小指的，有比出OK手势的……一时教室里各种手势纷呈。英语缩写 WC 与 OK 的手势相近，只要在拇指和食指间留出一道口就可以。于是，便和大家进行了交流，最终选定就用 WC 手势。

我边进行示范，边说着如何具体操作："以后大家要去上厕所前，就在原位高举手，并比出 WC 的手势，我看到了，会点头示意，这时需要上厕所的同学从后门悄悄出去即可。回来时，也请悄悄从后门进来。这样，应该可以不怎么影响到班级大多数同学正在进行的学习活动了。"

有同学立刻提出异议："可有的老师一定要迟到的人从前门喊报告，才能进班。"

我说:"迟到已经不好了,又从前门喊报告,那就太影响大家了,你们觉得呢? 我会去和相应的老师交流,你们就按我说的做:从后门进,进之前用手势敬礼、示意。课上要上厕所的手势语,就先在我的课上进行,如果用得好,我再告诉其他老师,后续咱们就都这么操作。"大家都高兴地同意了,不少学生还继续兴奋地比画着手势。

正式操作起来时,如何呢? 第一次,小陈的手势比画得就像 OK,让我一时茫然,有几位学生帮着提醒后,我赶紧点头同意。回来时,他如此前约定,安安静静地进班。

后来的几次课上,陆续有小邹、小张、小吴等举起比成 WC 模样的手势时,彼此很快心领神会,按约定操作。个别学生还用老方式,但会在我离他比较近的时候汇报,且会把声音压低——能够意识到减少对他人的影响,也是进步。

轻轻地,上厕所的人走了;轻轻地,上厕所的人又回来了。"老师,我要上厕所"及与此类似的插播不再有,课堂教学环节平稳有序地推进,各取所需,彼此安好。

课堂上不和谐的小插曲,恰是教育的契机,教师不要被其困扰,也不要让它稍纵即逝,而应抓住契机,及时对学生进行引导和教育。如案例所呈现,老师和学生就在课上一起协商,最终商定出学生表达需求的合适的方式,以便后续遇到问题时可以更好地解决,同时也将为别人着想的意识传递给学生。只有如此,才能更好地为学生的人格和学力发展奠基,为学生的终身发展奠基。

破解睡眠严重不足的学生的烦恼

学生们的学业任务越发紧张,"双减"犹如及时雨,但还是有不少拼搏努力的学生晚上 12 点多甚至更晚才能入睡,早上 6 点多甚至更早就要起床。睡眠时间这么少，学生与家长和老师都难免担心：身体吃得消吗？会影响学业进步和考试发挥吗？

青少年时期正是渴睡的年纪，睡眠严重不足，好烦恼呀！怎么办？

（一）增加睡眠时间

时间就像海绵里的水，挤挤总是有的。若真把睡眠当作重要事件，就用心为之挤时间。

统筹时间管理，减少不必要的时间浪费。比如，有些学生吃饭半小时，洗澡半小时，午睡一小时，不妨缩减为吃饭 15 分钟，洗澡 10 分钟，午睡 20 分钟。

提高学习效率，用好每分每秒，学习时专心致志，提高学习质量的同时，也能匀出更多的休息时间来。

（二）改善休息质量

如果以上努力之后依旧时间不够，那就要想办法改善休息的质量。

采用虽短却有质量的休息方式。比如，中午很困却又没有一二十分钟可以安眠，可以试着用冥想的方法闭目养神三五分钟，或是在睡意正浓时赶紧睡个三五分钟。不要小看这三五分钟，实践证明，它们都是很有质量的休息方式。

摸索试验，找寻适合自己的、可以尽快让自己入眠及安眠的方式。需要香薰就用香薰，需要声音就放点儿声音……不拘泥，适合自己的好方法，适合自己的条件，尽快找到并用上，让睡眠质量好起来。

（三）改变睡眠观念

睡眠时间减少后，有不少人显得格外憔悴、疲累，精神不佳。其实，这当中有很大一部分是觉得"睡不够问题很严重"的观念在作祟。简单粗暴、一刀切的"8小时睡眠论"只会带给人关于睡眠不足的焦虑，当睡眠时间不可避免地减少，甚至失眠不时来与你为伴时，对失眠的恐惧和烦躁会使得我们更加疲累。

自我心理暗示的影响之大超乎想象——心理学家的实验中，误以为自己血液一直在滴落的囚犯最终真的被吓死了。因此，当你的睡眠情况与别人不一样或异于以往的常态时，改变对睡眠（包括对失眠）的观念，有时比增加睡眠时间和改善休息质量更重要。

睡眠的最佳时间是多少呢？因人而异。有人一天要睡十几小时才够，有人一天只需要睡两三个小时，这个世界上既有像英国撒切尔夫人每晚只需4小时到6小时睡眠的人，也有像网球传奇罗杰·费德勒和飞人博尔特每晚睡10个小时的人。

前英国睡眠协会会长尼克·利特尔黑尔斯曾经写过一本书，叫作《睡眠革命》。他认为一个睡眠周期是90分钟，每人根据自己所需睡足若干个90分钟的周期即可。尼克·利特尔黑尔斯按睡眠周期法为曼联的运动员们提供最科学的睡眠建议和指导，将他们的体能发挥到极致，拿到了英超三连冠，成就了贝克汉姆、吉格斯、加里·内维尔等超级巨星。

改变观念要与改进行为相配套。摒弃固化的N小时睡眠时间论，参考90分钟睡眠周期论，然后，不带主观情绪地检测评估自己，看看睡多少小时后依旧精神抖擞，尽快确定自己合适的、最佳的睡眠时间。

当失眠不可避免时，不要心烦气躁，也不必担心焦虑，要心平气和地坐起来，该做作业就做作业，想看书就看书……进行不扰民的活动即可。活动一番后，说不定就能自然入睡了。如果始终都睡不着，也大可泰然处之，随它去。多年前曾看到一篇文章里写的一位律师，他几乎每晚都睡不着，于是，他选择淡定地继续研读法律文书，每天的精神状态都很好，工作也特别出色。

"超级演说家"进11班课堂

演出节目：11班"超级演说家"

地点：初二11班教室

时间：班会课

表演者：霓同学

演说的主要内容：

有一个年轻人很崇拜杨绛，他写了一封长信来表达自己的仰慕之情以及许多人生困惑，杨绛的回信中除了一些必要的寒暄，以及对晚辈勉励的句子之外，其实就只有一句话，诚恳而不客气：你主要的问题就是读书不多而想得太多。

那么当你拥有一个好的生活之后呢，为什么还要读书？是因为要做一个有文化的人。什么是文化？梁晓声有一个特别靠谱的解释：文化就是植根于内心的修养，无须提醒的自觉，以约束为前提的自由，为人着想的善良。这些都是书本带给你的。所以为了拥有文化，我们要读书。

最后送上北大教授陈平原的一段话：当你半夜起来发现自己好久没读书而且没有任何负罪感的时候，你必须知道，你已经堕落了，不是说书本本身特别了不起，而是读书这个行为意味着你没有完全认同现世和现实，你还有追求，还在奋斗，你还有不满，你还在寻找另一种可能性，另一种生活方式。所以读书吧，身体和灵魂总要有一个在路上。

霓同学缺乏抑扬顿挫的声音平缓地落下最后一个音符，教室里却瞬间响起了雷鸣般的掌声。这是我们初二11班第一个精心准备后在众人面前亮相的演说者，她的演说是11班"超级演说家"的首秀。这在素来以"内敛、低调"著称的我们班，是具有"划时代"意义的重要一步。

为什么会想到打造我们班的"超级演说家"呢？一方面，我班学生大多数较为"内敛、低调",需要借助一个途径来改变他们,使他们更愿意张扬自己;另一方面,安徽卫视的《超级演说家》让我看到了演讲的力量和作用。

"一花一世界,一叶一菩提",所有能够对学生有启发、引导、教育意义的东西,都可以作为教育教学的资源。当时,《超级演说家》第三季正在热播,我把第一季、第二季的精彩内容从头到尾细细领略,发觉《超级演说家》无疑是非常有助益的德育资源:如北大研究生刘媛媛的《年轻人能为这个世界做什么》《不作不会死》等慷慨激昂的关于人生思考的演说,失聪天使曹青莞的《中国精神》再现感人至深的故事式的演说,台湾律师林正疆的《辩护律师》等启迪理性思考的演说,等等,都能给人带来精神震撼和心灵洗礼,值得将它们引入课堂,与学生共品赏。

还有一点给我感触特别深的是——经过打磨锤炼后的言说,具有直击人心的强大力量。说话、演讲可以通过训练而越来越出彩。而演说绝不仅仅是舞台表演的呈现,更将会成为生活中之必需,就如美国前总统奥巴马选举时,他高超的演讲技艺为他选举获胜增分不少。在越发民主、平等的将来,演说将会是人们获得更美好生活的必需技能。

如何使得我班上的学生们能够具备更加高强的演说本领呢?演说的内容有待丰富和深化,演说的形式和方法需要学习。《超级演说家》这档节目中的许多演说,内容与形式俱佳,向其中的演说高手模仿借鉴,不断提升,不失为良策。

于是,我精选几段对学生比较有启发意义的演说视频,借助班会课和语文课播放给学生看。比如刘媛媛的《年轻人能为这个世界做什么》:

> 我知道不是每一个人都能够成为那种站在风口浪尖上去把握国家命运的人物,你我都是再普通不过的升斗小民,是这个庞大的社会机器上一颗小小的螺丝钉,读书的时候每天都被父母耳提面命说你干啥你都不要给我耽误学习;毕业的时候到处投简历,恓恓惶惶地等一家企业收留自己;逢

年过节被逼婚，结婚买了房子要花自己年轻时候最好的二十来年来偿还贷款，让每一个年轻人都忙着生存，而没有梦想，没有时间关心政治，没有时间关心环境，没有时间关心国家的命运，还哪有什么精力去为这社会做什么；但是后来我发现还是有一件事情你跟我都可以做到，这件事情就是我们这一代人在我们老去的路上，一定一定不要变坏，不要变成你年轻的时候最痛恨、最厌恶的那种成年人。如果将来你去路边摆摊，你就不要卖地沟油小吃，你不要缺斤短两；你将来开了工厂当了老板，你不要偷工减料，生产一些次品。每一个普通人他在自己普通的岗位上做一个好人是有非常非常重要的意义的，因为我们每一个人生下来都注定会改变世界。

刘媛媛的演说充满激情与感染力，而演说内容也能令在座的年轻人（班上主要是"00后"）进行自己社会定位方面的思考。

在欣赏完刘媛媛的演说后，经过我多番鼓励和"威逼利诱"，帆同学代表全班进行了第一个即兴演说，说的是关于"责任"："每个人都有自己的责任。比如在自习课时，我们就有责任安安静静地学习，不去影响别人。我自己自控力不是很强，有时听到什么好笑的，就会忍不住笑出声来。但当轮到我们小组进行管理，我提醒那些说话的人他们却不听时，我就会开始反思自己曾经的随意说话或者笑个不停，其实是种对别人很不负责任的行为，也感到了一些愧疚。因此，我觉得每个人都应该好好地尽自己的责任，不然早晚有一天会因此而愧疚、后悔。"模仿的威力初显！虽然帆同学语气、语调较为平淡，但是能够结合学习生活中很具体的场景进行深刻的反思，且能勇敢地站起来发表自己的演说，无疑已是很大的成功。我们的"超级演说家"进课堂，也正式拉开了帷幕。

为了让学生的演说更加精彩，也为了让这项活动更有影响力，我们郑重其事宣布每周的班会课就是我们11班"超级演说家"的秀场，每个学生都将会渐次成为演说的主角。为了增强学生的自信心，我决定让每个学生都打有准备的仗，提早一周通知演讲的学生，班会课前去找主题、找资料，进行内容的编排，然后正式演说的那天，进行时长不得低于 3 分钟的正式演说。

霓同学就是第一小组的演说代表之一。经过一周的准备，她有了本文开头的呈现——题为《为什么要读书》的旁征博引的演讲。因为是初次演讲，她的声音不大，语调比较平静，大概是因为背稿的关系，有些紧张与生涩；但是，她镇定自若，精心地准备贴合同学们学习生活实际的稿件，并做到完全脱稿。因此，当她结束她的演说后，学生都由衷地送上了热烈的掌声。

我们没有鲁豫、乐嘉等高级别的导师，便让听者、观众来做最直观的评价。第二周将登台的第二小组演讲代表晴同学，在点评时非常中肯地表扬了霓同学稿件内容的精彩，然后建议说："如果可以声音更响亮一点儿，更热情一点儿，一定效果会更好。"向来一发言声音就自动调为最低音量的晴同学，在这次点评时可谓声如洪钟。霓同学点头称谢。学生互评一样能够使彼此有进步、有提高，一样能够起到打磨锤炼的效果。

后来的班会课，11 班的"超级演说家"都如期上演，学生水平不一，因此表现也参差不齐。我们商定：在一次次的演说和聆听中，能够摒弃以往的羞涩、内敛和拘谨，勇敢地、流畅地进行自己的主题演说，算是达到了初级目标；通过自己的表达能够让别人愿意接受、乐意接受自己的观点，那就达到了中级目标；而做到语言具有感染力、表现力，牢牢吸引住大家，且让人听后余音绕梁三月不忘，那就达到了高级目标，成为真正的"超级演说家"了；而在一轮又一轮的演说锻炼中，大家都努力朝着更高一阶的目标进发，保持进步的态势。我们可以继续有内涵地"内敛、低调"，我们也逐渐懂得如何进行"高调、张扬"的表达。

传奇一班的《奇葩说》

"补习是利大，还是弊大？"这是和力同学在开学初不久商定的辩题，作为班级第三次"奇葩说"的辩题，同时也作为 2017 年 10 月 13 日班级秀的主要节目之一。辩论的结果，将由在场的 11 位家长投票表决。

在否决了一系列高大的问题后，我们落到了补习这个话题上。那时"双减"政策还没落地，补习盛行，学生和家长都趋之若鹜。然而补习之后结果如何呢？仅有小部分人进步，更多人是原地打转，或反倒因有补习而上课不专心，作业没完成好，学习成绩不进反退。怎么办？须让他们以及家长对补习的弊端有清楚的认识。

我们借鉴《奇葩说》的赛制，在辩论过程中，观赛的学生不仅可以改变立场，而且如果想要加入正方或者反方的队伍，也可以上台去。原先正反方各 4 个辩手，到辩论赛结束时，支持补习利大于弊的正方增加 3 人，支持补习弊大于利的反方增加 1 人。

辩论过程中，正方欣同学多次强调主要还是靠个人对时间和精力的调适和安排，这个确实是正理。反方楷同学说，学不好的人大多数就是自己调控不好的，补习了就能调控好吗？恐怕只会更不好吧？

反方围绕补习之弊深挖细耕，拓宽思路，为同学的总结陈词条分缕析：补习不仅要听课学习，还要完成作业，会影响学校的作业完成和在校时的高效学习；耽误时间，休息不够，会影响健康；补习过多会使得小康家庭"倾家荡产"，激化亲子矛盾；生活不只有学习，品德和其他兴趣、特长、能力等也需要培养，一味补习只是把所有精力和时间都放到了文化课的学习和成绩上……补习如此多弊，可曾想过？

最后，11 位在场的家长评委投票的结果是：反方获胜！

家长代表畅妈妈发言说：反方的论证，更加全面和深刻，考虑得更深远，现场表现得更好。但离开前，畅妈妈向我赞誉班级秀、辩论赛中学生们精彩的表现，但也表示还会让她女儿去查漏补缺。

学生们在校的精彩辩论，我录为音频上传到家长群，让没在场的家长们也听听。补不补？怎么安排更合适？什么是主，什么是次？想着求进步的学生和家长都该好好想一想，并落实到行动中去。

为何会进行辩论赛，会借用《奇葩说》呢？这个非常规的辩论节目，把多年前大专辩论赛的热度和影响力重新带到大家面前。辩论，就是能够激发大家对问题展开深入浅出、纵横捭阖的思考与交锋，智慧火花飞溅，拓宽看待和思考问题的角度，在正确的世界观、价值观、人生观的引领下，辩论越透彻，观念就会越端正。我所带的传奇一班，有不少学生本来就爱表达，何不把辩论引入，借助辩论来使学生丰富思想、明白道理、端正认知？

于是，传奇一班的班级辩论开始启动。

第一次进行的是较为正规的辩论赛。这是 2017 年 3 月里的一节班会课。学生事先一起学习了辩论赛的赛制和规则。文体部长桐在同学群发起投票，大家表决出辩题：中国教育，好不好？

他们特地邀请英语老师和数学老师当评委，淇同学当主持。认为中国教育不好的反方，老是抓着作业多等问题不放，而正方准备更充分，从历史纵向角度、国际对比的横向角度，以及人才发展观等，力陈中国教育的优势和竞争力等。最后，认为中国教育更好的正方获胜，力同学获得最佳辩手称号。通过此番，原来一味否定中国教育的人的褊狭认知得到了一定程度的扭转。

评委英语老师和数学老师显示出高素养，她们言简意赅，切中肯綮，尤其指出反方还有很多立论角度没去涉及。辩论过程中，笑声不断，只是不是辩手的学生还不习惯于如此正式的辩论，当听到某句他们不认同的话时，便忍不住要即刻回应。

接下来一次，我们试图向《奇葩说》靠拢，让 8 位辩手之外的更多学生可以表态、可以发言。初定的辩手讲完后，学生可以选择跑票，想发言的学生可以代表其所在阵营说话，原本着急立刻回答的人，要等轮到本阵营陈述或者辩驳时再起立说。观众同时也担任评委，最后看哪方的支持人数比原来增多则为赢。

第二回的辩题由我给出的：过程和结果，哪个更重要？因为发现学习成绩、参加各种活动的结果等更牵引大家的情绪，然而参与的意义、过程中的付出与收获却没有被充分重视。成绩等结果重要，但经历、过程比结果更重要。体艺节等结果虽然不理想，但过程中拼尽全力地努力，彼此互相支持、互相帮助的情谊，百般困难却不放弃的品质，等等，都证明了全情投入的过程本身就具有重大意义。主持人如同学听得起劲，后来说不主持了，她也要加入辩论；而我希望大家意识到的，也都经由学生说出来了。

班级秀上的辩论，是较为成熟的第三次了。理越辩越明，而爱说爱闹的他们也得到了合适的平台去表达、去绽放。我们的班级"奇葩说"，后来又进行了多场，曾探讨过中学生使用手机的问题，也曾与9班展开班际辩论赛。

我班的美育点滴

孔子说："质胜文则野，文胜质则史。文质彬彬，然后君子。"以孔子此言为指导，我在带班时既注重引导学生修为内在美，也注重引导他们对外在美的健康追求。我们将美育融于日常的点滴中，大家一起欣赏美、追求美、创造美。学生内外兼修，逐渐成为美好的君子。

（一）修饰容颜与体态

大家首先准确定位：遵守规范的爱学习的学生、一个团结的优秀的班集体。因此，学生们必须按照学校的要求，穿着规范的校服，佩戴好校卡，及时依规修剪头发和指甲。这在有些班主任看来属于抓得过细的内容，我们都严格地贯彻执行，因为这既是遵守学校的规章制度的起点，也能使学生更精神、更整齐，班级更和谐统一。

日常的体态，我常边示范，边提醒他们要保持"抬头、挺胸、收腹、提臀"。每次话音刚落，学生们难免笑一场，但笑过后该微调的都微调了。坐姿则加上"尽量只坐椅子的前三分之一"。后来，他们有时也反过来提醒我。

不可否认，颜值是不容小觑的"生产力"。日本、韩国的女生从初中起就开始学化妆，掌握美颜的基本功。因此，我也提倡班上的女生可以开始学着护肤、化妆等。新时代的家长与时俱进，不少对此表示认可和支持，因此班上有些女生周末会化点儿淡妆，旋同学的妈妈有次还特意在朋友圈晒出了女儿帮她化的妆。到初三，擅长化妆的几位女生承包了全班女生合唱表演、体艺节入场式等化妆的活儿。而这活儿，初一时是需要家长请假过来帮忙的。

（二）丰富思想与内涵

我带着他们学习《论语》，使孔子的至理名言能够很好地指导他们的生活。比如，如何面对过错呢？子曰："过而不改，是谓过矣。"子贡曰："君子之过也，如日月之食焉。过也，人皆视之；更也，人皆仰之。"子夏曰："小人之过也，必文。"犯错不可怕，关键要知错能改，不要逃避，不要掩饰。

我带着他们走进《世说新语》，领略千百年前活灵活现的人物精神。魏晋时期的人们注重外在美，容止篇精彩描摹和相关小故事令人莞尔；注重由内而外给人带来的触动，德行篇、方正篇、雅量篇、俭啬篇、任诞篇等通过一则则小故事，将魏晋人物多维的美好与特点鲜活地展现在我们面前。

我牵引着他们去欣赏《奇葩说》里言语的机锋，智慧的碰撞；在班级举行一次次的"奇葩说"式辩论，探讨了诸多贴近生活的话题，比如，补课是否有必要？同学带了手机要不要告诉老师？中国教育到底好不好？《感动中国人物》

《超级演说家》《朗读者》《主持人大赛》等优秀节目也作为丰富学生思想内涵的资源被引入课堂，引导学生进行研习，并进行相关的再创作。

（三）感恩并成全彼此

我平时多多向他们讲述我看到的美好，风景之美、人物之美、人文之美、品质之美等。而除了日常分享我所看到、听到的点滴美好外，每月我会特意找节班会课，对全班所有人的优点、进步给予郑重其事的肯定，不遗漏任何人。

每个月、每次大型活动之后、每学期末，我都组织学生写下感恩总结，写出自己的收获与进步，更要他们写出对其他人的赞美与感谢——感谢的同学不少于3人，并且都要写明感谢与赞美的具体缘由。我也将过程中老师和家长的默默付出明确告知，使他们感受到师长和家长的爱与暖。就这样坚持着，引着、促着学生用发现美的心与眼，看到、感受到并记录下身边满满的善意与美好。

教学相长、立己达人的观念深入学生们的心，在学习、班务以及生活等领域的互帮互助，成为大家热衷的常态。大家不仅乐于班内互助，也乐于去担任校园内外的各种义工，或是打扫卫生，或是义写春联，或是帮忙指引，或是垃圾分类指导……大家用行动释放善与美，也成全别人的生活。

（四）欣赏并创造美景

傍晚放学前，抬头看到天上灿烂的云霞，学生们由衷地赞叹，更想要记录下来。苗同学曾让我赶紧帮忙拍下傍晚天边闪现的七彩祥云；琨同学曾借走我的手机，像个小摄影师般拍下斑斓的晚霞。学生不得带手机入校，因此当他们在校园内看到美景时，或请我帮忙拍，或借我的手机拍，用影像记录稍纵即逝的美好，后续我把图片发到群里，他们有手机时再去保存。

学生们对美丽风景的欣赏始终得到鼓励。体育锻炼后，丹同学指着斜阳边的一群飞鸟直呼"好看"，我便带着他们一起重温陶渊明的"山气日夕佳，飞鸟相与还"。不少学生半开玩笑地感慨道：最美的晚霞和夕阳，为何总是出现在学校才能欣赏到呢？我便把此前某天傍晚拍到的云蒸霞蔚的景象与他们共赏。

班级里创造美的活儿，并不是会绘画、会制作手工艺的学生们的专属任务。班级卫生打扫，人人定岗定责，人人尽一份力，确保教室干净整洁。班级文化布置、黑板报由4人小组轮流来完成，如果觉得需要请美术优秀的同学帮忙，小组自行提出邀约。

班级各个角落的布置、节日要送出的祝福、班级秀的节目、体艺节入场式表演等，也都是全班总动员，大家开动脑筋思考，群策群力。比如，昆同学曾主动将凋零的鸡蛋花和家里的小盆栽进行搭配组合，装点了讲台；耿同学构思热水浇干冰迅速冒出滚滚白烟，为体艺节入场式女生汉服舞蹈演出营造出仙幻奇境之美。每个人都试着挖掘出自己创造美的潜能，用美好装点我们的班级内外，创造属于我们的美好的生活环境。

我班的美育融合于日常生活的点滴，致力于每个学生的内外兼修、班级的和谐美好。这是爱美的教育，鼓舞学生去爱美、欣赏美、追求美、创造美。大家各美其美，美美与共。

理性追"星"为学生赋能

近年来线上、线下频频爆出追娱乐明星的不理性的表现，不少青少年牵涉其中。新浪微博上"如何追星才叫理智""饭圈文化该不该出现在校园""偶像该不该管理粉丝""如何看待当前的网络暴力""该怎样提升青少年网络素养"等话题，全网热议。部分明星一再表态，希望大家可以回归"理性""理智"。

作为教师，如何引导学生理性追"星"，并使学生多多从中汲取正能量来促进自我完善与发展呢？

（一）引导学生在浩瀚"星"河中择善而从

为了更好地引导学生，我首先对学生的偶像崇拜有足够的包容度和教育智慧。哪怕学生只是喜欢娱乐明星的高颜值，我也不简单界定学生为肤浅，而是挖掘其中的教育价值：进行审美教育——引导学生注重"文质彬彬，然后君子"之"文"；进行励志教育——有些人的高颜值是通过高度的自律、努力的训练、大量的投入得来的，激励学生也量力而行、尽力而为地去获得美好、保持美好。

我引导学生拓宽视域，于各领域、各行业中选择优质偶像，使自己得以在前人的肩膀上更具前瞻性地规划人生。班级内进行的课前三分钟演讲，至少一学期专门进行主题为"我的偶像"的名人推介。学生的正式分享开始前，我建议他们打开视野，于古今中外的名人能人、各领域各行业的翘楚中，选定自己的偶像，为自己找寻一个榜样、一个益友。随后，安排足够的时间，让学生收集并阅读其偶像的传记等文章，尽可能全面了解其得与失、成与败、优点与不足、困境与抉择、自我与情谊等，看到其成功路上的坎坷与不易，更体认其克服困难、坚持梦想的智慧与坚毅；从其失败中吸取教训，在遇到类似的困境时懂得如何应对。（见图1）

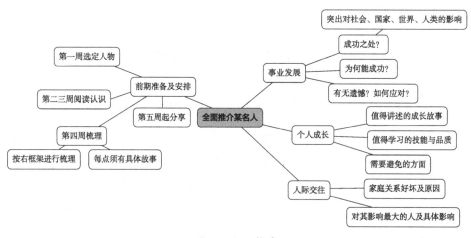

图1　名人推介

某一届，我任教语文的两个班级开展了全面推介名人的课前三分钟演讲活动。先给学生四周的准备时间，并给予阅读和分享方面的方向性指引，第五周起每个学生按顺序上台讲述与赞美他们欣赏的人。学生们选定的偶像都有谁呢？艾青、巴赫、贝多芬、曹操、陈独秀、达·芬奇、凡·高、高斯、华盛顿、贾平凹、杰森·斯坦森、金庸、居里夫人、科比·布莱恩特、拉斐尔、李大钊、林徽因、林肯、鲁迅、罗广斌、马克·吐温、毛泽东、梅西、莫奈、莫扎特、莎士比亚、梭罗、汤姆·克鲁斯、屠呦呦、王德明、文天祥、肖邦、小罗伯特·唐尼、杨绛、羽生结弦、袁隆平、詹姆斯、周恩来、佐佐木圭、吴孟超、奥黛丽·赫本、拿破仑、庄子、维克多·雨果、斯大林、宫崎骏、冰心、安东尼奥·萨列里、屠格涅夫、三毛、曹文轩、茅以升、莎士比亚、柯南·道尔、蒲松龄、阿西莫夫、李煜、韩信、莫言、张爱玲、曾国藩、郁达夫、奥斯特洛夫斯基、丰子恺、德谟克利特、亚里士多德、朱自清、邓尼茨、希特勒……近100位学生并没有选足100行，其中，朱自清、贝多芬、达·芬奇、华盛顿、莫扎特、肖邦等是不止一人的推介对象，被媒体渲染得铺天盖地的娱乐明星在群体分享中只有一丁点市场。可见，学生的偶像崇拜其实是可以被引导与端正的。

知悉有学生选择分享纳粹头目希特勒、邓尼茨，我便特意先去与他们进行交流，也提前对他们的分享稿进行把关，要求他们摒弃其危害社会的价值观和行动的部分，只留符合社会主义核心价值观的内容，确保分享者与聆听者都能"就有道而正焉"，"择其善者而从之，其不善者而改之"。

学生在事业发展、个人成长、人际交往等框架下进行分享，展现这些名人在为人处世、待人接物方面的作为，分享者与聆听者得以汲取更多正面的精神与能量。欣赏曹德旺的学生，据家长反馈，他对企业运营、股票选择都有一定的见地；欣赏羽生结弦的学生，在题为《我的动力源》的作文中，写了她将偶像羽生结弦的不懈努力作为自己体育逆袭的动力源，不仅收获了体育方面的进步，也写成了堪称佳作的好文章。

（二）引导学生辩证理性地与"星"同行

极个别学生可能因为追"星"，陷入精神狂热，无视自己的学习、生活，眼里、心里只有偶像，盲目追捧，为此投入超负荷的时间、金钱、精力等，给自己、家人及他人带来困扰。若有这样的学生，就要与家长一起循循善诱，矫正狂热追"星"者扭曲的认知，监督他们行为的改变。截至目前，我未遇到过如此狂热追"星"的学生。为避免追"星"学生出现失控局面，平常就应多关注、常做工作。

在对学生一对一的指导中，我引导学生用为自我赋能的方式来对待偶像。如果偶像是身边人，不妨"比、学、赶、帮、超"，一起成长进步。如果偶像是可望而不可即的人，不妨以偶像为榜样，为做到并保持美好而不懈地刻意努力，奋力拼搏成为别人的偶像。如此追"星"，促进自我成长，促进实现自我心智的成熟。

网络时代，不少学生已经因为喜欢某个偶像而进了某个"饭圈"。"饭圈"是什么？饭，即 fan，又叫粉丝；偶像的粉丝们聚在一起就成了饭圈。有了圈就会形成组织架构，就如乔治·奥威尔《动物庄园》中所呈现的那样。饭圈组织、号召之下，众粉丝一起参加与该偶像有关的线上线下活动，宣传、打榜、控评、应援、举报、各种公益活动等。娱乐明星的粉丝数以万计、数以千万计，行动起来声势浩大，饭圈正面或负面的作为越来越被众人所关注。

"饭圈"有不少值得嘉许的义举：比如，2019 年 8 月"饭圈"女孩、帝吧网友为"阿中哥哥"出征，齐心协力在国际舆论中为"阿中哥哥"造势助威，《新闻联播》等官方媒体给出了极高的赞誉；比如，在抗击疫情的过程中，在偶像的带领下，不少"饭圈"高效组织进行了多次公益的援鄂活动、助农活动等。"饭圈"内也可以良性互动，促进再发展：比如，在"饭圈"里组建学习群、读书群、行业群、健身群等，在圈内、群内进行有益的行业交流、学习交流、读书交流、健身交流等；比如，一些组织有序的圈，人员定位分明，大家各据所长、各司其职，可锻炼与提升能力，亦可展现自我风采，在长期的线上线下合作后，有些人结交为良朋好友。但"饭圈"的负面新闻频发，也令社会尤其是教育者颇为焦心，比如，不少未成年人被卷入如控评、应援、举报、强制购买等过度自我消耗、伤害他人的狂热追"星"行为。"饭圈"可利可弊，关键还要看入圈者如何自处、如何应对。

得知有学生加入了某"饭圈"，但她只是偶尔去看看、做做数据，并非圈中主要工作人员，投入的时间、精力都在可控范围内，学习和生活未受冲击，倒是逐渐明确了自己将来想要的工作。学生能够在复杂环境中有原则、有底线地自处和应对，并不断自我成就，这才是真正的成长。我侧重引导她"审问之、慎思之、明辨之、笃行之"：选择利人利己的"饭圈"，摒弃狂热而扭曲的害人害己的"饭圈"，敢于拒绝超过自己能力及家人承受范围的行为，多做利人利己利国利民的好事；从众心理会使人放肆地进行不理性的行为，要能明辨是非，有自己的准则，避免盲目从众而行差踏错。

（三）引导学生进行网络上的理性表达

网络信息本就纷繁，有些人还故意扭曲事实、造假新闻等来博眼球、谋私利，令人更难以分辨信息真伪。不明真相就群起而攻之的声音不时充斥网络，"人肉搜索"等更是将暴力与伤害从网络蔓延至线下。CNNIC 发布《2019 年全国未成年人互联网使用情况研究报告》显示，2019 年我国未成年网民规模为 1.75 亿人，初中生网民为 20.8%，高中生网民为 35.9%。调查发现，在网上从事聊天、使用社交网站、逛微博、逛论坛、看新闻、购物等各类社会化活动的比例，初中开始出现显著增长。不少网络上的名誉侵权案，经调查取证后发现，恶意侮辱他人者中有不少就是青少年。提高青少年网络素养，引导他们在芜杂的网络环境中进行信息甄别及理性表达，显得尤为重要。

1. 善于甄别与提取信息

各媒体和渠道会不断制造并推送网络热门人物或事件的相关消息，其中就有大量真假难辨的信息。用户点击阅读过某种内容的文章，贴合自己阅读倾向的文章，往往会被该平台优先推送到眼前，使阅读者更偏执于自己的既定观点。因此，我建议学生：主动远离不良信息，不花过多时间在其偶像或网络热门事件上，不轻信所看到的信息，更不人云亦云随意发表意见，要带着批判思维，客观辩证地进行思考与分析；多浏览正面积极的信息，学习强国等 App 刷起来，国事时事关心起来，多发出正面积极的声音，尽自己的力量营造一方清净的网络环境。

2. 进行合情合法的表达

我与学生交流网络暴力导致的悲剧事件，使学生留意负面言行给他人带来的危害，使学生做到心中有人、心怀慈善；与学生交流相关的法律法规，如《宪法》《刑法》《网络安全法》《治安管理处罚法》等，使学生知法守法，深刻意识到网络并非法外之地，肆意出言诋毁中伤他人等侵害他人合理合法权益、危害社会治安的恶人恶行，必将因触犯相关法律而得到该有的惩处。心中有人的遵纪守法的学生，在维护喜欢的偶像时、在对待不喜欢的人或事时，都要能控制住自己，不发伤人恶语，即便被激怒也要保持理智地表达。

3. 能妥善应对网络暴力

新班级开启的名人推介中，有学生分享年轻流量明星的故事，她强调了他们从小就付出了常人难以承受的努力，才能在十三四岁就有舞蹈或歌唱等的夺目表现，直至成为众人喜爱的偶像，但他们却一再在网络上遭遇莫须有的恶评。分享的学生颇为愤慨，希望不了解的人"不爱，请别伤害"。她说，曾在网上为偶像发声正名，结果却招来了一些人的谩骂。因此，我也与学生交流对待网络暴力的方式：可以选择不看、不理会，比如卸载相关软件，不点击相关网页，不进行有关搜索，完全摒弃信息源；也可以选择勇敢地直面恶言恶语，进行辟谣、正名，留好证据，依照法律法规进行维权，保护好自己，也为净网作出一份贡献。

学生若要追"星"，我就引导他们去追正能量之"星"，引导他们追出正能量、追出理性、追出一身本领。在这样理念的指引下，我引导学生于各领域中寻找正能量偶像，多多汲取其正能量，或独善其身，或同道者共进步、行善举；引导学生在纷繁芜杂的群体环境、网络环境中，能始终做到审问之、慎思之、明辨之、笃行之，遵纪守法，善待自己与他人。如此，学生在理性追"星"的过程中，也能持续为自我赋能，过好自己的生活。

引导学生科学管理时间

除了少数自律的学生外，大多数学生都存在做事拖延的情形，只是拖延的程度有所不同罢了。比如，周末或寒暑假的作业，很多学生总是拖到最后时刻才通宵达旦赶做；即便任务是提早一个月布置的，往往也是拖到最后关头才紧赶慢赶。拖到最后，往往是过了约定的时间还没能做好，只好后续又辛苦地赶工，还满腹牢骚。

学生做事拖延，主要是时间管理出了问题。因此，与其简单强调要自律、要养成惜时守信的好习惯，不如着力引导他们意识到并做到妥善安排时间。因此，不管是对群体，还是对拖延严重的个人，时间管理的引导工作都要做好。

（一）群体引导，教授科学管理时间法

在面向群体引导时，首先，我讲时间管理的重要性和拖延的危害，也让学生结合自己的切身体验来思考与讲述；而为了让学生能够不再拖延，我更侧重于引导他们学会管理时间的科学方法。比如，我将刘墉的文章《辛苦的假象》

制作成配乐的微课，学生在课上用心地慢慢阅读感受。看完后，我们一起分析故事：刘墉先生 20 分钟就走完儿子说跑了 25 分钟的路，原来儿子一路慢慢逛，发现来不及了才赶紧跑；家具公司晚交货十几天而所交的家具还未完工，其实这些家具 4 天就能做完；十几天前送去裱画，要求晾干 7 天，但该交货前几天去看，却往往还没动工。这三个例子的共同点是，他们都等到截止时间快到了，才紧赶慢赶，制造辛苦的假象。这与广大拖延的学生何其相似呀？

我们一起提炼文中给出的对策：答应好的事，要想办法做好，有些事到手就做；如果事情多的话，将所有事情条列出来，计划先后，并立刻动手；做完一项，就删去一项，并随时看情况调整；必要时，牺牲一两个假日，把早先拖延的事情集中做完，避免辛苦的假象无限循环。

后来，我又与学生分享纪元《哪有没时间那回事》里面的时间管理法。与学生分享时间管理大师纪元行之有效的建议：比如用好时间段清单、碎片清单、每日任务清单等有利的工具，理性地记录和梳理好自己的时间，把每月、每天、每分、每秒都高效地利用起来；用打卡记录、碎片化记录和月历记录等方式，促进自己坚持与专注；根据四象限法，分清事情的轻重缓急，并相应定好短期、中期和长期计划；把学习任务等有机分配到各个时间段内，结合优化过后的番茄工作法，在某个时间段内集中完成某项任务；学会将任务过程分解，拟出大纲，写出具体的步骤和所需要的时间，有条不紊地落实推进。

上述好用的清单、方法，我不只是分享、推荐，也让学生在课堂内外切实地操作起来、实践起来，不断强化，使之逐渐成为学生新的思维和行为模式。引导他们碰到困难时要驱动乐观积极的思维模式，思考解决问题的方法并采取相应的行动。除了自己努力调整之外，也可以主动寻求老师、家长、同学等的帮助。

（二）个体指导，多方携手促进落实

大多数学生在以上群体教育后能落实行动，收获预期的改进。但拖延症严重的学生，往往还需要再进行强有力的、一对一的指导和多维的帮助。

比如班级黑板报负责人小琨，他热爱绘画，他原创的火柴人系列动画在 B 站收获几十万的粉丝。但是有段时间，他的多科学习任务完不成，或是因为先花不少时间去画画，或是做作业时分神，等到 11 点才发现还有一堆作业没做；黑板报像工艺品那样来雕琢，画了一版挺好看的，觉得不满意又重画，反复琢磨，每每快到截止日期了还没能出完。于是，一天到晚忙忙碌碌，却又碌碌无为。他也很挫败，自我深深的无助，文化课成绩大幅度退步，黑板报老是高质低效，再不改进，这负责人职务也快要被我撤掉了。

怎么做才能切实帮助到拖延症"严重患者"小琨呢？

要做好时间管理，首先要对时间有数。我再次找到小琨，先带着他把在学校和在家可用的时间进行梳理。比如，一天有 8 个 10 分钟的课间，可挤出 40—80 分钟；2 小时午休时间，可挤出 30—60 分钟；晚上以 18：30 到家算，23：00 入睡，至少有 4 个小时可用。除去上课、吃饭、休息等必需的时间，上学时每天可自由支配的时间有 5—8 个小时之多。周末一天 5 个小时学习，睡足 10 个小时，还有 9 个小时可自由支配。只要能够把这些时间有序地安排使用，小琨的学习、画画、班务、生活等都能并行不悖地进行。

结合此前与小琨妈妈的交流和我的观察发现，我们也交流了导致他拖延的诸多问题，比如他常把干扰源放到手边、分不清任务主次和缓急、过于追求完美、安排后难以贯彻执行等问题。逐一商量着解决后，也建议他在改进计划重新制定及执行的过程中，要主动请求家长来监督执行。

在小琨离开后，我也第一时间再次联系小琨的妈妈，告诉她我们对时间的梳理、商量的结果和可行的对策，也把《哪有没时间那回事》《拖延心理学》

等书以及相关好文推送给她，使她在帮助小琨时能更有自信、有方法、有底气。我也告诉她，过程中如遇到障碍，随时欢迎她联系我，我们三人一起再来思考对策，共同促进小琨远离拖延。

同伴的互助也少不了。课上，小组成员也帮着监督小琨，发现他走神或者玩别的去了，就用约定好的动作提醒他赶紧回归学习主业，养成高效专注的习惯；出黑板报方面，我们增设了一位班委，专门负责统筹安排与协调分工，使小琨可以专注绘画；课间，如果有三五分钟，组员间就互相切磋讨教，或者背诵过关。

小琨调动了主观能动性，老师、家长、同学等也聚力助他，他的时间管理进步了不少，很多事务能及时完成，拖延的情形大大减少。但拖延毕竟是困扰他多年的"痼疾"，他本人的决心和毅力还不够强大，因此不时还会出现反复，但我们锲而不舍地在正确的方向上不断强化、不断巩固。

授之以渔，使学生爱上运动

体育运动，从功利的角度看，非常重要——2021年深圳的体育中考分值从30分增至50分，未来分值还可能会增加；从学生自身及长远发展的角度看，也非常重要——身体是革命的本钱，健康是一切的基础，体育运动对于身体健康有着至关重要的影响力。

道理，大家都懂；运动的好处和不运动的坏处，大家也都知道。但是，不爱运动的学生，依旧是提体育运动而色变。

为什么呢？结合自身的经验和对学生的观察发现，主要原因有二：一是提供选择的运动项目不够丰富，学生难以选到自己喜爱的运动项目；二是运动的科学方法或是教得不够或是学生领略得不够，不爱运动的学生不能用科学的方法进行体育运动，比如跑步的呼吸、脚步等处理不当，使得运动更加疲累，加剧学生对体育运动的排斥心理。长此以往，就会不喜欢运动，能不运动就不怎么运动了。

如果老师和家长还是一味地提醒、督促，没有给予更多的选择和更适宜的方法，那么不爱体育运动的问题就难以得到根本的解决。想要让学生爱上体育运动，就要从根源上着手，再辅之以行动上的监督、辅助，以全方位的行动来扭转学生原本的不爱动和不行动。

（一）提供选择，选练心仪项目

班主任与体育老师、家长联合，尽可能安排不爱体育运动的学生去尝试各种各样的体育运动，最终使学生能选择进行自己喜爱的体育运动项目。学校因为条件限制，能够提供给学生的运动项目主要有跑步、体操、篮球、足球、羽毛球、乒乓球、单杠、仰卧起坐等，此外，如骑车、瑜伽、健美操、街舞、游泳、网球、高尔夫球等多样的运动形式，家长可以尝试创造条件让学生去体验。有些人不爱运动，可能只是自己喜爱的运动还没有出现。

如果条件允许的话，老师们可以设计一些科学的测试量表，学生通过对自己身体机能和运动偏好等的判断，得出自己适合做什么运动，也可以让学生在家长的支持下，在家用一些具有这类测试题的运动 App 来进行，设定运动目标和身体情况后，会生成合适的运动形式以供选择。这样选出来的运动项目有一定的科学依据，较为靠谱；但如果不属于学生喜爱的范畴，那么还是应以学生喜爱的项目为先。学生选择自己喜欢的运动项目，自己选择的会比较容易爱上，最终也比较可能坚持到底。

（二）教授方法，推进科学运动

班主任可以寻找一些常见的运动项目的科学运动法，汇总整合后，开展专门的班会课，或者具体指导最需要的学生。班主任也可以与体育老师沟通交流好，请体育老师拨出一定的时间，在这方面对学生进行专业的指导。家长也可以根据运动 App 上的科学方法，在家指导学生。

为了使效果更好，一次最好只教适量内容。知识传授后，要让学生进行反复的练习，直到科学运动法成为他们自然而然的运动方式。拿跑步运动来说吧：跑步时要注意做到的深呼吸、高抬腿、跑前拉伸、跑后放松等，一次侧重练好某一方面，几次训练后，使各方面都均衡到位。此外，如果还需要配备好的跑鞋、动感的助跑音乐等，就需要家长们提供必要的支持了。做到这些，本来因为觉得跑步会无聊、辛苦、腿粗等而不爱跑步的学生，跑起来可能就会因为前所未有的轻松愉悦而不排斥甚至喜欢上跑步。其他运动项目可以进行类似处理。

（三）监督管理，确保持续运动

找到了喜爱的运动项目，学会了运动的科学方法，还没有运动习惯的学生对运动的爱恐怕难以持久。要让运动成为他们的日常，让肌肉存有他们的运动记忆，还需要班主任、体育老师和家长持续进行智慧的监督和管理。

学生之间可以进行有意思的体育运动，只要能够让学生追逐跑跳起来，游戏也无妨。支持和鼓励放学后留下来运动的学生带动、接纳不爱运动的学生一起运动。老师和家长可以和学生一起运动：老师可以带着学生边跑步（或健走）边背书，学生运动背书两不误；家长为促进孩子运动，可以坚持陪同进行晨跑、夜跑等运动。还可以让学生在校或者在家进行运动打卡，比如每天坚持20 分钟以上的运动，完成了就打卡，让运动落到实处。长期坚持运动，学生才能充分感受到身心因运动而带来的实质性的变化，才能实实在在地感受到运动带来的各种体验。久而久之，运动变成习惯，习惯变成自然。

健康的意义和体育运动的重要性，要常提。而为了彻底扭转不爱运动而不运动的情况，须想办法将学生的运动落到实处。多从人本角度出发，了解学生的情况，体恤学生的需求，再与体育老师、家长等进行多方交流和合作，使学生能够选择并进行自己喜爱的运动项目，使学生能够懂得科学运动法，更健康快乐地进行运动，使学生能够坚持运动直到养成习惯，最终自觉去运动，爱上体育运动。

（"教授方法，推进科学运动"部分发表在 2019 年 1 月《班主任》，作为其中《爱上体育活动，并没那么难》板块的跟帖）

第四章

温润有力地引领学生之沟通方法

新言善行代替旧言劣行

改变，真的很难吗？

刷到了李玫瑾老师的一段讲话，其中，她交流了她的育儿方法。当她的孩子坚持听自己喜欢的低俗音乐且拒绝与她对话时，她选择购买并在大厅自顾自播放高雅的音乐，吸引孩子来听，让孩子多接触优雅，渐渐改变了孩子听音乐的喜好。

李老师又分享了另一个家庭的案例。一位家长坚持带着网瘾儿子打球，儿子由最初的抗拒打球，到后来乐于与父亲一起打球，最终彻底戒掉了网瘾，并养成爱运动的好习惯。后来这孩子考上大学并当上了记者。

李老师的两个例子说的是同一种方法：培养孩子新的好行为习惯来代替原有的不良行为习惯，用良币驱逐劣币。

此方法适用于自我改进，也适用于家长和教师促孩子改进。多年前的某天起，我就开始使用这方法，改善自我，也改进了愿意接受帮助的他人。方法其实不难，但做成的人却有限。关键点在哪儿呢？执行力与毅力。

家长或教师想要帮助孩子改变的话，注意以下两点。

首先，多说正向言语。不要总是强调孩子原有的不良行为，也要去除容易让孩子觉得烦躁的说教与批评，重在多强调及示范希望孩子具备的好行为、好表达、好习惯。

　　其次，贵在执行及坚持。一开始孩子难免抗拒或拒绝，大人必须坚持住，不能浅尝辄止或中道而止，一旦认定新的行为习惯是好的，该被贯彻始终的，就要锲而不舍地坚持下去。

　　我用这种方法促使所支教的村镇中学的部分学生说话更文明礼貌。

　　"挡道了，让开！"有学生用的是嫌弃的语气，祈使句。

　　"关门啊！"冷得不舍得让门开一会儿，学生也是用没好语气的祈使句。

　　这些话，他们对同学说，也对老师说，而且不止一个人这么说。如此不礼貌，给人不尊重感，听起来令人颇为不悦。然而，更重要的是要纠正他们。

　　于是，我对他们说："想请人家帮忙，说话还这么不客气，谁愿意帮你啊！至少前面要加个'请'字，比如：请让一让，请帮忙关一下门。"

　　后续再听到生硬的祈使句，我就将他们的祈使句改好后还给他们，比如"请把投影的字放大些""请等一下"，条件允许的话就请他们用新句式再表达一遍。渐渐看到了变化，虽然有些人需要再提醒。

　　一天傍晚坤来请病假回家去，待到要填写请假单，身上却没带笔，他脱口而出："借我支笔啊！"但他马上意识到问题，立即改口说道："老师，请借支笔给我吧。"孺子可教，笔自然是借给他了。

　　有一次语文课上，少同学难得一见的课上超级积极地跟着思考与回答，几度特别大声地发言，其间一再重复着某句话，并坚持说要帮助我们，而我希望他先跟着大家一起做笔记，于是我对他说："对不起，我们暂时不需要你的帮助，谢谢了。请先做笔记，好吗？"没想到，多日不做笔记的他，竟拿起我借给他的笔，认真地做起了笔记。我当众将我的表述与他的表现向全班陈述一番，再次向大家重申："请，谢谢，对不起，多么有用的文明词啊，大家要多用。"

　　改变，其实真没那么难！

　　用这种方法，语言可以改变。说话的内容可以改变，说话的方式也可以

163

改变，比如学习使用非暴力沟通方式，持续使用，就会成为我们沟通的日常形式。

用这种方法，行为可以改变。反复进行新行为后，久而久之，便形成新的习惯。比如，原先不爱打扫、不爱干净，在要求或推动下，开始进行打扫和整理，环境整洁了；后续坚持，一直打扫，一直整洁。为整洁而勤打扫，便成为新的好习惯。

用这种方法，思想可以改变。注入新思想、新能量，比如将社会主义核心价值观等正向观念，深层地、多维地反复强化，使学生形成正向的思想，指导正向的行为，内外和谐统一。一时想不通的，换个比喻、换个角度再引导，比如有学生觉得多人讲话唯独自己被记名，感觉遭遇了不公而愤懑不已，借交通违规被逮到者与没被逮到者，与他谈可能出现的不同结局，让他明白被记名也不见得是坏事，贵在知错就改。

孩子需要他人的助力才能改变时，作为老师和家长，责无旁贷地伸出援手，直到孩子也学会方法，能够不断自我改善。

客观描述所见，而非脱口说出评论
——《非暴力沟通》学以致用

我们似乎更习惯于脱口而出对他人的评论。

有人故意发出令人感觉不适的怪声，在制止或在转述时可能我们会说："那声音太恶心了。"有学生在投诉朋友老喜欢开玩笑地打她一下时，她表述为："她在对我施加暴力。"很多学生在写记叙文时更习惯于概述与评论，缺少形象的描绘，久而久之习惯了概括式或评论式的表达，即便那观感是因为看到对方的言谈举止而提炼出来的，却只说自己的观感，不说对方具体的言谈举止。

　　结果如何呢？当你的概括、评论与对方所呈现或所感知的不相吻合时，矛盾甚至是对峙就产生了。比如以上两个例子中，被评价为声音恶心的人估计会反唇相讥"你才恶心"，被投诉施加暴力的人也会很是不满"我又没用力"。接着，极有可能恶语相向。

　　孩子步入青春期后，自我意识越来越强烈，父母不够准确的评论很容易瞬间点燃他们的怒火，引起他们的不悦，甚至过激的反应。如果父母不知道问题出在哪里，而是继续评论或转为责备，那么矛盾就会激化。我曾经建议家长将与孩子的对话进行录音，找找自己说话的问题，目前并没有人接受建议去践行。如果不愿意回到原点，查明冲突频发的原因，那就借着看书来对号入座，好好自我反思吧。如果家长不希望与青春期的孩子频频发生语言交流所导致的不愉快，可以试着参照《非暴力沟通》中的指导，将评论所依托的事实先客观地描述一下，或只描述客观事实而不说出评论。

　　教师与学生的有效沟通，也有待我们的自查自省。我们可以对照与学生沟通中常说的一些话，看看我们是否在描述我们观察到的事实。如果不是，我们要有意识地改过来。比如，我们说："你学习这么不努力，成绩肯定不好。"这就是典型的评论型的笼统概述。"不努力学习"指的是所看到的学生在做什么？上课不听讲、趴着睡觉、不做笔记、不思考、不回答问题、作业只写三分之一、不写作业？又是什么时候发生的事情？持续时间多久？到底是哪种情况？具体言明我们所观察到的是哪种情形，学生更愿意与我们继续交谈。"成绩肯定不好"，这是把预测当作事实，真正的事实是"我担心你成绩会不好"。我们很容易把预测当作事实，尤其是那些不好的预测。"我担心"本来就是事实，也包含了对对方的关心，而不是简单断言对方结局一定会差。因此，以"我担心"为起始的表述，不妨反复练习直至成为我们的新语言习惯。

　　阅读《非暴力沟通》一书，要学以致用的话，每一章附录的练习要跟着做起来。比如，第三章附录的练习，不妨也来做一做：哪几句包含评论呢？

1. "哥哥昨天无缘无故对我发脾气。""无缘无故"是评论，是说话者的看法。"发脾气"也是评论。他到底怎样说话，说了什么？描述出来，才是观察。

2. "我父亲是个好人。""好人"是评论。每个人对好坏都有不一样的标准。父亲到底做了什么好事呢？

3. "迈克尔的工作时间太长了。""太长了"是评论。快乐时一年犹如一日，痛苦时度日如年，每个人对时间长短也只是主观判断。到底用时多少呢？

4. "亨利很霸道。""霸道"是评论。你认为的霸道在有些人看来可能是温柔。

5. "我儿子经常不刷牙。""经常"是评论。怎样的频次算经常呢？有人认为一周三次算经常，有人认为一周五次，有人可能觉得有一两次就是经常了。

6. "姑姑在和我说话时爱发牢骚。""爱发牢骚"是评论。有些人听到语气重一点的话就觉得自己被骂了。姑姑说了什么话？怎么说的？

经过以上梳理，我们不难发现，因为每个人的评论标准不一，说出的评论对他人可能造成伤害，也容易导致意见不合者后续明里或暗里的矛盾。

进行非暴力沟通，要做到积极有效地倾听，做到理性表达自己的感受与需要，更要注意改掉脱口而出评论他人的语言习惯，尤其要注意去掉那些看似不是评论而事实上是评论的字眼，相对客观地描述我们眼见的现实。

表达为自己感受负责的需要
——《非暴力沟通》学以致用

（一）温故而知新

《非暴力沟通》一书中特地在显眼的位置写上：不带评论的观察是人类智力的最高形式。

我们常要学生学会观察，认为观察是很容易的事，比如，练字前要学生观察好字的结构比例等，比如，建议写作缺素材的学生好好观察生活；但强调了很多遍，很多学生还是没有观察到位。

其实，并不是他们不去观察，而可能是他们不懂得观察，观察力还不行。观察力隶属于智力，有先天的高低之别，也可以通过后天的努力而有所改进。我们可以带着学生一起观察，引导学生从不同角度切入，指导学生在观察时要注意哪些方面、哪些细节。学生进行多次操练，而我们持续进行有针对性的指导，直到学生观察力有所提高，懂得如何去观察。

在我们进行非暴力沟通时，如果不带评价的观察还没做好，那也要反复练习，直到我们的观察能力提高，讲述对方时以不带评价的观察为主。

不带评价观察后，要准确地表达出自己的感受，是开心、欣慰、满足，还是痛苦、愤恨、犹豫，捕捉得越准确越好，有助于精准把握自己真正的需要。

（二）学而知之

在明确自己需要的前提下，表达自己的需要。感受与需要密切相关，我们的需要要指向我们自身，要为我们自己的感受负责。

怎样的表达才是在表达为自己的感受负责的需要呢？用《非暴力沟通》书中的例子来分析吧！"你这么说，我很紧张。我需要尊重。""你无法来吃晚饭，我很难过。我本来想和你好好聊一聊。""我很沮丧。我希望我的工作已经取得更大的进展。""你让我搭你的车回家，我很感激。因为我想比孩子们先到家。"这些句子，明确说出感受，且明确提出了自己的需要，意识到自己的感受是因为自己的需要没有得到满足而产生的，在为自己的感受负责，并进行相应的表达，而不是用归罪他人的方式把责任推给他人。我们经常说的指责、责怪、批评的话语，都是在把责任推给他人、他物、他事，易诱发矛盾冲突等。

（三）困而学之

我们再来仔细看看不为自己的感受负责的说辞及其连锁反应吧。

例1："你不收拾房间，屋子里乱七八糟的，我看了就生气。"

潜台词：不收拾房间的孩子，得为我们的生气负责。

连锁反应：如果孩子收拾了房间，只是为了不想让我们继续生气，久而久之，变成讨好型人格，所作所为只为别人的喜怒哀乐，而不是因为意识到自己有必要让房间保持整洁，不能放任房间脏乱差，没有养成该有的良好行为准则。

如果孩子依旧不收拾房间，那么我们会更生气，然后继续责怪孩子，可能矛盾冲突就爆发了。完了之后，我们也许还要对外吐槽"这孩子就是懒""这孩子不听话"之类。责怪之后如果家长想办法促进孩子转变倒也罢了，但如果只是口头反复说，孩子也听到了这样的说辞，不高兴之后，估计会接着"懒""不听话"到底，反正已经被定性了，后续也没什么惩处措施，继续如此，自己还可以明目张胆地偷懒、堂而皇之地不听话。

例2："这件事（这人）让我很烦躁。"

潜台词：这件事（这人）为我们的烦躁情绪负责。

连锁反应：自己的情绪只能自己负责，他人或他事又怎么可能为我们的情绪负责呢？而且事情已经发生，说一百遍烦死了，不仅无济于事，还可能使我们的情绪进一步恶化。这类话更常见于背后吐槽，如果几经辗转后被嫌弃的人听到了，估计只有一小部分人会心胸博大、包容大爱，转而来开导或帮助我们，大多数人估计会更生气，彼此间本来就存在的嫌隙因此扩大，越发憎恶彼此了。

指责型语言，于人于己都有害无益。不妨按《非暴力沟通》中的指导，修正原本不为自己感受负责的说辞，改用"我（感到）……，因为我（想或需

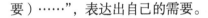
要）……"，表达出自己的需要。

（四）学以致用

先改用"我（感到）……，因为我（想或需要）……"表达为自己感受负责的需要，然后就着需要提出具体的请求，进而使对话者从行动上有所改进。

例1："你不收拾房间，屋子里乱七八糟的，我看了就生气。"

改进后："你不收拾房间，屋子里乱七八糟的，我看了就生气。因为我希望我们生活的环境能始终保持整洁。我希望你可以在今天之内把你的房间收拾回原来的模样。"

明确表达需要，也提出自己的具体请求，随后用上《双向养育》里提供的参考做法，限定时间，教授方法，监督孩子将房间收拾到符合我们要求的样子为止。

例2："这件事（这人）让我很烦躁。"

改进后："这件事（这人）让我很烦躁。因为我本来想自己在这段时间里看完那本书的。看来，我只能利用别的时间看完了。"

明确自己的需要，然后自己提供解决方案，想办法满足自己的需要。

（五）梳理总结

最初练习时，注意用上这样的句式："我（感到）……，因为我（想或需要）……"练到熟练后，可以不加这些固定词，但内在逻辑始终要有，这是明确为自己感受负责的需要。

在还没有形成新的思维和语言习惯前，需要多加练习，直到它成为我们的新模式。改变说辞的同时，其实思维也在随着改变。思维改变，不再怨天尤人，不再自怨自艾，而是实践起来，改变自己，也理性地促进他人思考及改变。

说出真实的感受
——《非暴力沟通》学以致用

我们很不习惯说自己的感受，而更习惯于说出我们的想法，这想法中往往包含了评价，对自己的或者他人的。也许，我们也并没有好好体会我们的感受，也不知道如何表达才算是在说出我们的感受。说出感受，而不说含对自己或他人的评价在内的想法，才能使得彼此心意相通，更有可能得到体谅。

首先，要甄别什么是感受，丰富感受词汇表。

不知道如何表达感受，可能是确实不习惯于表达感受，更可能是因为不知道哪些词是用来表达感受的。感受的词汇表，我们该配备，一如马歇尔·卢森堡在书中建议的。

需要得到满足时，感受有：兴奋、喜悦、欣喜、甜蜜、兴高采烈、乐观、自信、振奋、开心、感激、陶醉、幸福、满足、欣慰、心旷神怡、喜出望外、自在、舒适、放松、温暖、放心、安全、踏实、无忧无虑等。当需要没得到满足时，感受有：害怕、伤心、担心、焦虑、紧张、着急、心烦意乱、忧伤、泄气、绝望、伤感、悲伤、不满、不耐烦、困惑、麻木、沉重、尴尬、惭愧、内疚、遗憾、妒忌、寂寞、郁闷、生气、厌烦、茫然、孤独、悲观等。

不要简单而模糊地只说开心或不开心，最好可以精准地提炼出感受，越明晰我们自身及对方的具体感受，越能因为懂得而促进沟通的进一步深入。

其次，将表达感受的词语引入日常沟通中。

阅读《非暴力沟通》，要学以致用的话，每一章附录的练习要跟着做起来。比如，第四章附录的练习中，找出在表达感受的句子："你要离开，我很难受。""当你说那句话时，我感到害怕。""你能来，我很高兴。""你帮我的忙，我很开心。"借助完成练习，更清楚怎样是在表达感受，我们可以如何组织我们的语言以表达感受。而像"我觉得你不爱我""我觉得你不在乎我""你真可恶""我想打你""我是个没用的人""我觉得我被人误解了"这些我们常脱口而出的句子，都是在表达想法，除了"我想打你"之外的其他句子都在进行评价。

在表达过程中，我们要避免说想法，而要改为说出背后的真实感受。说想法之弊，我们结合着实例来说说。当我们对自己说"我觉得自己很无能""我觉得我被误解了""我觉得我被忽略了"时，虽然都有"我觉得"，但后面的内容却都不是感受，而是我们的判断和评价。这样说出来和想了之后，我们会自我贬低，会将问题的责任推给他人而去怪罪他人，然后阻碍进一步探索我们的需要的道路。背后真实的感受是什么呢？可能是难过、伤心、沮丧、生气、困惑。回到具体的场景去仔细把握真实的感受，进而探寻真实的需要。

我们对别人说"我觉得你应该懂得更多""我觉得这是你的问题"，会让对方觉得你在评价、在提要求而陷入防御状态，导致沟通不畅。当我们自以为客观地说"我觉得他很负责任""我觉得老板很卑鄙"时，其实也不过是把我们的想法强加在对方身上，我们所认为的不一定是真相，而如果观念固化，不仅不利于合作，也会使得必须进行的沟通没法推进。

意识到表达想法与表达感受之必要，我们就要果断地行动起来。假设我们想要对学生说："你怎么又迟到了？你家那么近，我认为你是不应该迟到的。"改为说出观察加表达感受的转化："你家离学校不到 5 分钟路程，但这是你第 5 次迟到了。我对你有点儿担心。有什么是我可以帮助你的吗？"当看到学生上课不听讲、趴着睡觉、不做笔记、不思考、不回答问题、作业不写，我们也不要着急上火地批评学生一顿，因为，其实我们是在担心学生学不到、学不好，说出观察并表达我们的担心、焦灼就好。

当听到对方的表达时，如果对方不懂得直接提炼出自己的感受，我们也要试图从他话语的内容、语气语调、肢体语言等，感知他真实的感受。比如，有学生因为被老师、家长误会了，便狂躁地飙出国骂，推搡其他人或身边物品，

比如在沟通中，我们会对孩子说"我希望你更自信""我希望你更努力""你不要再偷懒了"，我们对家人说"我希望你能经常陪着我""我希望你能理解我""我希望你尊重我的个人隐私"。有过这样的表达后，我们都认为我们表达出了我们的期许，对方理所应当知道该怎么做了。可惜，收获的是满满的失望——对方依旧什么都没改变。因为这些请求都太抽象了，对方其实还是不知道该怎么做。如果希望我们的请求被重视、被践行，我们的说辞就需要改变，要努力使得我们的请求具体可行。

不对孩子说"自信""努力"这样抽象的词语，不说"不要偷懒"这样没有明确行动指向的否定句，改为说要他们做到以体现"自信""努力"的具体做法。比如"我希望你能昂首挺胸""我希望你可以在班级进行一次脱稿演讲""我希望你每天能够读 10 分钟的英语""我希望你能够把每天的学习任务都按照老师的要求做完"。

对家人不说"我希望你能经常陪着我"，而改为"我希望你每周能陪我三个晚上，到时只要你静静地坐在我身边"，把"经常"这个含主观评价的词语进行量化的表达，把可以接受的"陪着"的具体情形也明确说出。"理解""尊重"包括太多内容，选出其中希望家人能够做到的部分具体说出，比如，将"我希望你能理解我"改为"我为这个家做的这个决定，请你同意"，将"我希望你尊重我的个人隐私"改为"我希望我的日记、邮件始终都只有我一人看"。

（四）学以致用

能够精准地说出具体、可执行的明确请求，我们希望对方做到的事，对方希望我们做到的事，都能更准确地把握，并进一步推进。

说出我们的观察，说出我们的感受，并说出为感受负责的需要，以此为前提，再提出我们具体可行的请求。这时，我们的请求更能得到对方的体谅与正确解读，我们沟通所希望达成的目的才更有可能达成。

引导班委多进行量化表达与分析

——《非暴力沟通》学以致用

上周五大扫除了，但是，地板不干净，垃圾没倒掉。听到我说再不赶紧整改好，这个大扫除组就要重扫时，立刻有人激动地反对，干了活的人说："有很多人跑了。"又是不干净，又听说有多人跑掉，我火气就上来了。最后离开教室的劳动委员被我再次追问。劳动委员也有点儿急了，他说："老师，你不会真的信了他们的话吧？只有扫地的佳没打扫卫生；倒垃圾的东被数学老师叫走了，我本来也打算让他今天去倒垃圾的。"

听完，我立刻明白是我错了，被"很多人"这种主观评价给误导了。所谓的"很多人"，并不是对事实的客观描述，如果将两人说成很多人，那明显言过其实，无形中增加了问题的难度，听到的人徒增焦虑和烦躁。

而这样的情形不止一次地发生过，因此，很有必要引导学生尤其是班委在反馈问题时，少一些"很多人"这样的笼统表述，多进行量化的表达，多进行还原事实的客观公正的呈现与分析。

（一）量化表达，聚焦作业缺交者

放假前的古诗默写，10个人有几首诗没背默出来，等于暑假作业和开学前两周的背诵任务一直都没完成，按要求抄写默不出的诗5遍。语文科代表去收取那些诗歌抄写作业，她走了一圈，手里拿了三四个本子，她跟我说："有很多人没交。"又是"很多人"。其实，这"很多人"，最多也就是六七个人吧。

此前大扫除被反馈"很多人"也有待矫正，我便找了个时间跟大家聊聊"很多人"的表述："此前大扫除被说有很多人没打扫，但了解过后，也就是两个人而已。语文科代表说很多人没交，最多也就是六七个人。有人认为两个人很多，有人觉得十几个人才是很多，说有'很多人'，是在主观地评价，并不是客观陈述。听到很多人时，会让人觉得问题很严重，让人忍不住生气和暴躁。因此，后续你们在反馈问题时，请少说'很多人'，是多少人，就说多少人，还应说出到底是谁。"

后来道德与法治科代表收作业，还有6个组没交。我建议他们不必对着全班呼喊，也不必发出作业还没收齐的声音，认准6个还没收好本组作业的组长，待6个组长去收好各自组的6本作业再汇总过来。他们采纳建议后，很快收完了大部分。

（二）量化分析，解决劳动问题

这周劳动方面出了点儿问题，周一小佑等人打扫完迟到了，周二小栋倒垃圾时已经是第二道铃响了。去找劳动委员，让他思考如何改进。劳动委员立刻诉苦、反馈："他们都不听的。"

我追问："他们分别是谁？问题分别在哪儿？该怎么解决？"紧接着我请劳动委员逐一写出我的问题的答案，解决方案以所有人都不迟到且打扫好为目标。

写出来问题后，发现就是两三个人时间安排出了问题。我诧异道："真就这两三个人？就是吃饭与打扫顺序问题？"劳动委员点头说是。量化分析后，劳动委员最初说的"他们都不听的"的难度问题，一下变得很简单了。

三五分钟后，他就交来了他思考出的解决方案：让小栋先打扫，再吃饭；陪着不肯打扫的艺同学去打扫。根据实际情况，在我的建议下，他加写了一点：艺同学实在不肯去，劳动委员就先代为打扫。

（三）客观分析，还原班级真容

面对自习课堂上的吵闹，管理纪律的班委习惯大声呵斥："不要吵了！""安静！"他们不时呵斥两声，觉得是管理了，然而吵闹有增无减。班委来反馈学科课堂的情况，也常说："整个班级都很吵。""某节课很吵。"听到这样的反馈，可能会以为这个班沸反盈天了；但事实上，不管有没有教师在授课，基本不可能整节课都在吵，也不至于所有学生都狂躁。班委如此管理和反馈，显然不合适。

于是，我用追问的方式来指导班委改进：整个班级所有人都吵吗？哪些人在吵？到底是谁？所谓的"吵"是出于必须的合理表达，还是没有必要的乱叫？该怎样解决？大叫"安静"后真安静了吗？没用的话，又该如何？

班委按追问的这些问题进行回答后，发现就是三五个话多者在讲话。比如周四的一次课，学生经授课老师允许换了位，没有书的勇、杭等去找有书的艺共看新书，三人便吵嚷起来，后又与旁边的文、少互动，连老师要他们安静的声音也听不到。吵的时段也只是集中在某小段时间里，并非一直吵闹。这样梳理之后，后续就只要去找这些学生进行教育即可，推心置腹，动之以情，晓之以理，令其明是非懂道理，令其弥补过错。后续这些学生进步了，班级课堂纪律也就改善了。

班委们继续思考并表达管理和反馈的好方式，我也提出建议。比如，不必大喊"安静"，看到谁讲话，就点谁；谁的问题，就记录下谁，并对应去解决。公正客观地记录与反馈，记录下具体哪几个人，以及他们具体的表现。后续班委们先按这样的方式公正地记录，而后相关班委和老师按班级规章制度跟进处理，学生们对温和沉静的班委们的管理反而更敬畏。

尽量不要说"很多人""太吵了"这类主观且失实的评价类反馈，因为它不利于解决问题，只是徒增大家的工作难度，人为制造难题。改为精准描述所见所闻，一如非暴力沟通的四要素"观察、感受、需要、请求"之"观察"，看到什么，听到什么，都照实说，比如，具体到是什么人、什么时候、做了什么事、做了几次、多少时间、什么程度、多少人等。精准描述出观察后，能保持情绪平和，进而理性分析问题，并有针对性地去解决问题。

班委进行量化表达与分析，进行公正客观的记录和反馈，对其个人的成长及班级的发展显得更为重要，班委培养和提高理性分析与思考并解决问题的能力，能科学有效地进行班级管理，班主任对班级情况能有更科学准确的把握，后续进行个体和群体的沟通更具实效性，班级整体也会更和谐向上。

以终为始，想好目标再开讲

无效的沟通，过程中不愉悦，结果没落实。家长、老师对孩子进行了批评教育，孩子据理力争，猛烈反抗，师生冲突、亲子冲突爆发；或者，孩子不反抗，静静听了，但后续没有任何变化，等于全都没有听进去。

采取批评教育方式的老师和家长，初衷是好的，希望自己所进行的指正能够对孩子有所帮助，改正孩子的错误。但简单、直接的批评指正，效果真的不怎么好。

我们该怎么办呢？试试以终为始，改变内容及方式、方法等，确保实现所想达到的目标。

（一）教师篇

举个例子吧。比如说，老师觉得孩子写字很潦草、不好看。我们直接指出来：你的字写得太潦草了，你的字写得太丑了。我们还直接提出：请你工整书写，请你认真书写。但是孩子还是不能做到。可见，虽然我们说的这些话很明了，但却没能实现促孩子改进的目标。有位老师为了使得学生字能够写得好，坚持口头和书面表扬相结合鼓励孩子。我向她借鉴，改为多鼓励，有几位学生的书写改进了。因此，我们要调整说话的方式、说话的内容，使得我们的目标能够实现。

再举一个例子。比如说，学生上课不好好听课，趴着睡觉。不少老师会点名提醒，叫出去批评一顿，这是最直接简单的方式，但学生好像并没有多少改变，该睡觉还睡觉，还是不听课。如果老师用比较严厉的方式再加上惩罚的话，学生可能会略微有一点儿收敛。我们最终目的是希望学生能够不睡觉，且要有所学、有所得，那我们应该怎么办呢？我们不妨真心关心学生，与学生好好聊聊，了解他为什么会想睡觉，也表达我们对他的期待与对他睡觉的担心，然后一起探讨后续如果课上想睡觉，可以采取什么措施来让自己保持清醒。

当看到学生的问题行为时，哪怕类似的行为已不止一次出现过，我们都不要图简便而简单提醒，不要图痛快而粗暴批评，要摒弃这些没有效果的沟通。我们可以改为多进行正向的引导，指明他们可以达到的美好；改为引着他们思考和表达怎么解决问题，需要我们什么帮助。我们的沟通是朝着一起解决问题来的，指向不断进步成长的共同目标。

（二）家长篇

家长觉得孩子比较懒，常直接批评孩子懒，也多次提醒要做作业、要做家务，孩子却不为所动。怎么办呢？家长不妨以最终能够使得孩子行动起来为目标，试着改变交流的内容和方式、方法。

孩子不写作业，家长可以跟孩子交流一下：为什么不做作业呢？问题在哪里呢？做作业是谁的责任呢？不做会有什么结果？为了把作业做好，要做什么事情呢？学生为什么要做作业？不做作业，你有什么别的替代方式呢？可以跟老师怎么沟通呢？既充分了解孩子的需要和情况，也引导孩子一起围绕目标进行调动主动性、致力解决问题的思考。

每个成员都要对家庭尽一份责任、贡献一份力量，因此，最好孩子也能做点儿家务。如果孩子抗拒做家务，家长可以先跟孩子交流：为什么我们要做家务？做家务对彼此有什么好处？然后与孩子商量他们可以做的活儿，商定后就必须如约履责。要正面管教孩子，确保大家一致通过的原则得到有力的执行，根据具体情况具体指导及跟进：假设孩子不会打扫，那就教孩子打扫；如果孩子是不愿意打扫，是拖延，那么不妨给孩子限定时间，希望孩子在规定时间内打扫好，以追查最终呈现的结果为准。如果还有别的问题，那么便一起再协商改进方案。

除了沟通内容和方式、方法的改变外，有些家长还须改变对孩子的观念和态度。不少家长在自己的工作领域非常优秀，跟同事、顾客等都沟通得很好，与孩子的沟通却常陷入僵局，进而认为跟孩子没法沟通。为什么会这样呢？第一，可能是他们没有给出足够的耐心、匀出足够的时间来跟孩子慢慢交流；第二，也是最主要的，可能家长只把孩子当成自己的孩子，没有把他当成独立于自己、跟自己平等的存在。当我们尊重对方，把对方当成一个独立个体的时候，我们就会用心地去思考怎么样才能够说服对方、帮助对方。本就善于沟通的家长只须转变思路，除给予孩子必要的管教和约束之外，真正把孩子当成一个跟自己平等的存在，用心去呵护、关怀、帮助孩子。

凡事预则立，不预则废。认准目标并提前做好准备，交谈过程中也以我们所要达成的目标为始终，调整沟通的内容，采用合适的方式方法，我们的沟通就能够触动孩子的内心，过程与结果都和谐，最终实现共赢。

第五章

温润有力地引领学生之个别交流

做让学生走向自信的教育

中考前夕，我按照惯例让学生写下对身边家人、老师、同学的感谢。

学生上交的感谢信中，我欣喜地看到心如写的一段话："我很感谢郑老师。小学时的我，存在感极低，特别腼腆、胆怯、不自信；但上初中以后，我开始变得阳光、开朗，敢于表现自己，也树立了自信。而这一切，都是郑老师教给我的。所以，谢谢您，郑老师。"

中考结束后，我请心如梳理出自己变得自信的过程。我想知道，她成长进步的轨迹是否与我所进行的教育及我的预设相一致。

心如的梳理令我更为欣喜：她变得自信，确实与我有意为她创设的锻炼平台以及我自然流露的对她的赏识、鼓励密不可分。

心如写道："我记得，我的第一份自信，源自一节语文课。郑老师让我们朗诵一篇课文，我站起来读了一遍，坐下的时候，郑老师说我的朗读很有力。这是不自信的我收到的第一份来自老师的表扬。因为这一次朗诵，我得以代表班级参加年级的朗诵比赛。虽然最后的结果不够理想，但不可否认的是，它推动我在树立自信心的道路上前进了一大步。"

那一句对心如朗读的赞许，在她身上竟起了这么大的作用！其实时隔近三年，我已不记得当年课堂上曾说过那句即时性的评价。幸运的是，我始终做到由衷地、自然地肯定学生，后续还会给予他们相应的锻炼平台，促其成长。

（三）看见彼此，感恩彼此

每学期结束前，我们的班级总结是让学生写给至少三位同学有具体内容的感谢，写给一位感动班级人物郑重的颁奖词，借此让学生看到并感恩彼此的付出与美好。我会将所有学生的感谢和感动班级人物颁奖词进行整合处理，或者公示到 QQ 群，或者做成美篇，让学生和家长都看到他们在这一学期里的付出与收获、进步与成长。

班里的"学霸姐姐"小琪，常被同学们写入感谢词中：不管什么时候，同学问的问题，她总是耐心细致地帮忙解答；鼓励陷入学习困境中的同学，告诉她只要坚持奋斗一定会有收获；犹如标杆，激励大家一起前进；交流时能帮忙疏解烦忧，让人感觉很轻松。考勤员小南、劳动委员小畅、班长小洋、文体部小同和小齐等，他们三年如一日高质量地履责，带给了班级和同学诸多美好，每学期都被不少同学写入感谢和感动榜。

虽然隶属于学习方面的第一梯队，却因不善与人交往而一度选不好组员的小林，后来也陆续收获了同学的感谢：给小组带来了不少欢乐；执着地赠送巫同学生日礼物；有问题问他，不会再随意敷衍，而是仔细地看完每一道问题再回答。曾经因故意不学习、说话做事颇为怪异而被大家所不喜欢的小龙，到了初三改变巨大，也开始收获了一波赞美：在理科方面，尤其是化学方面，教了同学很多，还自己组题对同学进行网上教学；化学科代表的工作特别认真负责。

学生们各美其美，老师则想办法让他们的美好被看见、被推广、被放大、被促进、被铭记，慢慢地，漠视、鄙视等都会消失，美好是班级和学生间的主旋律，大家美好与共。

（本文发表在《班主任》2020 年第 2 期）

助潜力生走向优秀

中考三天，每天出发前整队、清点人数，回到宿舍后清点人数，都是班长丹和副班长辉负责。丹负责女生，辉负责男生。人到得差不多时，他们会张罗着让大家赶紧入列、排队，他们迅速清点人数，并第一时间告诉我情况。在此过程中，他们不时会呼吁并排走的人排好队。

考试最后一天的中午，有7位男生迟到，眼看倾盆大雨将至，大部队先走，留下辉等他们，再与另外两位老师一起过来。临走前我跟辉说："你断后哈。"到达后几分钟，我找个合适的位置观望他们，7个迟到的男生陆续抵达，随后两位老师也到了，辉最后一个到——他确实做到了断后。

最后一天返校时，因为车辆问题，两个班必须打散开来坐，丹一直在她所坐的那辆车上主动清点人数、安排入座等。辉坐在两个班混合的车上，问询我还要不要清点人数，待我告诉他由教学处主任负责汇总所有车辆上的人数，他才放了心。

班长丹和副班长辉都是上学期开学初选拔任用的。丹初二结束时学业成绩只是中上等，其他老师口中的辉似乎也没有很靠谱，但用人不疑，逐渐委以具体的责任，持续给予信任、提供锻炼平台，使他们明确责权并不断优化工作。他们慢慢发展成为学习较投入、责任意识和办事能力渐强的优秀生，领悟力不错的他们在学业方面的努力和成绩也基本保持在班级前列了。

初中生很容易受同伴的影响，因此，团队中更加需要能够起到正向影响的优秀生。当品学兼优的拔尖者已主动或被动地离开，留下普通的大多数时，我们需要将部分普通学生培养成优秀学生。这一学年所支教的学校，正是这样的情形，任教初三两个班语文并担任初三（2）班班主任的我，便开始着力将其中有潜力的普通生培养成优秀生的工作。

具体是如何操作的呢？接下来结合着丹和辉的实例来具体讲述。

（一）履行职责，优化执行

丹主要负责对接学校面向班级的相关事宜的通知及落实，集会时清点女生人数，安排座位（隔周组位移以及重组时的组织安排）等。辉主要负责清点男生人数，去邀请未及时到班的老师，离开教室时关闭灯、风扇等，统计并处理同学的迟到问题等。与生活相关如卫生、财务、安全等事项，则由素来认真负责、高质高效的生活委员欣负责。

丹最初排座位时会过来问询可否不按预定的规则，比如可否整组都是女生，可否组员里有同号数的。我告诉她必须按规则来，且唯有这样才是对大家公正公平，她便欣然接受，并去与同学交流好。排好座位后，要写座位表，以便老师们辨认学生，有时她会忘了写，提醒后便赶紧补上，纯手写版。最后几周看她有些忙不过来，就请负责多媒体和讲台的洁帮忙写座位表。班级标语、口号等，告诉丹何时要，过些时候，她便会过来告诉我大家选定的口号和标语。

最初迟到的学生有点儿多，辉习惯到周三我负责晚修时把那些不按要求接受小惩戒的迟到学生名单给我。一看有那么多人未接受惩戒，便知道辉并没有想办法去抓落实，缺少了每天的追查追责，即便每天记录，迟到者也不会变少。于是，我建议他每天想办法去落实惩戒，坚决不配合的迟到者，当天就要告诉我，由我去处理。周三晚自习也刻意给些时间，让他去进行惩戒的追查与落实。经此调整，他的执行力增强，迟到的人锐减，且多数学生在发现快迟到时，会赶紧奔跑起来。辉负责的几个事项，一段时间后，都主动积极去做到位。

（二）学业为重，持续加持

丹和辉学习方面有潜力，也有为自己将来打算的念头，因此谈富强、谈目标的主题班会对他们都有一定的影响，尤其是丹，她与妈妈都已经开始关注最弱的英语科目的提高。在辉妈妈来办理贫困生补助手续时，了解到辉的姐姐读的是一年学费要两三万元的大学，于是我特意私下与辉交流，认可他的潜力，并鼓励他用心努力让自己可以入读一年学费几千元的更好一点的大学，成就自己，也为家庭、为父母作出更具体的贡献。

因为执教所在的这所村镇中学太多文化课方面积贫积弱的学生了，科任老师看到那么多不跟着学习的学生，难免会有些灰心。所以，我将丹、辉等在内的学习潜力生的名单发给科任老师，建议大家重点关注和帮助这些潜力生。平常课间、每次考试后，都会不时与科任老师们聊聊这些学生。数学、物理、化学老师和我同一办公室，他们都很用心根据学生的基础等情况备课授课，也常看到潜力生来向他们问问题，因此学生们在原来疲弱的基础上都有进步。丹的英语，在她的不懈努力和英语老师的助力下，英语由原来的二三十分进步到中考时八十几分。

做好互助方面的思想工作后，建议他们用心帮助组内更弱的同学，也提倡同学间互相切磋以取长补短，携手前进。此前就热心帮助同学的欣和梅也证实助人确实是利人利己之事。于是，小组内及小组间的互助都开始实实在在地运作起来。常可以看到辉、丹、欣、鹏、坤、梅等互相切磋学习中遇到的问题，有时隔壁班的乐等也来交流。丹组的作业向来交得很齐，而辉他们组的阿诚本是不做作业的，在辉的监督下，阿诚的作业基本都能写过来。后来不少科任老师表示我班里好学的学生较多，形成了一定的良好氛围。

我所任教的语文课，课上有意多让他们发言，多与他们互动。注重抓实他们基础知识的过关，抽查、听写等活动常让他们上台。他们的作文若写得好，便向全班展示、表扬；若没写得那么好，除了评语中给建议，也私下再与他们进行交流。丹和辉的语文，我自己改卷时有过两三次100分以上的。可惜辉和丹不如欣和梅那么踏实和主动，尤其是辉，虽然情绪管理方面进步了很多，但他还是比较容易急躁，常会觉得作业多，字写得潦草，认为掌握差不多了就不再仔细复习。因此，两次联考联改，他们的成绩不够理想，丹得 90 多分，辉才 80 多分。学习方面要能保持踏实与主动，才能最终走向优秀。

（三）多维促进，相机引导

根据他们的能力和特长等持续提供给他们多维的锻炼平台。比如，丹大方阳光，声音洪亮，朗诵与主持都可以，于是推荐丹担任学校文艺汇演的主持人，并培训她朗诵舒婷的《祖国啊，我亲爱的祖国》去参加演出；学校的中华经典诗文朗诵活动中也推荐她去参加。丹和辉能写出佳作，便推荐他们参加学校的作文比赛。

作文比赛在中考在即的 6 月举行，丹和辉觉得耽误复习，写得颇为应付——书写潦草，字数不够。最后，他们的作文还不如初二用心的参赛者。本是想使他们发挥优势，增强自信心，为自己和班级增添点儿荣誉，没想到他们却应付了事，这样一来，倒让我发现了他们认知和心态方面待引导矫正的部分。于是，我对包括他们俩在内应付的几人进行了一对一的引导，建议他们要珍惜别人的信任，珍惜展示的平台，用心对待每一个难得的机会……后来现场书法比赛，因书写不够好而持续练字的丹临时被拉去参赛，在有十几人没获奖的情况下，她获得了三等奖。

我相信他们是优秀的，持续给予机会、提供助力，使他们逐渐优秀，渐渐地，他们就真的优秀起来了。虽然他们还有这样那样的小问题，但相比之前，各个方面都进步显著，他们已成为我的得力助手，随着所履职责完成得越来越好，他们责任感、归属感更强了，收获满满的自信心与成就感，以及同学的认可和尊重，成为班级的领袖人物。

中考后，丹考入县里最好的高中，辉入读县里排第二名的高中。

（2020—2021 学年支教村镇中学时的教育故事）

我的情绪我做主

——引导学生用非暴力沟通消除负面情绪

【案例描述】

看到教室地板上仍有些细小的垃圾，我便让负责扫地的小 A 抓紧时间再打扫一下。小 A 一听，立刻瞪眼，愤愤地嚷道："怎么又要我去！我刚扫过的！好烦啊！"他心不甘情不愿地慢慢起身，拖着犹如千斤重的腿去拿扫把。扫把在他手里左扬右撇，垃圾被他扫得四散开去。那么点儿垃圾，他足足扫了 5 分钟。末了，他恨恨地把扫把和簸箕砸回原处，嘟嘟囔囔地回了座位。

小 A 平时也是负面情绪爆棚。不管遇到什么事情，他第一反应基本就是抗拒、厌烦、抱怨。连唯一有点儿兴趣的体育锻炼也隔三岔五地称腿疼不上场。他以前做事就总是心不甘情不愿，基本都在敷衍应付，导致过程和结果都不理想。面对挫败，他又怨天尤人。恶性循环之下，他更不乐意做事，也不认为自己能够做成事。小 A 的问题待解决，而他需要深入系统的引导。

在课题研究驱动下，我反复细品美国马歇尔·卢森堡博士的《非暴力沟通》，发现非暴力沟通方式不仅适用于与他人沟通，也适用于与自我沟通。我决定借扫地事件这一教育契机和小 A 好好聊聊，教他学习用非暴力沟通方式理性地与自我沟通，去除负面情绪，逐渐平和、主动、积极，为自我赋能。

【理论分析】

美国马歇尔·卢森堡博士提出的非暴力沟通方式，以观察、感受、需要和请求为人际沟通的四要素，鼓励真实地表达自己和关切地倾听他人，使人们情意相通、和谐相处。我发现非暴力沟通方式不仅适用于与他人沟通，也适用于与自我沟通。

在采用非暴力沟通方式与自我沟通时，可以侧重做好以下三个方面。

第一，当因某事而很愤怒时：一要说出自己的观察，即所看到、听到的令自己气愤的内容；二要表达自己的感受，此时是愤怒；三要说出自己内心的真实需要；四要向对方提出自己的请求，如果愤怒难以自控，可以先离开或叫暂停。

第二，当为"不得不"去做某事而烦恼时：一要摒弃"不得不"做某事的观念；二要改为"我选择做某事，因为我需要做它，我想要如何，而它恰可以满足我这方面的需要"。

第三，当自己为该做好的事没做好而难受时：一要观察自我的感受；二要明确自己未满足的需要；三要想办法采取合适的方式，尽量满足自我的需要。

【教育过程】

（一）对自己愤怒的理性思考和表达

在与小A沟通时，我同样用非暴力沟通方式，平和地说出观察和感受："刚才你得知又要扫地，你很生气？"

小A似乎还在气头上："对啊，我才刚扫过，又要我扫。"

"把地板彻底打扫干净并保持干净，是扫地的人的职责所在。"我客观说出原则，明确小A作为扫地者的责任，不让他觉得自己被老师针对了。

小A怔了一下，说："好吧，但我就是不高兴。我刚才是扫了的，不知道谁又扔了垃圾。"

此时他情绪已缓和了些，应该能听得进理性的分析和疏导，我便开始对他进行情绪管理方面的引导："你说的情况我了解了，但如果用泄愤的方式说怨言，只会激化自己与他人的矛盾。你可以愤怒，但要学会理性表达愤怒。"

见他不说话，我接着说："美国马歇尔·卢森堡博士在他的《非暴力沟通》一书中告诉我们，如果你真的愤怒到难以自控的话，你可以先离开或暂停，控制住情绪，也控制住场面，避免说出的尖锐话语伤了别人。"

小A点头道："好吧，下次如果我太生气，我就先走开。但就算我走开了，问题还在，怎么办？而且如果我直接走开了，别人不会生气吗？"

我继续说道："只是暂时走开，并不是要逃避问题。为避免别人以为你故意不合作，你可以先告诉对方'我现在很生气，想先离开一下，待会儿再谈'。待到愤怒可控了，你可以再试着用非暴力沟通的表达方式与对方交流——首先说出你的观察，即所看到的、听到的令自己气愤的内容；接着表达你的感受，如愤怒、不悦等；然后说出你内心的真实需要；最后向对方提出你的请求。现在请你试着用非暴力沟通的表达方式把你对扫地的愤怒重新表达一遍吧。"

不管是对外沟通还是对内沟通，学习好技法后都要进行练习，才能尽快学会并真正掌握。

此前班会课上，我也向学生们分享过马歇尔·卢森堡博士的非暴力沟通方法，并请学生当场进行演练，通过练习巩固强化。

"我试试。"小 A 说，"听到老师又要我扫地，我有些生气。我明明已经扫过地了，转眼又有了垃圾，真讨厌。这些垃圾该由乱扔垃圾的人清理，不应该是我。我不想再扫，我希望由扔垃圾的人去扫。"

看来，小 A 已经学会了理性表达自己的想法。

（二）化被动为主动的思考与表达

仅仅让小 A 学会理性表达还不够，还必须帮助他转变心态，在面对不得不去做的事时能够化主动为被动，不再被负面情绪支配。

我继续引导他："听到你理性表达自己的愤怒后，我会体谅你，而不会像之前听到你的抱怨后想要责备你。后续我会处理打扫过后还有人乱丢垃圾的问题。如果乱扔垃圾的人暂时查不出，但卫生检查在即，地上不干净的问题必须马上解决，还是需要请你再打扫你的劳动区域。该做的事，与其心不甘情不愿，不如想想怎么才能让自己高兴地去做。"

小 A 皱起了眉头："很难啊，我不知道该怎么想。"

沉浸在不悦中的人很难走出自己的情绪，有时别人也难以劝动；唯有自己转变观念，才能彻底走出不悦情绪的泥淖。

如果顺其自然，可能会是许久之后的顿悟，但如果学会使用非暴力沟通中化被动为主动的思考和表达，转念便可以在一瞬间。

我告诉小A："很多该做的事是我们本不喜欢的，如果不想一直不高兴，就要学会转变观念，化被动为主动。对此，我们可以用非暴力沟通的方式，把'不乐意去做'这一被动思考转变为'我选择去做该我做的事'这一主动思考。先明确该做的事可以满足我们某方面的需求，然后在心里对自己说：'我选择做它，因为我需要做它，我想要满足某方面的需要，而它恰可以满足我这方面的需要。'小A，请你试试用这种方式再重新思考和表达一次吧。"

说罢，我又把表述的那句话复述了一遍。

小A几乎是脱口而出了："我选择再去扫地，因为我需要扫地，我不想被老师批评。我把地扫干净了，老师就不批评我了。"

如果是基于"不想被老师批评"的需要，那么扫地还是迫于老师的压力而不得不去做的事，并没有激发出小A的主动性来。

于是，我提醒他："不想惹麻烦，也不错，但你这样想，还是老师让你去扫地，不是你主动想去。不要想别人，只想你自己，再想想扫地能给你带来什么美好的体验？对你有什么好处？"

小A思考了一会儿说："我选择再去扫地，因为我需要扫地，我想把我负责的区域打扫干净，把该尽的责任尽了，然后就可以轻松地去做其他事，再去扫地可以满足我这方面的需要。"

说完，小A浑身上下似乎也透着想通透后的轻松。

我欣慰地点头："小A，你说得太好了。以后再遇到不乐意做的事，就借助这样的思考和表述方式来调整心态，化被动为主动。"

（三）不推卸责任及自责的思考与表达

问题出现时，小 A 总是习惯把责任推给别人，想当然地认为那都是别人的错。

因此，我还要引导他改变思考模式，聚焦解决问题，通过自己努力改变现状。

我继续说："即便我们尽心尽力地做事，过程和结果却也不见得会尽如人意。比如，刚才你重新扫地时，如果你确实认真用心地扫了，却还是扫不干净，你会怎么想？"

小 A 立马回答道："不是地面有问题，就是路过的同学有问题，不然怎么会扫不干净？"一如他惯常的思考逻辑。

我不评价，而是继续追问："这样想，你心情如何？"

小 A 又微皱起眉头："这地面是真的很难扫干净，乱扔垃圾的人也真的是很过分。不过呢，既然是地面的问题、别人的问题，那扫不干净，我也没办法。"

我顺着他的话往下说："如果地面依旧不干净，别人看到，会觉得你没能力，连那么点儿地方都扫不干净。如果你习惯把责任推给地面或他人，自己便不会再努力想办法打扫好，久而久之，你就会真的觉得自己很无力、很挫败了。"

小 A 沉默了一会儿，问道："所以，地本身的问题还是要我来解决，对吗？扫不干净，都怪我？"

见他可能要转为过度自责，我忙开导他："事情没做好，责怪他人或自己都于事无补。厘清真相及各自的责任就好，不要怨天尤人，不要推卸责任，也不要过于自责。当该做好的事没做好时，我们可以先观察自我的感受，然后明确自己未满足的需要，最后想办法采取合适的方式，尽量满足自我的需要。这还的。老师，正当防卫是受保护的，对吧？"我强调："只能是正当防卫，不宜防卫过当，更不能事后报复啊。"

他们都点头称是，觉得问题都解决好了，便问我可不可以离开。我留住他们说："还有事需要你们去做。知道是什么吗？"他们很茫然：打架是两个人之间的事，两人已经冰释前嫌，还有什么要处理的呢？他们没意识到：在公众场合大打出手，会给公众带来危害。

我提醒他们："本来大家安安静静地端坐听课，你们突然打起来，好多桌子差点被你们掀翻，周边的同学都陷入恐慌。陈老师担心你们打伤，还到离你们很近的地方劝架。陈老师怀着宝宝啊，如果不小心伤到了，可怎么好？"小王和小郭的脸上流露出了些许不安，头低了几分。

"那我们现在就去班上。"我边说边带着他们往教室走去。我向全班简明陈述情况，问大家："对小郭和小王，大家还有什么话想对他们说吗？"小田起立道："他们打起架来，整个班乱七八糟的，我们快被吓死了。"旁边的几个女生也发出了不满的声音。这正是我希望让小郭、小王听到的。我盯着站在旁边的小王和小郭，说道："是啊，打一架看似出了恶气，但问题并没有解决，反而遗患多多——在人员密集的公共场合里任性对打，还可能伤及无辜、危害公共安全。"小郭和小王有点不好意思。

我问大家："他们已经知错，想向大家道歉，你们接受吗？"大家同意。他们俩依次上台，诚挚地对大家致歉，也保证再也不会发生类似的事件。两人的"对不起"，说得很真诚，鞠躬接近90度。

希望经由此事，学生们也能有所教益，我继续说道："打架事件处理完了，但生活中，人和人难免有矛盾，我们要从中汲取教训，避免有人重蹈覆辙。大家说说，我们怎么做才能让冲突不爆发、打架不再现？"

班长说："别人给的东西，你不接受，那么东西还是别人的。不好听的话，可以当作听不见，没必要上火发怒，甚至打回去。但如果实在不高兴，还是要让对方知道我们的态度，不能放任他们肆无忌惮。"

当事人之一小王说："就算别人再三故意激怒我，即便是叫我打他，我也一定不能真动手。忍一时风平浪静，退一步海阔天空嘛。"

纪律委员说："意见不合就着急上火，解决不了问题，过后冷静下来再去沟通交流，一起寻求解决方案。说话、做事前，还是多考虑一下旁边的人吧，公众场合尤其不宜任性而为。"

我总结道："很高兴看到大家都能较为理性地思考与表达。小郭、小王已从这件事中汲取教训，大家也都有所领悟和成长。在与人相处的过程中，我们要心中有人，好好沟通，理性地对待问题，冷静地处理问题，避免有意或无意伤人的情况发生。"

此后，直到初三毕业，全班没再发生过任何打架事件。

与上课偶尔睡觉的他聊聊

上课睡觉被年级和班级严令禁止后，开学以来四天，只有东在上课时趴下几次。重新接回班级时，不止一位老师反馈他在初二时经常上课睡得很厉害。他已经取得了很大的进步，但是如果都能不睡觉就更好。

自习课上，我找到也适合他的时间，找他到教室外来交流，开门见山地说明要探讨攻克他上课睡觉的问题。东说："我已经尽力不睡觉了，现在也好很多了，只是偶尔睡一下。从小学开始就很容易犯困，也不知道是怎么回事。"我说："我看到了，你确实进步很大。但怎样才能够不再趴下睡觉，而是充分利用好每节课的时间呢？"

此前曾在课前和全班学生说，如果觉得自己上课可能听不进去，导致要趴下睡觉，那可以提前和老师交流，问老师要些简单点儿的学习材料，自己学起来。当时看到东的眼神里有惊讶，似乎是在说：这也行？

199

堂中存在的问题。课堂上是允许他进行辩解的，他当时就置辩，说他不觉得自己在唱歌、在说话。所以当时我们就建议周边的同学：以后听到小新唱歌、说话时，第一时间制止；如果小新不接受制止，就举手请老师来管一管。我曾问过一位科任老师，她说她并没有听到小新在唱歌，但周边学生却认为已不堪其扰。所以，建议被困扰的学生主动举手请老师帮忙。

课堂上，小新愤愤地说："别人都没问题吗？你们就是只觉得我什么都不好。"我立刻把小新的优点、做得好的大部分都说了出来。我说："你在别人复习时，主动选择帮忙打扫卫生；你特别热心帮助别人；午餐时候的垃圾也都是你去倒的；你懂得提前规划，把要换的衣服鞋子都提前拿下去。我们没有要针对你的意思，只是你太典型了，以你为例，一起商量如何更好地保障课堂效果。"当时小新没说什么，神色也挺平和。

但隔了两节课，我再次听到小新觉得所有人都认为他不好。我当即再次纠正他："并不是这样的，早上我在说你的问题的时候，也说了很多你的优点，我们并没有觉得你都是不好的。"但是小新还是比较颓丧。

我们一起走出了小房间，走出了教室，走到了楼梯口。我问："你心里这么不舒服，情绪这么不好，要不要去心理老师那儿坐一坐？"他摇着头，说不用。

我说："那我就再陪你走一走，我们聊一聊。"我们继续下楼梯，小新边走边说："我妈妈也说我一无是处，无可救药。午休午餐这两周被停了，她更觉得我什么都不好。"小新在说到妈妈觉得他一无是处的时候，眼泪都下来了。

原来他内心最在意的、最根本的需要，是被人看到、被人重视。但是，他又错误解读了家长和老师的意思。老师们去找他要作业，其实就是因为在意他、重视他，只是他误以为老师们嫌弃他，不喜欢他，于是负能量有点儿多，压力太大。

我赶忙向他解释说："你妈妈的说法是有问题的，你暑假作业每天都认真地完成了，对吧？老师们找你、问你要作业，正是因为觉得你还有得救、有得帮，并不是觉得你一无是处。老师们都没有放弃你。如果你觉得你妈妈对你产生了这样的误解，需要我发信息告诉她的话，我待会儿就跟你妈妈说说你做得好的地方。午休午餐暂停，并不是说你再也不能午休午餐了，只是借此让你更珍惜机会，遵守好班级和学校的规章制度。"听到我的分析、解读和表态后，他的情绪平复了许多。

看他情绪平复后，我开始进行情绪表达的引导。我接着说："我感觉你在我面前的表现还是比较好的，感谢你对我的尊重，但是我相信也希望你始终都能做得好，因为其实你知道怎么做是更好的。刚才你情绪上来就甩桌子丢椅子，这是合适的吗？"

他思考片刻说出一二后，我接着说："当你感到很难过、沮丧时，你可以发泄情绪，但要用不伤害别人、他物及自己的方式来进行。比如你可以击打不会让你受伤的东西，可以唱歌，可以跑步，可以写到笔记本上……以后不要用伤人伤己又伤物的暴躁方式了，你觉得呢？"小新点点头。

我们刚好走到了一楼，其他同学已经上了一会儿体育课。我问："体育老师看你迟到会批评你、罚你吗？"他说不会。我便让他奔过去上体育课。

事情告一段落。中间也就他所讨厌的被举报的事与他交流，进行了疏导。他觉得反馈问题没有必要，所以他从来不向老师反馈班里的问题。我问他："社会中违法乱纪者，比如那些无法无天的黑恶势力，要不要举报？不举报的话，人们的生活如何保障？社会的公平正义如何体现？所以，这些出于公义、为了大局的举报，是合情、合理、合法的，有何不可？如果你发现了，非常欢迎你来反馈。"反馈不良现象，成人有时出于自我保护等也很难做到，但勇敢的仗义执言的观念还是应该具备的；而如何维护正义又保护好自己，留待后续与全班再交流。

当天剩下的时间，小新的情绪状态都比较稳定。这周的后面几天，他的表现也都不错。这次沟通交流总计时长不超过 10 分钟，高效又走心，所用的是非暴力沟通的精髓。他在激烈的情绪中做出可能带来危险的不当行为，我当即制止了；随后，我没有过多责备他、批评他，而是关注到他的情绪，探寻他的真正需要，纠正导致他情绪爆发的错误认知，也引导他后续理性地发泄情绪。

在教育中用上人本理性的沟通法，如非暴力沟通等，能使得班主任工作高效专业，使我们温润有力地助益学生成长进步。

爱翻白眼的他

他翻白眼了。刚才还在那和同学乐滋滋地聊天，问他"关闭多媒体了吗？"他想当然回复说关了，其实没有。我让他写个确保不会忘记的对策来，他立马沉下脸，同时狠狠翻了个白眼。

这令人不舒服的白眼，如此熟悉。时隔一年不见，他不高兴、不认同，还是马上沉下脸来并送上一对白眼。初一时与他家长交流时了解到，他在家里也常是如此。自己不满，就用白眼反击，然后不了了之，并没有真正解决任何问题。

不管是哪种人本的育人理念和方式，都认为在教育孩子时，不能只强调和善，对孩子伤人的错误要给予立场坚定的制止和矫正。心中不满就对他人频频翻白眼，肯定是不合适的。何况家长、师长本是善意地提醒他，本就该得到基本的尊重，他却一再给白眼。这家伙，有待调教。

（一）挑明"白眼"问题，进行初步指导

某个周五下午的课间，他的一些举动被同学投诉为不雅。我回到办公室透过监控看，确实不雅。我叫住了他，跟他说："你要注意与同学玩的时候的动作尺度。"

他一听，立刻不满地叫嚣着："怎么了？有什么问题？"连翻了三四个白眼。

看他这样，我便扬了扬手机，对他说："我真该给你拍个视频，让你看看你是什么表情。"

他大概以为我要拍他，愠怒地质问："你要干什么啊？"便又翻了个白眼。

我冷静地说："我又没拍，你急什么？对于不雅举动，在你看来是与同学正常玩闹，但别的同学已经觉得不雅并反馈了过来，可见你的行为是有一定问题的。"

他又翻了个白眼，嘴里似乎发出不屑的"呲呲"声。

我憋着火，继续说："动作亲密过了度，就可能出问题，不管异性还是同性。现实生活中，校园内发生猥亵事件也是有的。我们这些旁观者都觉得不合宜，当事人是不是也该好好反观自身？如果你还是不认同，找时间来看监控回放，从第三者的角度客观地看看。我们也可以去问问另一个当事人，看他是不是真的愿意和你这么玩。"

他不置可否。

我接着说："现在来说说你的微表情吧。你知道到现在你翻了几个白眼吗？"

他又习惯性地翻了个白眼，愤愤地说："我哪儿有？"

我笑道："你又翻了！这就是刚才为什么说要拍下来给你看啊！你都已经习惯到不自知了。你以为翻白眼就是表态了？但这种表达方式，让人不痛快罢了，别人不见得真能解读出你的真实想法。你打工时、工作时对上级领导、对顾客翻个白眼试试，这工作还要不要做啊？"

请他找出替换"白眼"的方案来，他不出声。

我继续说："不管你认同不认同，别人说话时你先好好听着。有则改之，无则加勉。如果不认同别人的观点，你可以听完后理性地表达出来。就像我们现在的交谈，你可以在听完后跟我说你不同意我说的哪些内容，没必要一再翻白眼。"

这段话后，他没再翻白眼。

教师大会马上要召开，我与他的交谈只能先告一段落。最后，我跟他说：

建议她看好后试着用起来。家长立马购书，并开始阅读及使用。

我持续关注、跟进指导，家长改变方法、协同教育，此后再面对与他观念不相吻合的提醒时，几乎没再看到他翻白眼了。课上没跟着学习，提醒他时，他不会像过去那样爱搭不理、拉长脸又附送白眼，而是会轻轻点头，并摸索出笔来划拉两下。

他的态度是温和了很多，与同学推搡、玩闹也少了，但劳动不够积极，学习没跟紧，该做、该交的也没做、没交。看来，内心里还有没疏通的部分，不翻白眼恐怕只是有意控制外在神态的结果。

如何进行走心的教育呢？我再次与家长交流。家长说："这孩子心气儿挺高，目标也很远大，想考市里八大名校呢，可就是不够努力。"

于是，我又找了个时间与他聊聊。我肯定了他这段时间来表情管理的进步，然后跟他说："真的积极、乐观、上进的话，学业等方面应该不只是现在这样。听说你有远大的志向，那得思考如何才能实现志向，对吧？"

他听我说到他的远大志向时，瞪大了眼睛。我解释道："因为看到了你待人接物的进步，也看到你识记、理解的优势，认为你很有潜力，所以希望能多帮你一点，便与你家长交流了一下。有远大志向是好事，只要掌握正确的方法，用心努力，远大的理想就能够实现。但咱们得先把心态、状态调得更积极点，分内事要积极主动用心做好，分外的利人利己的事也多试着去做。"

我没有说他做得不好的方面，只说他可以做得更好的部分。聪明的他听懂了，不好意思地点了点头。最后我说："需要老师帮忙的话，都可以来找老师。"

这番谈话后，我持续关注他，发现他又进步了：平常课上练笔、习题都懒得动笔的他，都会较为认真地写起来；中午饭前时间，他与同学相约去练几个引体向上；下午的课间，他常去找理科老师们问问题。充满热情地投入该努力的事情中，也真的积极乐观起来了，此前翻得非常频繁的白眼，这两三个月都没再出现，路上遇到老师，他还都会主动站定并微笑着敬礼、问好。

对爱翻白眼的他所进行的教育，隶属于《中小学德育工作指南》教育内容之五——心理健康教育。班主任不同于心理教师，与每个学生一对一的沟通时间有限，因此，交谈后不一定能达到让学生动心、动念，但每次交谈要让学生有一点触动、一点思考、一点改变。班主任还可以持续近距离地观察跟进，可以通过主题班会等群沟通的方式与学生交流，把心理健康教育落到实处，切实做起来。

改变"玻璃心"的易怒男孩

平常笑呵呵的阿诚，其实有颗"玻璃心"，有时一句话就能让他"心碎"而暴怒、狂飙。

与我的一次对峙，是因为我坚持要声称腿疼的他上场参加体育训练。此前有十几个人借口腿疼、脚疼等不上场跑步，于是与学生、家长商量好，如果没有伤筋动骨、不需要外出就医，就都要坚持上场锻炼。他突然怒了，大叫道："我休息一下不行啊！"说话的架势很凶悍，却已然慢慢起身。我更有力地回复道："好啊，休息好了就上场。"

某个周三，阿诚又说身体不舒服，要请假回家，但家长不同意，因为阿诚此前几乎每周都借口头疼、感冒请假回去两三天。妈妈在电话中对他的不舒服有质疑，他突然咆哮起来："你要等我死了，才让我回家吗？"眼泪也跟着喷涌而出。家长只好妥协。

有一次到阿诚他们宿舍，我闻到烟味，便脱口说了句："你们宿舍又有人抽烟了。"他突然狂怒道："抽烟的人走了，我又没抽烟，你骂我干嘛？"我平静地回道："你这次没抽烟，有进步，很好。我说的是你们宿舍，也没专指你，你对号入座干什么？而且，我刚才是在骂人吗？"

这些小事，他觉得自己情有可原，可别人说得不够准确或者语气重了，他就要暴怒、狂飙，真的是"玻璃心"啊。他有维护自己权益的意识，很好；但这样的应对方式易激化矛盾，又怎能很好地维护自己的权益呢？

班上像阿诚这样的"玻璃心"易怒男孩不止一个，我决定找个机会面向全班进行引导教育。

有一次，另一个"玻璃心"易怒男孩小 A 在老师讲课时，又故意大声叫嚷。我用更高的音量制止他："请你先不要说话！等我说完，你再说！"他很不高兴，大声申辩："你居然骂我！居然不让我说话！"我……刚才"骂"他了？

什么是"骂"？是时候带阿诚等"玻璃心"易怒男孩好好理解理解了。于是，我带着全班一起回忆刚才我对小 A 说话的内容、语气和用意，让学生判断："我有没有在骂小 A ？"大家得出一致的观点：我只是在严肃地给出希望他改进的建议，连批评都不是，更不是骂。经此理性的梳理，阿诚等人对"骂"的误解算是消除了。

我又进一步引导学生：要懂得透过别人说话的语气、表情等，把握对方真实的动机。懂得感知别人的善意，才能去掉那无益的"玻璃心"。我再结合孔子说过的"巧言令色，鲜矣仁""刚、毅、木、讷近仁"等，通过实例进一步解说，使学生明白好听的话可能多不真诚，还不如多听点质朴的、真诚的、没那么好听的话语。

最后，我特地强调："当别人给出建议时，可能话说得不好听，可能对自己存有误会，怎么对待呢？'有则改之，无则加勉'吧！有错，就改；没错，就提醒自己避免犯错，继续进步。"后续多次对学生们强调"有则改之，无则加勉"，使之成为学生对待批评建议时的应有姿态。

除了进行面向群体的引导教育外，我也在日常生活的点点滴滴中，感化、影响阿诚，用言传身教的方式使他习得并用上正确的应对方式；而他也渐渐能较好地控制住情绪，好好说话。

一次课上，我要阿诚跟着做笔记。他指着刚刚被批评而趴下的艺，问：

"艺没写，为什么我要写？"我心平气和地答道："我想让你变得更加优秀。你为什么要和别的同学比呢？你做好你该做的，不好吗？"阿诚听了挺受用，不再抗拒，缓缓地拿出本子写了起来。但隔了一会儿，阿诚又趴着不动了，我顺势拍了拍他的脖子。他抬起头时脸色有点阴郁，不满地嘟囔了句什么。想起有次他跟我聊到某位老师把他脖子捏疼了，他一改平时的嬉皮笑脸，竟掉下泪来。估计是我拍他的那一下，勾起了他的伤心事。于是，我赶紧诚恳地跟他道歉："对不起。"他愣了一下，阴沉的脸旋即挂上笑容。这堂课剩下的时间，他都尽量跟着学习。课后，我肯定了他情绪控制方面的进步，鼓励他继续努力。

我有时会故意带着他重温我们的互动、我所给予的包容和帮助，希望以公道公平为原则的他，也能公平地"回报"——更好地遵守课堂内外的纪律，多学点知识和文化。只是，由于长期厌学及各方面的"积贫积弱"，阿诚后续还是不时犯点小错。但再被批评教育时，他能够虚心接受并慢慢改进：因迟到要抄写某则惜时守信的名言十遍，他会写好，并尽量避免再迟到；没参加升旗仪式，要他面向国旗行注目礼并唱国歌，他照做了，后续几周的升旗仪式，他没再缺席过。偶尔被误会批评了，他也会过后再来解释。

下半学期，我与阿诚的沟通都较为顺畅，不管是在公共场合还是在私底下，他都没再出现任何因一点儿小事就暴怒狂飙的情形。有一次，阿诚看到有同学因严重违纪被学校停课，就来跟我说他也想被停课。我立刻劝他不要为了被停课而故意违纪，伤害自己，伤害别人；并告诉他，确实想休息一段时间的话，我们可以走正规的请假流程。他听进去了，而我也特地为此与他家长沟通。最终，他们一家人协商出了大家都能接受的方案。

（2020—2021学年支教村镇中学时的教育故事，本文于2022年3月3日发表在线上教育平台）

温润有力的教育下，抑郁女孩有好转

近年来得抑郁症的孩子渐多。2020年9月，我前往一所寄宿制的村镇中学支教一学年。我担任班主任的初三（2）班，丽丽被诊断为抑郁症。她能在我的引领下有所好转吗？我能如何帮助她呢？

（一）跟进中：第一学期的相处点滴

第一学期开学后不久的一天晚上，丽丽第一次抑郁症发作。她不跟任何人说话，包括她最好的朋友、她最喜欢的老师，一直不说自己为什么不高兴，只是一味想要回家。后来几次当她情绪不佳时，也是如此。因此，我们无从知道她到底为什么不高兴，她爸爸只是担心，也不知道她究竟为什么会如此，只能每次包容地同意她回家，从外地赶回来带她去就诊，买药快递到学校附近给她吃。

丽丽不愿意说令她困扰的原因，我也不去追问。虽然陆续从她家长、其他同学及她的作文等渠道了解到，可能是对离异的家庭有所不满，可能是觉得家人偏爱姐姐了，可能是她喜欢的男生与她渐行渐远了……我也选择避而不谈，只与她聊些应对之策。

第一学期有一次她和她的好朋友都情绪不佳，我在劝慰她们时说："花和人都会遇到各种各样的不幸，但生命的长河是无止境的。"她有些伤感地反问："如果有止境呢？"我忙说："只要好好活着，就可以无止境，就会有各种各样的可能。"她没再说什么，但眉头依旧紧锁。

说过的话，即便当时似乎没什么作用，其实是会留痕的。这学期培优班语文课，我把宗璞的《紫藤萝瀑布》选入，当我问大家这篇文章能给人最大的启示是什么时，她朗声读道："花和人都会遇到各种各样的不幸，但生命的长河是无止境的。"

一些待人接物和调整情绪的好方法，因为想着全班学生都需要，也不想让她觉得是刻意对她讲的，我会选择面向全班讲授与交流。比如班会课上，大家一起来学习非暴力沟通法，学生来练习把负面情绪转换为正面情绪的表达法。用"我选择做某事，因为我需要做某事，我有某方面的需要，而做这件事恰好可以满足我这方面的需要"来取代"怎么又是我""我不得不又要做这事了"之类的消极思考。当发生了令自己感到愤怒和悲伤的事，不要沉溺在悲伤与愤怒中，而要去深入分析和体会自己情绪背后真正的需要，然后用合适的方式来满足自己的需要。用积极的行动来实现自我，从根源处消除负面情绪。

第一学期还有几周才结束，她又因为情绪不佳，来请假回家，说再也不来学校了。她非常执着，一定要当下就走。第二节课课间，得知她爸爸同意她请假回去后，她立刻回宿舍收拾行李。我默默地陪坐在旁边，不多说话，只是确保她是平安的。过了一会儿，她跟我说："老师，我没事，你先走吧。"她是个聪明、敏感、重情义的女孩。于是，我便到阳台上等着她。我陪护她的这件事，后来被她写进了一次作文中。她的朋友曾经路途遥遥地帮她送药，也被她写进了作文里。

待她收拾好行李，回到教学楼，她的两位好朋友赶紧来拉住她的行李箱，劝她不要走，但她还是坚决地要离开。等到中午接她的人到了，她还是走了。

送她离开后，我特意向她的家长推荐了《理性情绪》等书及一些可行的做法，期许着除了药物治疗之外，她家长也能试着与她交流，帮她学会调整情绪之法。

（二）有变化：第二学期初的交流

第二学期开学初她果然没有返校。她爸爸帮她报到了，并告诉我开学初的几周要带她去他工作的地方找心理医生再诊疗一次。有学生则说，她说她不回来了，且她也已经从班级学生群中退出了。几周后，她还是回来了。我没特意去问她到底怎么回事，只是像对待其他学生那样对待她。

我和科任老师们始终觉得丽丽是学习的苗子。因此，不光我，办公室里的数学老师、物理老师、化学老师，不时会鼓励她、肯定她，希望她能够坚持学业。当学校开始晚修进行培优授课时，她因两次考试缺席而没被选入，但我们都推荐了她。随后，她便和其他潜力生一道也去上培优班的课，一切似乎又正常了。

直到有一次，她因情绪不佳而想请假回去，她自己说，这学期本来是不想来的。我便跟她说："你们有接受义务教育的权利，但也是你们的义务，不能想不来就不来。而且，你本是能够学好，努力了也能考到好高中去，为什么不来呢？不管你现在为什么而困苦，只有不断努力成就自己，让自己越过越好，才有可能彻底战胜困苦呀。"她不说话。

第二节课课间，她继续来请我帮忙联系家长。在劝慰她时，想到了曾经挽留她的朋友们，便说："为何要回去呢？家里又没什么人在？玩手机吗？学校至少还有好朋友呀。"她一直不愿意说困扰她的因素，但此刻她突然有些伤感地答道："可是好朋友也会有好朋友呀。"然后，她又不说话了。

她回家后给我发了QQ信息，告诉我这次情绪问题就是因为好朋友："说来话长，在学校不好说，所以就没说。"这也是从上学期到现在她第一次主动告诉我情绪变化的原因，算是不小的进步了。我回复她："相处之道，有很多值得思考和学习的地方。"与她的对话点到即止，以免她想太多，也免得对话中说到别人，又惹出他人的不快。

此前有一次我跟她说："拖着你多上几节课，就是因为觉得你可以学好，该多学点。不像阿诚，他不爱学习也学不进去，他来请假我会尽快帮忙联系。"没想到她竟把我这话转述给了阿诚，结果阿诚还跑来质问我是不是真说了这样的话，是不是对他有意见。好在与阿诚的沟通交流都很顺畅，我便笑问他："我说的是不是实话？"阿诚便也笑着走了。即便如此，我也意识到自己的失言，但丽丽的做法也不甚妥当。于是我便去问丽丽，为何要转述我的话。她有点儿讶异，瞪大眼睛说道："我就想刺激一下阿诚。"说罢，面露尴尬。我没再多说什么，我们又是点到即止的对话。

那次失言后，我和丽丽并没有疏远。因为并没有互相责怪，只是点醒而已，而似乎又因为彼此都出了小错漏，反倒让我们的关系近了一层。在这之后，我们的主要时间和精力便都用于应对体育中考。

（三）有好转：乘体育中考之好风

体育中考，丽丽报了篮球，全班唯一报篮球的女生。起跑，投篮，奔跑，再投篮，归位，全流程零失误，才花了 16 秒多。女生定向投篮只要 23 秒就是满分。一知道自己才用了 16 秒多，丽丽高兴得一跃而起，笑靥如花。

考前训练，男生们一次次请我帮忙计时进行模拟考试练习。丽丽站在旁边或是看着男生们投，或是在另一个篮球架前独自练习。终于说服她试投一次篮，耗时三十几秒，问题出在投篮屡投不中。她颇为懊丧，越发不敢再模拟考试了。

于是，我建议她先专门去练投篮，也告诉了体育老师她的情况。体育老师对丽丽很了解，虽然一边说她不用跟着男生一起来计时练习，一边也特意去她练投篮的球筐旁给予具体的指导。经过两天的练习，她投篮的命中率高了不少。再进行模拟训练时，23 秒可以拿下。

正式考试前，她反复说自己很紧张。我告诉她："不要想着考试，什么都不要想，就认真地奔跑、投篮，找回你最好状态时的感觉。"她应该是听进去了。正式考试时，她从容上阵，终于有了前所未有的运球投篮的成功体验。

这时候的丽丽，没有任何异常。过去一个多学期，在她没有被负面情绪困扰时，她学习以及参加各种活动，比其他同学更投入，她会是班级读书声最响亮的人之一，会是最积极思考和回答问题的学生之一，会是写作速度最快、写作质量最好的学生，也都会把该她负责的事尽心尽力做好。

但是，体育考完第二天下午，她来到我办公室："老师，我想回家。"我问她："有什么烦恼吗？班上有什么事影响你的情绪吗？"因为不久前，她因为好朋友与新交好朋友的事而情绪不佳，请假回去了几天，但她只是摇头。

我问她："还在吃药吗？还要用药物控制情绪吗？"她也摇头。于是我建议她："如果是这样，就坚持下来吧。明天就周五了。"听我如此说，她还是摇头，并坚持要我联系她爸爸。

丽丽先回去上课，我继续与她爸爸联系。丽丽爸爸为避免给学校和老师添麻烦，立刻就同意了丽丽的请假诉求。考虑到丽丽这学期以来的进步，以及此次确实没有什么困扰，我便跟她爸爸建议可以考虑不准假。

第二节课课间，丽丽再次来我办公室时，我给她听了她爸爸不准假的那条语音，跟她说，我接下来要上班会课，如果她坚持要请假，等课后再说。只是，她进班后便趴着。

班会课上的是社会主义核心价值观之自由主题。讲我国人民来之不易的自由；讲国家法律法规等保障我们的自由；讲我们的自由是相对的，必然受到法律法规、他人、时间、空间等的制约，《人权宣言》所写的"自由是指有权从事一切无害于他人的行为"，康德所说的"自由不是你想做什么就能做什么，而是你不想做什么就可以不做什么"。结合着学生的生活实际分析梳理，一节课热热闹闹、扎扎实实。

到课的后半段，我看到丽丽坐直起身了，不时还奋笔疾书。下课后，我问丽丽还要不要请假，她说不要了。

周五下午放学时，我问丽丽："下周还来学校吗？"她边走边回答："不知道。"上学期有一次她想请假而不得，当周是坚持下来了，但后面整周都让家长帮忙请假不来学校了，我有点儿担心她这回会故态复萌。

第二周周一早上，她出现在教室附近。她能坚持回来上学，颇令我惊喜。

接下来几天，她听课、作业等的状态都还不错。看来，她确实有好转。

中考前两个月，我去过一次她家进行家访，只有爷爷奶奶在家，浅聊了几句，便请她陪同我去周边的几位同学家。在校期间，我们的沟通互动不时进行，她没有再因为情绪难以自控而要求请假回家，她逐渐有所好转。不知是我所记录的这些有意的点滴影响了她，还是一些无意的言行触动了她？希望孩子向好，用心或无意地把生活中相关的点滴细节都做到位，我想，孩子会发生向好的转变。

（2020—2021 学年支教村镇中学时的教育故事）

217

第六章

给教师们的温润有力的教育建议

从手机处理说起，谈教育的专业化

老师被打被骂的新闻，不时充斥人们的眼球。个别家长非常不理性甚至违法乱纪的做法令人痛心疾首，也寒了老师们为学生的拳拳之心。然而，我们也不得不看到，有些老师在处理一些问题时，是不够专业的。

（一）手机来了，就没收？

孩子的手机带到学校，解决的方式难道只有没收吗？没收的目的又是什么？如果没收不是目的，那么为什么非得没收呢？有些没收发生在课堂，或者有些学生完全不能接受没收，结果闹出了谁都不愿意看到的轩然大波，甚至出现安全问题。而没收来的手机，对于办公条件本就简陋的老师而言，更是一个负担——曾发生过老师收来的手机丢失，最后自己掏钱赔偿的事。

近年来，智能手机几乎成了所有人的最爱，新闻报道中因为手机被父母收走或扔掉就跳楼的孩子不止一个。未上报的也有不少，比如有老师分享她介入进行心理干预的一个案例：某老师收了手机后亲自把手机送还给孩子的家长，家长批评了几句，孩子就当着家长和老师的面，从二十几层高的楼跳了下去。这一个个惨痛的案例犹如警钟，时刻提醒我们：充分考虑学生的性格特点、心理承受力等，再来施教，十分有必要。如果涉及与家长合作，还要充分了解家长的教育方式和家庭风格，再来进一步交流。

老师管控手机的目的，是为了拿手机的学生、周边的学生、上课的老师都免受其影响。不少学校规定学生不许带手机入校，除了安全方面的考虑，主要也是想尽可能避免对各方的负面影响。但如果学生违反规定还是带到学校，老师必须管控，但不能简单粗暴一刀切。学生要管、要教，但不了解学生也不了解家长情况下的教育和管理显得很不专业，难免出问题，一旦出现状况可能就会颇为严重。有教无类，更要因材施教。我们该考虑根据具体问题和对象进行具体分析的公正，使得管控的殊途最后都能同归于发挥正面影响、减少负面影响的初衷，这才能体现老师们的专业。

在一次区级教师培训的问题工作坊中，一番切磋交流后，有些老师"一看到手机就没收"的固化思维有所扭转。但同时也看到，很多老师还不具备围绕教育最终的目的去从多方面思考问题并解决问题的思维模式。参与培训的教师们是经过选拔后脱颖而出的，他们尚且如此，那广大普通教师呢？教育专业化，任重而道远。

（二）努力成为专业教育者

师范大学本科阶段接受的教育学和心理学的教育，足够应对教学中遇到的形形色色的孩子吗？没有这些专题的系统学习和研究，基本上是太泛、太浅了。研究生阶段如何呢？也是更侧重于学科方面的教法或内容等的研究，必修课涉及教育的专业化主题，似乎也没太多涉猎。

教学是专业，教育也是专业。长久以来家庭和学校都更偏重教学，都没有太把教育当成一个专业来看待和发展——比如班主任的设置，一方面认为班主任很重要，另一方面班主任却是兼职，往往班主任与其他非班主任老师负责同样多的班的教学工作。

现在不仅意识到了学校教育与家庭教育的重要性，也开始切实地给予引导和促进，如家长学校在各学校陆续上线，教师的心理学 C 证等成为工作后必考证书。怎么理性地、科学地教导孩子，是家长和教师都必修的功课。不过，对比美国专业的、系统的、深入的研修，家长和老师只接受了几天的再培训，显然很难成为专业的教育者。

新教师培训、优秀教师再培训，所给予的是零散的、侧重于认知方面的启发引导，如果是技法方面的提炼和传授，讲座的实效性更强，但无论哪种，老师们也还须在实践中根据实际再摸爬滚打、总结归纳。因此，想要更快地成为专业的教师，还须自己用心地去分专题突破，找到相应的书籍来深入学习，从优秀的同行那里多取经。

作为教师，选择了教育为工作、为事业，那就要努力让自己成为专业的教育者，成为教育的行家里手。如此，工作更顺心，与学生、家长们合作更愉快，大家共同成长进步，彼此成全。

走出倦怠的关键

担任班主任第 6 年，我曾深陷倦怠之中。幸运的是，随后一年我没有当班主任，便趁机对自己的班主任工作进行了多角度的反思，并参加教师方面的专业进修，终于找到了化解班主任职业倦怠的突破口。

（一）改变观念，爱当班主任

我不想当班主任的原因之一是班主任要做的事情多，繁忙不堪，劳心劳力，责任多且重；为班级付出了诸多的时间和精力，却很少得到学校、学生和家长的认可，付出与回报的不对等令人泄气。

离任的那段时间里，我确实清闲了不少，但在这一年里迅速"发福"，大概是因为少了班主任每天难以避免的万步走吧。这一年里我常进行反思，发觉班主任工作的负面影响被我放大了，正面的意义却似乎被我忽略了。于是，我尽力总结出班主任工作于我们而言的正面意义：每天频繁到班、常伴学生左右，使得我们与学生更为亲近；为学生的安全保驾护航，且确保了日行万步的锻炼；学校需要班主任、班级和学生参与的活动很多，使得我们在参与多样化的活动时必须不断学习，也锻炼了我们组织、领导、宣传、表达等多方面的能力……如此转念后，原先觉得任重而道远、繁忙不堪的班主任工作，如今却被我视为立己达人的优质平台。

在意得失，除了容易陷入恶性循环，教育的要义也会被偏废。意识到这一点后，我便赶紧把自己工作的关注点集中到如何有效促进学生的成长与进步上，把大部分时间和精力都用来思考和实践带好班级和学生这件事上，着力完成教育的根本任务。这时，班主任立己达人的责任和意义得到了更进一步的彰显。

（二）调整心态，乐当班主任

观念转变迎来班主任工作的新起点，但要使得班主任工作持续高效又快乐，还须在工作中保持良好的心态。

我此前不想当班主任的原因之二，是自己心态常比较消极，常常一边辛苦干活，一边怨叹声不断，限制了班主任工作的有效开展，更束缚了自己的成长和进步。因此，班主任越当越不开心，所得也越来越少。

前车之鉴使我深刻地意识到，要想把班主任工作做好，必须调整心态，保持平和、积极，不疾不徐、不骄不馁。因此，我在后续的进修学习中格外注意吸收正能量，也特地去阅读了心理学、教育学等方面的经典佳作，更好地指导自己改进情绪管理，调整好心态。

多次实践后，我梳理出以下调节情绪的方法。一是多说多看好的方面，少说不悦之事——常说的内容，因其反复出现，会在自己和听者中强化它。二是遇到问题多反省自己的不足，少责备抱怨外因——反思自我，改进自我，能避免怨怼他人，也是更可行的路径。三是尽力改变自己所能改变的，坦然接受不能改变的——努力积极地去改变，尽力后仍无效，那就从容接受，既做到了积极进取、有所作为，过后也能泰然处之、平和从容。四是多一些积极的行动，想办法解决问题，尽量少一些负面的发泄——以问题解决为导向，想、说、做都是为了最终有效地解决问题。五是要明白改变他人是反复的缓慢过程，只要有进步就好——教育，从本质上是改变人、塑造人的工作，但改变人也是最难的，能有些许改进，我们的努力便是有意义的。

慢慢地，负面的言行和思考被摒弃，换之以积极的行动和从容的应对，不管遇到什么情境，基本上都能让自己的心态保持平和、积极，挫折、烦恼等危机都能被视为提升自我、改进他人的良好契机。

再次担任班主任时，我已一扫曾经的阴霾，带着全新的姿态和饱满的激情投入其中；过程中保持不断学习与改进，使自己能够具备科学的理念、有效的方法、平和的心态。于是，六年来，我越来越喜欢当班主任，工作越来越顺利，曾经不敢奢望的认可和荣誉，反而随着我和学生们的成长和进步而陆续降临。学生、家长和学校对我的认同度也越来越高。未来，我还会选择当班主任。

（本文发表在《班主任》2019 年第 10 期）

用 NLP 方式练就积极心态

消极的心态让事情还没有开始就走向了失败，而积极的心态能够聚拢人心、创造奇迹。作为教育工作者，我们尤其应该主动选择、刻意练就积极的心态，因为，我们的工作涉及的不单是自我的发展与实现，还将影响学生、家长、学校、教育乃至社会、国家的发展。

2019 年起，我开始主持深圳市名班主任工作室。在主持工作室伊始，随着各项任务的推进，以及与成员间合作的增多，我发现不少成员存在负面消极的心态。为了深入系统地帮助有待改变的工作室成员，我组织大家一起研读NLP（神经语言程序学）方面的书刊如《NLP圣经：美国NLP学院专业教程》等，大家分享、交流并践行其中的方法与策略。一段时间后，我看到了不少成员明显的变化：倾向于向内归因，心态平和稳健、正向积极。

具体要怎么做，才能练就积极的心态呢？用NLP的方式，不分主次及先后地做到以下六点，让自己能够更加正向积极。

（一）要具备内在的动力

根植内心的使命感、价值观、原则、信念等很重要，也是最根本的。从思想根源处来看，教育工作者要保持内心的完整，对教育事业要"好之""乐之"，最好可以具备为国、为民、为教育的使命感。而在具体的工作、生活中，我们可以有更为直观的动力，既可以拥有个人具体和充满吸引力的目标愿景来吸引自己趋向之，也可以设想未来会发生的不愉快后果来鞭策自己远离之。趋向动力如想获得荣誉与奖励，远离动力如想避免被惩处或被批评，两种动力没有高低之分，哪种动力作用效果更明显就多用哪种动力。

（二）要具备高标准的价值

所谓高标准的价值，指的是要把目标定为自己可以做到的最好。始终抱着对最佳成绩的期待，即便暂时无法实现，也要找到激励自己未来实现目标的方法。无论是学生问题、家长问题，还是个人发展问题，教师该定的高标准的价值目标，应该是以多赢的方式妥善解决。即便暂时没有做到，也要努力想尽办法去实现它。

（三）要能分解目标、解构困难

把困难重重、要求极高的事情进行分解，每次只走一小步，只完成一个步骤，后续有序推进，最终完成所有事情。就像莫顿·亨特《走一步再走一步》中父亲教恐惧的"我"一步步自己爬下山，就像一些马拉松选手把漫漫长路分解成若干段逐一跑完。假设多个学生都存在类似的问题，教师不宜简单粗暴地进行群体的批评教育，而应逐一找学生去沟通交流，逐一进行正向引导。假设一个学生身上存在诸多问题，教师不宜断言"孺子不可教"就轻易放弃，也不宜想一次性改变该生的全部，而应梳理分析，帮助学生逐步陆续改进。假设计划、论文等各项任务蜂拥而至，不宜拖拉而制造辛苦的假象，而应该分清轻重缓急，提早安排并制订好完成各项任务的时间表，有序推进直至完成。

（四）要能整合现在和未来的时间框

一方面，要关注当下，聚精会神于细分的任务和每天的例行工作。每完成一个小任务，就可以体会到满足感，进而有力地驱动自己再前进。另一方面，可以对未来进行积极的、生动的、全面的体验，即通过设想来体验预期的成功，激励自己坚定地走向成功。不管当下要面对多少问题，我们只需要把该进行的教育工作的点点滴滴落到实处去做好，也可不时设想教育成功后的美好如学生进步、班级向好、自我成长等。

（五）要确保个人的高参与度

要主动积极地参与到自己的计划中，不要被动接受，也不要主动抵触。为我们自己而采取行动，包括寻求专家的帮助等，既有助于目标的达成，也能让我们更加坚定和积极。该我们负责的问题，都是我们要面对、要解决的，我们不能把责任推给学生、家长、学校等外在因素，而应积极参与其中，深思熟虑，抓住契机果断行动。

（六）进行自我与自我的比较

很多时候，人不开心是因为总拿自己和别人比，又常比出自己的不足。因此，我们不与他人比，只关注自己的进步："与昨天或上周比，我进步了多少？与上个月相比呢？与去年相比呢？"运动、学习、工作、生活等，都可以用自我比较来衡量我们的发展进度。我们会因自己逐渐成长、进步而更加珍视自己的成功。我们也会努力为自己的进步寻求宝贵信息，会把他人的成就视为灵感的源泉、成功的模型，而不是作为羡慕嫉妒恨的对象。正如孔子所说："三人行，必有我师焉。择其善者而从之，其不善者而改之。"我们乐见他人的成功，借鉴其成功的经验；我们也平和看待别人的不是，避免重蹈其覆辙。

借用 NLP 的方式，曾经负面消极的成员已挣脱原先负面心态的约束，逐渐走向高效专业、温润有力。NLP 方式外，只要我们能坚持指向自我、内向归因的正向积极的想法与做法，就可以练就积极正向的思维模式与行为模式，为自我赋能，实现自我，成就他人。

鞭策是教育的下策

"你们读书的声音太小了，比某某班差多了！"

"你们上课时怎么那么爱讲话呀，这样能学到什么东西啊？"

这类直陈问题的话语常常出现，尤其是在问题出现的时候，即便只是一小部分人的问题，焦虑的老师们往往皱紧眉头，对着全班格外着急、严肃地脱口而出这类直言不讳的指责话语，意在鞭策出现问题的学生们，使大家能够意识到问题并加以改正。

但是，结果如何呢？

老师们板着的面孔和严厉的语调确实让学生们紧张了一下，讲话的声音小了一点儿，学习貌似专心了一点儿。但是，心理没有被疏通的学生们，很快就让有责任心的老师们的焦虑重现；而这类负面的话语，如果任由它们不断落在全班学生的心里，会使他们形成对自己班级负面的思维定式，认为自己的班级学习氛围不够浓、班风不够好，进而在已然错误的路上越走越远。

正确的做法该是怎样的呢？去掉这些负面的指责，改用正面的言语激励，用正确的方法来指导学生们。比如读书声音小，那么，可以采取小组或个人朗诵比赛的方式激发学生们诵读的兴趣，也可以由老师将所需要朗读的内容讲析得更透彻，然后带着学生有感情地朗读，也可以大力表扬和鼓励读得好的群体，使他们成为学生们的示范和导向。表扬那些专心投入学习的孩子，树立正面的榜样，让讲话的孩子向认真努力学习的孩子看齐。

对学生群体的教育是如此，对学生个体的教育也是一样的道理。

"你怎么又迟到了？"A老师眼里冒火。

"你上课时老是分神，听课效率这么差，要专心一点儿啊！"B老师怒目圆睁。

"某某同学，你再这样做作业，我就要惩罚你啦！"C老师对着作业本一顿狂拍。

当该学生一次又一次地重犯在老师们看来很不应该犯的低级错误时，这类直言不讳、严厉鞭策的话就常会脱口而出。对于初犯的学生，老师们基本上还是比较有耐心的，但对于"累犯"，老师们往往就特别容易着急上火了，且往往越是负责任的老师越易发怒。这也就是为什么很多负责任的老师会觉得自己"好心没好报""学生不懂得感恩"，苦恼于自己不被学生理解。殊不知，造成问题的人正是这些尽职尽责的好老师们：批评中的"总是""又""老是""再"等字和老师批评时尖锐的语气，很容易将学生推向与老师对立的方向，激化师生之间的矛盾，使学生由衷地产生厌师、厌学情绪。或者，因为老师对学生这类负面定性的评价，使得学生更顺当地走上"重犯"的路径，一再重蹈覆辙，也令本来就焦急愤怒的老师们更加急火攻心。

对于老师们而言，此等鞭策法一吐胸臆、畅快淋漓，然而对学生起到的作用却很有限。"人非圣贤，孰能无过"，大人重复犯错尚有可能，何况是孩子？当学生犯错，即便是一再犯错，只要想着这一点，就能对犯错的学生多一分体谅与宽容。再牢牢记住"己所不欲，勿施于人"，想着如果自己犯错时被别人厉声指责，身为大人的自己恐怕也会逆反、口服心不服，所以作为老师，面对学生的错误时，不要板起一副"自己是圣人，学生是小人"的面孔呵责训斥。初中阶段的学生在待人接物等方面虽然已逐渐形成自己的一套方式，但也还需要进行多方面的学习和补充，来进一步丰富和充实自己的人生与处世方式。这时候，老师们的正面引导就显得尤为重要。

当发现学生再次犯错时，老师们不妨先让自己心平气和，然后慢慢地与学生交流和沟通，探究他发生问题的原因，并引导他寻找到改进的路径。比如，小周同学连续5天迟到，我找到他，平静地问询他迟到的原因。没有压力的他直言是因为起晚了。我又追问，为什么会起晚？要求他把个中环节都讲清楚。他列举出了其中出状况的环节：家里没准备早饭，路上买和吃耽误了时间；头天的体育训练太辛苦，睡觉晚又睡得沉；闹钟只定了一个，有时候是没听到，有时候是听到后被自己按掉了；打出租车等了半小时才打到；等等。然后我又很和气地问他："那你觉得上述环节能不能改进一下，让自己能准点起床，早点儿出发？"他思考着，我也帮忙提些补充建议，最后协商出来可操作的改进措施：头天晚上先买好第二天的早餐；闹钟定多个，再不行就麻烦爸妈准点电话叫醒；准点睡觉，保证睡眠，早睡早起；去公交车站坐车，至少比打出租车时间上靠谱；等等。然后，我提醒小周同学一定要按我们的改善措施来操作。第二天，同学们看到他居然在早读预备铃前就出现在了教室里，甚是惊讶。更令人惊喜的是，此后很长一段时间，他都没有再迟到过。

不管大人还是孩子，都希望得到别人的尊重和认可。摒弃简单粗暴的鞭策法，改换成以人为本的沟通交流方式，把每个学生当成具有独特个性、独立思想的鲜活的生命存在，这才是教育的上策。初中学生已经逐渐形成自己的世界观、价值观、人生观，对人对事、对好对坏能够形成自己的判断，当学生犯错或表现不佳时，严肃的批评指责只能短暂地压服学生，不能使他们心服口服；而在平等、融洽的氛围中好好地沟通交流，教育效果会更好，教育目的更容易达成——在这个过程中，只要老师们能放低自己的心态，让自己不急躁不上火，所谓的问题能妥善解决，师生关系和教育教学也都会收获到意想不到的好效果。

从人本主义的观念出发，在平等的交流沟通中，和谐的师生关系，优质的教育教学成果，学生健康快乐地成长等，都能慢慢地成为主流。

（本文发表在《深圳侨报·七彩阳光》）

用正确的方式爱学生

那年新接手初一某班，已经在班主任岗位上工作多年的我，对每一个学生都不抛弃、不放弃，一看到学生有问题，便第一时间去提醒、教育，赶紧找家长沟通交流。然而，有那么一两次，我情急之下严厉的提醒和教育，换来学生的唇枪舌剑甚至嘶吼咆哮。我向家长据实反馈孩子的情况，换来的不是学生的改进和家长的感恩，却是有个别被我一再提醒的学生及其家长在公开场合表达对我的不满。班级活动中，学生和家长整体表现出的冷漠，使我一度难过含泪。到了初三，学校领导经过综合考虑，将我调离了这个班级。

我一直百思不得其解：到底是哪里出了问题呢？直到那次公开课前的预演，我的亲身经历才让我恍然大悟。

那次预演过程中，一位年纪较大的评课老师一次次地问："对不对啊？"我以为他是要让我回答，谁知我刚开口说了一句"我其实……"，便招来了他滔滔不绝的批评甚至谩骂，"不谦虚""不尊重人""不礼貌"等无情的话语劈头盖脸地砸下来。我低着头，不让眼泪流出来，虽然默默听着他的批评，内心却很坚决地重复着："不管你说什么，我都不会改的。"不久后的公开课，我完全按照我原来的上课模式进行——听课的老师给予了很高的评价。

这节课成功了，但是评课中的遭遇给我的强烈冲击久久未散。我试着从多个角度来思考这件事。不可否认，那位对我进行猛烈抨击的老师，他的出发点是好的，希望我能够听进他的建议并有所改进，但是他采用的沟通方式存在问题：语气太过严厉，甚至有点儿凶狠；用词太过武断，而且轻易就上升到了道德层面。两者相结合，再好的用意也让人难以接受，即便接受了也是口服心不服。

发现了问题所在之后，我又反观自身，震惊地发现：在我带那个令我心灰意冷的班级时，我一度采用的就是这种可怕的沟通方式！对于学生出现的问题，我特别容易着急上火，尤其是同一个问题反复出现时，我的怒火极易瞬间爆发，随之而来的往往就是严厉的批评指责，甚至上纲上线到道德层面。就像我不能心平气和地接受那位评课老师的指教一样，学生估计也很难接受我对他们的教育，平时能够不表示出对我的怨恨已经是很有修养、很大度了。家长们对我有意见，估计一方面是基于学生对我的描述，另一方面也是我与家长们沟通时带给他们的直观感受导致的。

想通了这些我才终于明白，沟通必须讲究方法和策略。于是，我开始了系统的学习，并在新接手另一个班级后完全改变了以前的沟通方式。

在与学生沟通时，我开始尝试多用正面积极的鼓舞和引导，多说希望他们可以做到的正面积极的方面，以此强化他们对自我的正向暗示。遇到问题（包括学生之间的大小纠纷），不管是第几次出现的，我都努力控制自己不去批评指责，而是心平气和地让学生进行事件和问题陈述，并引导学生试着自己思考出解决问题的方法。当我发现学生不恰当的行为时，不管是群体的还是个人的，我会当即制止并告知其错误之处，而后由学生或者我提出改正方法，并让学生反复练习，以取代原来的不当之举。

在与家长沟通方面，我采取群体中多多表扬鼓励、对学生的点滴进步及时肯定的策略，对确实存在问题的学生，私底下与家长联系交流，同时提供解决问题的可行性策略供家长选择，一改以往只是反馈问题、一味批评指责的做法。其实，问题越多的孩子，其家长往往也越需要班主任的肯定。因此，除了反馈问题、提供建议之外，我们还要中肯地肯定孩子，坚定家长的信心，增强家长与孩子共同改进的勇气。

如此一来，班主任的工作更高效了，学生的进步更明显了，大多数学生都掌握了良好的沟通方式，在为人处世和学习等方面都取得了长足的进步，班级成绩跻身年级前列，在各项集体活动中屡获佳绩，被评为先进班集体。这届学生毕业后，依旧不时得到家长们和学生们对我的认可。

曾经的我，认真负责、兢兢业业却得不到学生认同，幸运的是，在偶发的不愉快事件的触动下，我及时深入反思，不断学习成长，从不受学生、家长欢迎的老师变成了深受他们喜爱的老师。爱没有错，但如何正确地去爱，值得每一个关爱学生的班主任深思。

（本文发表在《班主任》2018 年第 8 期）

家校社协同育人，教师大有可为

《人民教育》2021 年第 8 期核心议题"破解'大教育'格局"中多篇文章对家校社协同育人进行了多角度的研究、思考与分析，为家校社协同促进孩子成人、成才这一复杂的系统工程提出破旧局之策。作为一线教师，为增强家校社的合力，我们大有可为。

教师应精通科学的家庭教育理念与方法。有不少家长的教育理念和方法存在问题，导致关爱不被孩子接受甚至伤害了孩子，他们亟须教师一对一的持续帮助。教师应主动提高专业素养，如参加家庭教育方面的培训，或精读家庭教育、沟通学、心理学等方面的经典书刊，尽早精通家庭教育之道，以便给予有需要的家长中肯的建议和专业的指导。

教师应提前为家校合作进行顶层设计，以助力学生全面发展、能力提高、职业生涯规划等为出发点和目标，对家委会的组织、家长群的运作、家长资源的调配、家长互助活动的安排、家长提升课程的设置等，都要运用系统论的方法，从全局的角度对各方面、各层次、各要素统筹规划，以集中家长资源实现家校共育、家校社协同育人的目标。

教师可助学生与家长理性应对社会环境。给予家长建议，给予学生引导，使他们能够理性、从容地从社区、社会组织、网络环境等中提取能量，促进发展。比如，面对网络等难以改变的客观大环境，教师应常引导学生在网络中依规守法、谨言慎行、保护自我，多多选择优质的资源，必要时合情合理合法地正本清源、拨乱反正以净化环境，建议家长给予孩子合乎情理的疏导和必要的监管。

（本文发表在《人民教育》2021 年第 12 期）

想方设法改变家长教育观念

要想实现家校共育的目标，班主任要帮助家长改变不当的沟通方式和教育方式。但思维模式固化的家长是很难被改变的。那么，班主任要怎么办？

开好家长会，与广大家长面对面交流，端正其认知。学习成绩只是评价孩子的一个方面，成绩不理想并不代表孩子没有未来。学得一技之长，未来一样可以实现自我价值，过上属于自己的美好生活。因此，家长不宜对孩子的成绩过于紧张，帮助孩子长成自己的样子最重要。

另外，我不否认成绩的重要性，然而怎样才能更好地保障学生取得好成绩？平和愉悦的心情格外重要；而亲子关系的和睦融洽，正是学生身心愉悦的前提。这些观点，班主任要反复重申，让家长听进去并有所改变。

一对一沟通，给予家长切实的帮助。有些家长固执己见，导致亲子之间矛盾重重。这样的家庭，父母和孩子都需要班主任多加关注与指导。班主任可以根据实际情况通过线上交谈、家访等方式，恳切建议家长改变自己的思维方式和交流方式，使家长与孩子彼此能够顺畅平和地进行沟通。必要时，与家长、学生进行三方会谈，协调彼此的矛盾，协助他们商定彼此接受的可行性方案，并持续跟进。

家委会出面，适当组织学生家庭间的活动，互相影响带动。随着孩子步入青春期，他们越来越不愿意参加家长组织的活动，不少家庭聚会或旅行都因此取消。如果家委会组织活动，就会有更多的孩子因同伴的加入而愿意参与其中。创造条件让家长与孩子一起参与活动，促进彼此的沟通交流和互相了解，也可借此向家庭和睦者看齐，促进亲子间的友好互动。

改变家长不容易，但如果我们持续从思想观念到行为支撑等方面给予家长指引、助力，我相信家长慢慢会有所改变。

（本文发表在 2020 年 11 月 18 日《中国教师报》）

有效的家校三方会谈，只需 5 分钟

中考在即，学生每天的课都排满了，认真负责的老师们也是分秒必争督促着孩子学习。在校可以供学生自由背书的时间非常有限，尤其文言文第一轮复习结束后，课堂上匀不出时间来给学生背诵，只有每周的语文背诵时间（两个 25 分钟的早读、30 分钟的自习课、我每周多留他们的 30 分钟），但第一轮复习结束两周后，只有学习力和记忆力较强的十来名学生过关完全部相关文言文知识。

　　于是，我只好在家长群提议让学生在家背好剩余的文言文，并尽量在家长处先过关。有几位按要求做到的学生，第二周便都找我过关了。随后连着两三周，每周都对学生和家长发提议，然而距离第一次发已有四周，还有一半的学生没能过关。在校的背诵时间他们不够用，在家的时间他们也没用起来，时间紧迫，该怎么办呢？已经挤不出在校的时间了，那么学生在家的时间必须拿出一部分来用于背诵。不管是学生方面的问题，还是家长方面的问题，都要协商解决，最终让学生愿意接受家长的帮助，落到实处地推进任务。如果可以，也促进他们此后保持较好的合作。

　　两个班的处理方案是一样的，为保障沟通的有效性，（1）班的三方会晤安排在周一放学后，（8）班在周三放学后。下面是以（8）班的为例，具体呈现：

　　发布学生在家过关倡议的第四周，我便在群里发布第五周会进行三方会谈的预通知。到了第五周的周二、周三就正式在群里告知：到周三放学时所有文言文还没过关的学生，请家长拨忙到校进行三方会谈——"三方当面交流，目的是使学生更愿意接受家长的帮助，更好地达成合作，促进学生充分利用在家的时间。请大家能来尽量来，先到先谈，彼此达成指导行动的合作共识，就可以先回去。"

　　当天，我成了最受"欢迎"的老师，十几位学生一下课就争分夺秒地背诵，并找我试着检测过关，他们唯恐家长来校。然而，课间有限，放学前只有三个人过关。

　　18时放学，近20位家长如约陆续到达教室。家长与孩子站到一起，有序地排着队，我开始逐一与他们交流，逐一提供可行方案以备选择。因为每个家庭的亲子关系不同，阻碍合作的因子也不同，所以每次只和一个家庭聊。

　　小邱妈妈说："我女儿状态还是进步了很多，但是她特别需要睡觉，每天晚上都要先睡半小时。然后接下来就一直做作业，没时间再找我背诵了。每天中午都让她睡，她却不睡。"小邱说："我中午就是睡不着呀。"我赶忙调和她

233

们："其实每个人的睡眠状态符合自己就是最好的。小邱可以自己选择一下。"后来，小邱还是决定把中午的时间拿出来背书，因为她就是睡不着，妈妈也同意了。妈妈又说到了小邱控制不住要看很久手机："她说英语听说要训练，十几分钟就可以的事，结果一看就看了半小时、一小时。"我便提议："手机的话，大人有时都难自控，孩子肯定是要接受大人管控才行啊。建议定个彼此都可以接受的时间，到时间妈妈就收手机。"当即便达成共识，并商定可用时间。

小超妈妈说："孩子一直在做作业，每天都要做到晚上十一二点，不过他动作比较慢。"细追问之下，知道到家接近 19 时的小超，吃饭和洗澡各花半小时左右的时间，后续学习时确实没有多余的时间来背书了。于是，从时间管理的角度和环保的角度，建议他将洗澡时间缩短到 10 分钟，吃饭时间缩短到 15 分钟，这样既能匀出背诵时间，也有利于他的长远发展。小超笑着接受了，妈妈更是认同。

小桦妈妈此前就有过交流，因为到了初三下学期，小桦语文作业常没完成，为此已与家长商定小桦每天完成作业后要拍图给我，已经执行了一段时间。这次来，小桦妈妈又反馈了另一个问题："小桦每天做作业到 12 点还做不完，因为她每一科都要做彻底，不懂的一定要查网上的解答，还要做错题集。"我顺着她的话意，首先表扬了小桦的认真，但更提醒小桦要做好时间管理，要均衡安排各科的时间。作业里的题目，如果有多人错，老师会更仔细地讲，因此自己在家学的时候不必费那么多时间去查而占用了其他学科的时间。小桦又说："我做着做着有时就很想吃书房里的零食，或者出来走走。"于是我便给她建议："首先就要把干扰因素清除。要么把零食拿出来，要么换个地方写作业，今晚就开始行动，可以吗？"看到她们笑着点头，我又接着说："每项作业预算出需要的时间，按时间完成各科作业。需要琢磨的问题，留到最后。如果自己做不到，就请妈妈帮忙落实。"小桦妈妈说："对啊，早就应该是这样的。今晚就开始定时。"随后，又与她们交流了各科时间如何预算等细节。

小婷妈妈一来就批评小婷，因为全班还差两人诗歌没过关，小婷是其中之一。但小婷立刻红了眼眶，斜着眼看了看妈妈："你哪里有时间？"结果招来了妈妈的否认，以及带着哽咽音的批评："我为了你们，一直都在家，怎么会没时间？小学到现在，都退步成什么样子了？"小婷泪水流了下来："9点后你常不在啊。"眼见小婷妈妈又要批评小婷，我赶紧制止她："最后阶段，还是多以鼓励为主哈，小婷的写作和书写的底子还是很好的，不时有优秀的表现。"同时提出建议："不然你们可以定一个时间，就在那半小时里，妈妈给小婷过关，可以吗？"待她们商定好时间后，便让她们离开。

…………

就这样，和所有关爱子女而拨冗前来的家长及相应学生一一恳谈，人均5分钟左右。分析问题，找到突破口，提供解决方案，然后各自回去执行。而我后续要做的，就是等待反馈，持续跟进：一是学生要尽快到我处过关，借此验证合作效果；二是追踪我们商定的可行建议的执行情况，根据情况进行调整；三是还有其他板块要过关，还须继续执行。

当晚就接到了小桦妈妈的反馈："真的好久没见孩子这么踏实地做作业了。虽然是第一天，也不知道她能坚持多久，但这是好的开始。更主要的是，让孩子意识到，时间管理非常重要。"她说此前也给过孩子类似的建议，但孩子不听，今晚孩子都按老师的建议去做了，作业打卡也主动拍了。

第二天，小玉、小匡的妈妈发来信息说孩子昨晚背过了部分。小玉和小匡此前都不愿意接受家长的帮助，只是小玉内心是焦灼的，小匡是闲散惯了，三方会谈时分别针对他们的特点给出了在家的时间和心态等系统调整的建议。

第三天，又有十几位学生一下课就奔过来试着接受我的抽查，希望尽早过关。通过学生的表现和家长的反馈，可见这5分钟的三方会谈，确实效果不错。

但唯有对小西，无效。小西妈妈最早到班，他承诺也给得最痛快："没问题，晚上9点前一定发作文给你。"此前交流多、了解也多，以为他大有进步，便早早结束了会谈。当天晚上9点半，当我发信息提醒交作文时，小西妈妈说他还在写。到了晚上10点，小西妈妈发来信息："晚上8点半就叫他写了，到10点半都写不出来。老师，明天你留他写完吧，我到时候去接。"第二天到班，他什么都没有写，也没有交。

虽然挺失望，但我想着，合作已开启，就算家长暂时不能起到作用，我也不要放弃。我郑重地建议小西妈妈："你不能一再助长他承诺却不去做的毛病。如果下次再合作，当你预感他不能在规定时间内完成，就第一时间联系我，当下我们就教他到会，帮他扫除障碍，助他及时解决问题，同时也给他做出言而有信的示范。"放学后，我把小西留下来，不仅是因为他妈妈的请求，也是我的教育要求——要他兑现此前的承诺。他依旧说他不会，我便引导他按照选材法、主题法、表达法等，拓宽思路。他很快就着手写起来，40分钟后，他意犹未尽地完成了作文。我问他："你妈一直在提醒你，你为什么在家不写好呢？"他说："感觉和妈妈在一起没有压力。"我想起此前他妈妈跟我讲到的事，以及刚才作文指导时发现的问题，便提醒他："你把你妈妈的爱当成理所当然了吧？其实，你妈妈和你是独立的个体，她对你好也不是理所当然的哦。你现在更应该把心扉打开，看到身边的人，看到世界，学会感动，学会感恩。"其时已经19：30，小西妈妈已经带着他妹妹在门口等他，我便让他们先离去。

（1）班有几位家长总不肯来的，三方会谈没法进行，学生在校的学习及后续的落实仍存在较大问题。后续，也只能继续观察，继续调整，再寻机会继续合作了。

家长关心孩子的学习，总希望能帮上孩子的忙；老师也希望家长在家能够督促孩子，切实与学校的教育形成最大的合力。然而到了初中阶段，一方面，不少学生在家不愿意接受家长的帮助，甚至抗拒家长干预自己的学习；另一方面，有些家长习惯于反复提醒、批评、指责，却不知道如何落到实处地帮助孩子。这时，老师需要做的就是使学生、家长达成合作的共识，并且能进行落到实处的合作行动，使家长、老师、学生目标和行动都一致，共同促进孩子的成长进步。

通过家校三方会谈，教师得以更清楚地了解迟迟未能完成学习任务的学生及家庭存在的问题，便于与家长和学生协商，最终提供可行的对策和建议。虽是以学习方面的合作为切入点，但在促进学生与家长合作时，却不应只局限于学习方面，更要关注到的是时间、亲子关系、学法、心态等整个系统问题。不管是彼此交流时的态度问题、学生的时间管理问题、家长的执行力问题，还是学生的学习方法和心态的问题，只要能够发现问题，并找到解决问题的方案，问题就可以迎刃而解。家校三方达成共识，在老师的关注和影响下，家长和学生能够更有力地去执行，形成良性循环，最终有力地促进彼此的成长与进步。

以此为鉴，老师为解决具体问题而进行的与学生、家长的三方会谈，5分钟左右即可。但后续，三方要都行动起来，才会有实效。

与家长有效沟通的方法和策略

家长教育越来越受到各界的关注，近年来在全区统一组织、培训和管理之下，我校的家长学校也在有序推进。不过，目前的开课数和受众都很有限，而家长学习的系统化不足，考核机制也还不完备，相信后续会不断改进。因此在目前，切合实际且更具实效的家长教育，应该是来自每个班的班主任、任课教师。

在一次次的教育教学实践和与家长沟通交流的过程中，我越来越清晰地意识到，学校教育与家庭教育必须形成育人合力；而想要形成育人合力，就必须使得家长也具有与老师相一致的教育理念和执行力。在家校沟通中，除了反馈学生的情况，老师还应该用自己教育学、心理学等方面的专业知识，为家长提供专业的指导和帮助，引导有志于改善家庭教育的家长采取行之有效的方法去改善亲子沟通、改善亲子关系、改进家庭教育；同时，教师也要在行动中提供切实的思想和行动保障。

在近几年的教育教学过程中，秉持上述理念，根据教育教学需要，我进行了引导家长改善家庭教育的多次实践，其中有不少因为策略及执行得当，改进效果颇为显著。

（一）家校沟通的三个成功实践案例

成功实践案例 1：

小豪因为手机问题和家长闹僵了。因为整个晚上小豪都在肆无忌惮地玩手机，结果手机被暴怒的爸爸摔坏了。他恨爸爸妈妈，把自己锁在房间里，不跟爸爸妈妈说话，也不愿意来上学。小豪爸爸妈妈束手无策，来寻求我的帮助。

此前与小豪家长多有接触，了解过小豪的家庭情况：妈妈过于宠爱，凡事更倾向于选择相信并支持小豪；但小豪并没有因此听得进妈妈苦口婆心的规劝。爸爸不怎么和孩子交谈，遇事动辄打骂，到初二后，小豪开始对爸爸的打骂无所畏惧，甚至尝试对抗。

于是这次，我与小豪爸爸妈妈深度恳谈，开诚布公地指出他们教育方式中存在的问题并给出改进建议。我建议他们接下来与小豪平等交谈，首先把事情和责任重新梳理：小豪应为他无节制地使用手机道歉；而爸爸把手机摔坏的行为方式过激且伤害不小，也该道歉。接着就心平气和地商量后续该怎样有节制地使用手机的问题，各自提出自己的方案，然后中和出三人都能接受的使用时间、使用方式等。此后，三人就要严格按照商定的方案去执行。

因为此前与小豪爸爸妈妈已有过教育方式方面的切磋，他们陆续尝试改进后皆有不错的效果，所以此次建议一提出，他们虚心接受，并很快去试进行。

后来他们约定周一到周五晚上三人都不用手机，都把手机放在大厅的桌上。周末才允许需要外出的小豪自由使用。后续遇到执行障碍时，小豪妈妈会及时向我反馈，从我这再得到思想和行动的支持（包括也去做小豪的思想工作），然后重新获得了力量，再次去执行。

手机问题得到了解决，而小豪爸爸妈妈在此中的温和与坚定，让亲子间沟通更顺畅，让小豪明白家长的原则和底线，他再做其他事时也更有分寸。

成功实践案例 2：

学生小易，行为和学习习惯都不好。全班大多数人都不喜欢他，隔三岔五就会因为与某同学的纠纷导致财物有损或身体受伤。小易喜欢看书，家里藏书很多，包括历史类、科学类，家长对孩子学业有成方面其实是抱有很大期待的；但是，他初一时都不做作业，老师们跟他妈妈反馈后却没半点儿改进。

经过几次家长到校处理小易和同学纠纷中观察到，小易妈妈很疼爱孩子，但她的教育方式是反复说教与批评型。他妈妈是家庭主妇，常年陪伴左右，但她多次说孩子都不听她的，小易只怕他爸爸。小易爸爸常年在外出差，回家后对孩子的错误常是严厉地打骂，目前虽有威力，但"远水"解不了"近渴"。

这次，小易妈妈面对老师们集中反馈的问题时，她再次说孩子不听她的话，并且还声泪俱下地说她快受不了这孩子了，想要放弃。我结合他们家的具体情况指明她爱孩子的心和想要改进孩子的心意，并明确告诉她：要想让孩子听她的，必须先改变她自己的观念和教育方式。

我建议她不要想也不要说"放弃"，尤其自己不会也不可能放弃；不要总是唠叨、批评他，重点要放在监管后续落实改进的行动。比如作业的完成，当老师反馈他没完成作业后，不要一味地批评指责，而是点到即止，他知错后就停止说教，接着就坚决地督促他完成作业——当天该做完的作业，做完了才睡觉，不管做到多晚。坚持一次、两次……直到他知道必须当日事当日毕为止。

小易妈妈还是犹豫，我便拿别的家长分享过的对孩子坚持原则的有效管理事例来证明贯彻执行的有效性。小易妈妈听后终于表示愿意尝试一次。后续反馈说第一次进行很艰难，母子俩熬到一两点才大致完成当天的任务。到了第二次，十一二点就可以了。多次执行后，小易妈妈再接到老师的反馈时，不再说"他不听我的，得等他爸爸回来才行"，而是回答"我今晚就让他做好"。第二天，小易确实也把该做的做好了。

这两年的改进执行，小易的思想和学习等都打了些底子。到了初三，顿悟后的小易学业突飞猛进，为人处世也改进不少——班级感动人物的评选中，有不少人选了他。

成功实践案例3：

只任教语文的那个班级的小木，朗读水平不错，但作业几乎不做，成绩常在60—70分。不想让好苗子长歪，便去和他交流，要他认真完成作业。他态度不错，但改进甚微。

于是，在与小木妈妈的深度沟通中，了解到小木小学五年级起作业完成得不好，因为那年小木新添了弟弟，妈妈主要精力都花在小宝宝身上。小木爸爸工作很忙，帮不上家里什么忙。而到了初中，妈妈让小木改进，他开始叛逆，置若罔闻，小木妈妈觉得心有余而力不足。

于是，与小木妈妈交流了一些教育理念，告诉她只要有心，就有改变的可能。首先，让小木妈妈要相信自己一定能够帮助孩子改进，我还列举了我班小易的案例来佐证，增强她的信心。接着也告诉她一些跟孩子交流的有效说辞和方法。虽然还有二宝要照顾，但小木妈妈很坚决地表示：只要能够改变孩子，她做什么都愿意。

随后，针对小木的作业以及小木妈妈目前的精力等问题，我问询她：关于作业完成，是否需要我的帮助？她欣然接受，感激不尽。于是，借鉴21天养成习惯的通俗观点，我们制订了后续的辅助行动方案：小木每天完成语文作业后，她就拍图给我，坚持21天，每天打卡。

与小木妈妈及小木协定后，正式启动打卡活动。21天，小木和小木妈妈每天坚持发送作业图给我。最初作业质量不怎么高；但由不做作业到每天坚持完成作业，已是大进步。

21天后，小木不用再向我打卡，他也依旧坚持写作业。小木妈妈也对孩子的教育增添了几分信心和几许慧心。

（二）家校沟通的方法与策略

上述成功的实践案例，是我近年来引导家长改善家庭教育的众多成功实践案例中的三个。实践证明了理念的正确，而通过对诸案例进行分析总结，也梳理出教师有效地与家长沟通交流以改进家长教育的有效策略若干，具体如下：

1. 重树家长的教育信念

不少家长习惯说："我跟他说了，但是他不听呀""我和他讲了无数遍了，没有用的"。在认定自己对孩子教育无用后，就把希望寄托于家中的另一人，比如："孩子最怕他爸，等他爸回来，再收拾他。"教师反馈孩子的问题后，"家长说教—孩子不听 / 听后没改—家长再说教—孩子不听 / 听后没改"成为家长与孩子沟通交流的循环模式。孩子对老是坚持无用说教的家长，渐渐不再有敬畏。久而久之，家长们由最初的无奈进入对孩子半放弃的状态，最后甚至有家长直接说出了"要放弃"之类的话。

当教育责任交给可执行严厉惩罚、尚有威力的另一位家长（通常是爸爸）

后，教育效果依旧不理想。最初畏惧棍棒类严惩的孩子，到了中学后，自我意识慢慢觉醒，开始怨恨实施严惩的家长，产生不认家长、还嘴还手甚至离家出走等令家长寒心的错误行为；而严惩之下，孩子对自己的问题和自己的责任从来都不能有准确的认识，也不可能自发自觉地承担起该负的责任。

教师在沟通中，要使家长牢固树立一个观念：家长一定是能引导和帮助孩子的，所谓"管不了孩子"，只是暂时还没有找到合适方法。不管孩子多么不懂事，毛病何其多，只要家长愿意改变与孩子的沟通方式和教育方式，孩子最终就会接受家长的引导和监督。不是孩子不听话，而是没跟孩子好好说话；不是孩子没法管，而是家长没用对合适的方法。所以，想要让孩子改变，家长先要重树积极的教育信念。

2. 更新家长的教育方法

建议家长放弃无用的说教和体罚，改为采取正面管教、非暴力沟通等更贴近孩子心理的有效方法。操作过程中，可以简化为：家长先要心平气和地向孩子提出要解决的问题，分别提出解决方案，根据彼此的需求和原则进行协商，最终商定出"什么时间之内用什么方式完成""采用什么样的方式来保障"等具体可操作的、适合彼此的方案，随后在实际生活中确保按约定多次去执行。

家长与孩子的共同关注点应是问题的解决和后续改进中人的成长进步，而不是问题以及出了问题的人。孩子出现问题后，家长立马着急上火，一味批评、指责孩子，只盯着问题看，孩子便进入对家长的防御状态，常见如孩子犯错被批评却还顶嘴；或是进入事不关己的状态，常见如家长急吼吼孩子慢悠悠。孩子自己的问题应该自己想办法解决，孩子自己才是第一责任人；孩子靠自己实在解决不了问题时，家长才以帮助者之态出现，提供一些可供选择的方案。

家长要保持平和与冷静，控制住情绪与言辞，给出足够的时间，让孩子去感受此中的困顿、烦恼，对自身的问题有所思考，并自发地寻思改进策略，为自己负责。孩子需要做的事，不要只下指令，把做事的出发点、目的等都与孩子交流，引导孩子思考并说出合适的方案，培养孩子的主动意识和责任意识等。

3. 强化家长监督落实

教师要强化家长后续的执行力。商量协定方案后，家长要做好监督落实的工作。一旦商定什么时间必须做好什么内容，就要温而而坚定地坚持让孩子继续按要求做好。即便孩子痛哭流涕、百般不愿，家长也不要心软。

本身就不够自觉、不能坚持的孩子，更需要家长温和而坚定的监督来加持。监督过程中，不要去提其他与此事无关的奖惩，比如说"不完成作业就不能看最喜欢的电视节目"之类的话，也不要仅给予批评和指责，更不要说"再这样我就不管你了"之类的丧气话。家长要做的就是温和而有力地坚持自己的立场，让孩子把约定的事做好为止。家长能够坚持一次，孩子便会对家长说出的话多一些敬畏。家长坚持多次，孩子便知道：彼此的约定及家长的合理要求，必须完成好。把对孩子的监督落到实处，也能培养孩子的契约意识和责任意识。

若因看到孩子不能坚持做好，家长就生气、失望地中断监督落实，那么新植入的积极的教育信念和有效的教育方法就会瞬间瓦解，家庭教育再次进入恶性循环。因此，执行过程越是艰难，越应努力想办法来确保，也可根据需要，提请教师等第三方的协助来确保落实。

4. 促进家长反复操作

要提醒家长，想要达到最佳改进效果，就要多次做到以上三点，直至变成自己的习惯，做到无论遇到何事，家长都能保持信心，都能与孩子协商约定，都能温和而坚定。

家长先更新教育信念，相信自己能够改变孩子，能找到改变孩子的方法；接着家长接受中肯的建议，改掉原先无效的教育方法，用上合适的有效的教育方法；将家长提出的合理要求及亲子商定的合适方案付诸实践，家长根据孩子的情况进行监督落实，直至孩子养成自觉意识。待到落实了，孩子改变了，亲子关系改善，家长便会更坚定正面积极的教育信念，进而形成良性循环。

有些家长看似接受了建议，却还是固执地坚持原有的观念和做法：认为就是孩子存在问题，坚持无用的说教批评；孩子几次没改变后，轻易对孩子说"要放弃""不管了"之类的话语，甚至要孩子"从家里滚出去"；家长接到老师发来协助监督孩子完成某项具体任务的拜托，却放任孩子没有完成好就去休息；还是没能和孩子平等地沟通交流，动辄要求甚或逼迫孩子一定要做某事，不做某事就"严惩"，而所谓的"严惩"，或没法践行（比如说要打断腿之类），或用力过猛（比如让孩子离家或者打得过猛），导致孩子更逆反、更抗拒。家校沟通后家长还会出现以上所枚举的情形并导致亲子沟通的挫败，或是积极信念未牢固，或是方法仍不对，或是监督落实不力。因此，给家长建议之后，教师还要继续观察、甄别，并及时给予家长信念或方法或行动等的加持。

具体有效的策略来自实践，又反过来促进后续的实践。教师与家长合作，坚持做到以上四点，基本能达成改进家庭教育的效果。

（三）家校沟通的两点提醒

教师在按以上理念及策略进行家长教育时，须注意把握以下两点。

1. 衡量家长接受教师帮助的程度

家长都希望看到孩子进步成长，但并不是所有家长都愿意接受帮助。有些家长自认为孩子优秀，明明孩子确实存在问题，但当教师反馈孩子的问题时，他们感到愤怒和被冒犯，简单地把教师的反馈当成对孩子的批评。若孩子误以为家长批评是因为教师的"告状"，那么，不可能产生期待中的家校合力，且后续师生关系的裂痕还需要教师付出更多时间和精力去填补。因此，始终不愿意接受帮助或始终执行不力的家长，教师适可而止，尽量在自己的能力和视线范围内，引导和教育存在问题的学生。

愿意接受教师帮助的家长，领悟力和行动力参差不齐，因此效果也会因人而异，教师要理性对待。但只要家长改进的决心够大，且能尽量按照科学有效的方法去执行到底，家庭教育必然能取得一定的改进效果。

2. 引导学生进行沟通方式的改变

在平时的沟通交流中，教师尽量采用非暴力沟通方式与学生交流，也引导学生学会在平时采用非暴力沟通方式。学生不断练习，直到能平和、冷静、理性地表达自己的情绪和诉求，做到：即便不被理解，也不要急躁上火、当众发飙，而是找合适的机会再去心平气和地解释。学生情商的提高，能给家长信心，助益家长改变家庭教育。

如果家长已经决定进行改变，那么，教师和家长可以提前告知学生其家长愿意付出的努力和即将进行的改变，让学生做好心理准备，尽量收敛或改掉原先对家长不合作的态度，从行动上鼓励和支持有意改变的家长。

家长发生改变，家庭教育随之改变，坚持下去，家长会惊喜地发现亲子沟通更顺畅，孩子渐渐恢复对家长该有的敬畏；孩子在家长理性引导下，也会更善于与他人沟通交流和合作，在学校会更有规矩，更倾向于承担自己该负的责任。

用非暴力沟通方式与家长沟通

家校要形成最大的教育合力，需要老师与家长进行有效的沟通。尤其当孩子不接受家长或老师的教育，冲突、对抗等导致彼此关系紧张时，老师更要与家长做好沟通工作，将彼此带离负面情绪，并给予彼此助力，使老师和家长对孩子的教育互相补台、无缝衔接。在这样的情形下，教师如何才能不被自身及家长的负面情绪左右，保持沟通的有效性呢？推荐使用非暴力沟通方式。

由美国马歇尔·卢森堡博士提出的非暴力沟通，以观察、感受、需要和请求为人际沟通的四要素，鼓励真实地表达自己和关切地倾听他人，使人们情意相通、和谐相处。非暴力沟通方式适用于各种场合，也适用于看似难以推进的家校沟通。

（一）用非暴力沟通方式解家长之困

当孩子（尤其是青春期孩子）态度恶劣、不配合家长的教育时，家长容易情绪失控，甚至与孩子发生冲突。信任老师的家长来寻求老师的帮助时，首先我们要从家长激动的表述中，说出我们所看到、听到、观察到的，提取出经家长确认的事实；接着我们要提炼出家长的感受，看是担心、生气还是焦急；然后，我们要问询家长：需要孩子做些什么，发生什么样的改变？需要老师怎样的帮助？最终达到什么样的结果？为此，家长自身要改变些什么？

倾听家长时，我们说出客观的观察，帮助家长重新梳理事实；引导家长把握自己的情绪，相对平和地明确自己的需要，进而确定想要孩子或自身做出的改变，需要老师提供什么样的帮助；等等。经过这样的梳理和沉淀，后续家长再与孩子进行沟通时能尽可能地心平气和，也能更聚焦于共同目标，共思改进之道。如果家长或孩子需要老师作为第三方来调和他们的关系，我们也可以参与其中。

（二）用非暴力沟通方式得家长之助

当学生软硬不吃、不肯配合我们的教育时，可能我们已经牢骚太盛、愤懑难平，这时，我们要让自己平静下来，进而平和理性地与家长进行非暴力沟通，获取家长切实的助力。

首先对家长说出我们对孩子的观察，如学生作业完成很不好，就具体说出他哪些时间没完成作业、作业完成的程度等；如学生待人不礼貌，就具体还原当时的情景，如实呈现学生当时的语言、神色、举止等。接着，说出我们的感受，因学生的表现，我们感到生气、担心、着急、难过等。然后，提出我们的需要和请求——需要家长来解我们的困顿，携手教育孩子，助孩子改掉不足、逐渐向好。在寻求家长帮助的沟通中，我们的需要和请求面向学生和家长，合作的目标是什么，可以商量的有什么，想要学生和家长做些什么、做到什么程度，都要具体、可落实，如作业该补的内容、完成的时间、交接和检查的方式等，如学生与老师、长辈等沟通时，语言、神色、动作等合乎文明有礼所要注意的细节。

按非暴力沟通"观察、感受、需要和请求"四要素全流程交流下来，我们既客观告诉家长孩子在学校的具体表现，讲出我们的感受，也告诉家长我们的需要以及他们可以协助我们一起做到的部分。家长听完这样的表述，一般会比较平和地接受我们的要求和建议，比较好地进行符合目标的交流及合作。

不过，在具体操作中，常会有家长落不到实处。怎么办呢？我们可以给予家长执行时的支持。比如，告诉家长，万一他们也与孩子沟通不畅，可来咨询老师，彼此给助力。再比如，遇到孩子说作业不会做而不做的情形，建议当下就让孩子来请教老师，且孩子补完的作业可拍图给老师，家长和老师一起监督孩子在规定时间内补完。又比如，家长不知道怎么引导孩子说话，可以与家长进行思想观念层面的交流，并建议家长于生活中、于创设的活动中，观察和提点孩子以自尊自爱、尊重他人为前提进行倾听和表达。以非暴力沟通开启寻求家长助力的大门，以后续的技术支持落实并强化家长的助力，多次践行后，孩子会越来越信服老师和家长，并在老师和家长的教育合力下不断改进。

学生在校、在家都能把该做的事情做好，是最理想的状态。但是，现实却是亲子间、师生间的合作并不总是一帆风顺的，老师与家长要互相给力。用非暴力沟通方式，教师与家长有效沟通，形成强大的家校教育合力，孩子在学校和家庭都能得到温润有力的教育，持续成长与进步。

做好有意义的家访

对全班学生进行家访，既是学校等上级的要求，也该是班主任的自觉行为。

（一）家访启动前

子曰："知之者不如好之者，好之者不如乐之者。"

家访，如果只是因为知道它有用，因为它是区教育局和学校的要求，那么容易让自己觉得是负累，使得身心疲累。所以，先要想办法让自己"好之""乐之"：

视之为探亲访友，视之为拓宽交际面和视野的路径，视之为了解各楼盘特点、房屋装修风格等的渠道，视之为切实助益需要帮助的学生和家长进而提高教育教学的效率和质量的通途……自己怎么想比较开心，就怎么想，让自己积极乐观起来，让内心驱动自己想去家访、乐意去家访。信念影响态度，态度影响行为，行为影响结果。

想让家访成为自己想做且可以做得很好的事，信念要先行；而乐观积极的心态，会使人理性平和地对待问题，并更易想出巧办法来。

比如，算笔家访的时间账。觉得繁难时，感觉要为此花用上很多时间。试着做完这道时间算术题：一次家访约 0.5 个小时，往返时间约 0.5 个小时，46个学生，总计用 46 个小时。两个学期共 40 周，平均每周访问一两家即可，即每周约用 1—2 个小时；若连着几周实在太忙，分身乏术，匀一匀，分到其他周去，如一个周末访问附近区域的 6 家，去掉 4 个往返的时间，合着约用 4 小时。老师们备课或改作业或留学生抓落实的加班时间，仅一学期累计起来，就比这家访时间多很多。

来一次深度家访吧，帮助需要帮助的学生或家长，与家长携手促学生进步，提高自身教育教学的实效性。

（二）家访准备时

"凡事预则立，不预则废。"

普访不同于特定情况下的专访，因此要解决两个问题：先去哪几家家访？什么时候去？

近几年采用的是先告知家长们我可以出访的时间，接着由他们发出邀请与预约，随后我根据已预约的几家的地理位置安排到访的具体时间。先约定再家访的方式，对彼此充分尊重，也能使得我和家长事先都做好相应的准备。

国庆和五一的小长假，我一般不去凑全国人民旅游的热闹，这两个时间段便成为我的密集家访时间，比如有一年国庆节从 10 月 4 日访第一家起直至 10 月 7 日晚，总计家访 19 家；而两个小长假因为外出没有预约到家访的家长们也不着急，后续陆续按以上原则相约即可。

同一时空的交谈前，各自进入最佳状态：我准备好要问的问题、该生在班的具体情况；家长们在家准备好要与我交流的孩子的各种情况，准备好要不要让孩子在场。礼节周到的家长们也会提前准备好茶水等，令人感觉犹如亲友相访。

（三）家访进行时

通过问答聊天，尽可能辩证客观地反馈学生在校的情况，也尽可能多方面地了解学生在家的情况，德、智、体、美、劳、优、劣全覆盖。

好问题，便是提高家访有效性的利器。家访一般问什么问题呢？围绕着借助家访想进一步促成的目标——家校合力助学生全面发展来决定，与此有关的合情合理的问题，都可以问问聊聊。

了解学生的家庭情况。知晓父母的工作情况、积分入学情况、兄弟姐妹的有无及大小、家人的相处模式、上下学的方式、学生的户籍等。了解这些情况，对学生的一些行为可以多一些理解和包容，后续与家长及学生的沟通交流能更顺畅、更有指向性。比如，曾经非深圳户籍学生，中考录取需要更高分的事实要提早告知，转深圳户籍的建议可以给出。比如，学生家住很远（车程至少一个小时），又全是自己搭公共交通往返的孩子，迟到情有可原，但她却从不迟到，这就很值得肯定并引以为榜样了。

了解学生在家的学习情况。学生在家的学习时间安排，学习环境，家长对学生学习辅导或监督的程度，学习之余做家务、运动的情况，其他兴趣爱好或入读其他各种班的情况，学习时的课外阅读、玩游戏或播放音乐等的问题。在这部分，如果家长或学生有困惑，当下可以给出可行建议的话，可以多聊聊。比如学生在家的时间安排不合理，洗澡半个小时，吃饭半个小时，游戏无限时，作业时又会发呆、分神，导致作业做到晚上十一二点，质量又差，那么就给出建议，家长与孩子一起来协商定出可以执行的合理高效管理时间的方案。比如学生一味学习而不做家务，那为了孩子的综合能力和长远发展考虑，就会建议家长让孩子做起家务，最好是可以独立完成且对生存生活很有益的家务，比如做饭、炒菜。

聊天之外，也应于细节处多留心观察，如亲子间交谈的神色、语气，孩子在家的言行举止等，作为所想了解内容的补充或校正。

一般半个小时就能进行一个较为全面的家访，而如果有不止一个困惑亟待解决的话，可以再多花一二十分钟详谈。

（四）家访结束后

家访结束，与家长的友好互动将延续，且还将更上一层楼——因为有过较为深入的恳谈与较为全面的了解，后续的沟通交流更顺畅。

对于家访中所了解的一些情况，要适当记录，以免过后因遗忘而产生一些不必要的误解。家访过程中了解到的班级及其他学生的问题，要及时去处理。需要让科任老师们知晓的情况，要尽快告知。需要持续联系以助困惑解决的家庭，也要持续跟进。

家访中发现多位学生共同存在的问题，比如时间管理问题，就亟待开个相关的主题班会、与相关学生私下交流引导、写篇供家长参考的策略文等，来切实帮助学生改进。

新生入班第一天，班主任从容带班启程

小学升入初中，分到班级的第一天，对学生们而言，是新鲜的初中生活的开始；对班主任而言，是忙碌无休的一天——除了学校的安排和指定动作外，全天都是班主任包场。那么班主任要如何从容有序地充分发挥第一天的作用呢？我会进行如下操作：

（一）创造机会，观察学生

刚开始，由他们随机入座，可以观察下哪些人是互相认识的，哪些人比较大方随和，哪些人比较拘谨，等等。临时的班级相关任务，根据需要随机请学生帮忙做，他们做的主动性、积极性及完成的质量等，借此也可观察一二。为了避免忘记，对于表现比较突出的，要及时记录。

第一周内必须定出利于班级有序运作的主要班委，如班长、劳动委员、学习委员、宣传委员、体育委员、文艺委员、各科科代表等，除了根据他们的经验和意愿，也将结合他们入学第一天的表现来初步安排。

（二）了解学生，详说规矩

发给入班的学生每人一张可以填写详细资料的纸，其中包括家庭地址，联

系方式，曾担任班委，想担任何班委，兴趣爱好，已学习的才艺，最喜欢的书刊、电影、电视节目等。学生写完后收齐，尽快大致了解学生，方便接下来的相关安排。电子版通讯录方面，可以在学生入班时，让他们在班级电脑的指定文件里输入；如果已有班级家长群，在群里用问卷星、小管家等小程序进行汇总更合适。

简单说说学校的亮点和特点，其余留待他们自己去体验和发掘。重点要让学生知晓入校即选择了该校的制度和规则，校规是必须遵守的；是中学生，中学生的行为规范是必须遵守的。《中学生日常行为规范》等，通过自学、必答、抢答、测试等多种方式，使学生知晓并记住其中主要内容。规章制度作为法治班级的基础部分，后续还将继续强化。简介学校和详谈规矩，也可以在团队初建之后进行。

（三）打破陌生，初建团队

学生根据抽选出的组名，组合成班级第一期的 4 人小组，并明确告知第一次考试后才会进行小组人员的调换，未来一个多月时间他们就是一个团队。给予一定时间，组内进行以下合作内容：初选出组长，定位出组内的学习委员、卫生委员、纪律委员等，并在组内为班级取专属班名、定班歌、定集体生日，商定后记录在纸上。随后，各小组上台进行分享，组内分工和班级设定都要简单说明理由。

为了让学生更认真聆听、早点儿彼此认识，要求后来上台的分享小组说出已分享的某个小组的成员名字，再开始进行自己的分享。分享后的记录纸交给班主任，而班名、班歌、集体生日板书在黑板上，12 个小组都分享完毕后，全班投票表决，初步确定班名、班歌、班级集体生日等；同时，公示小组合作制度的具体操作方案，第二天起小组值日及管理等，就可以开始运作。

（四）引导交流，促进适应

给予时间，让学生表达与交流对初中生活的想法，根据他们的发言进行引导。对于初中生活，学生们或许是恐惧的，或许是兴奋的。初中的课业内容增加了，考试压力也变大了，家长也格外紧张。但其实不必过于紧张，学生每一天都用心认真地学习，做好该做的事，继续全面提高自己德、智、体、美、劳，稳扎稳打，初中生活依旧可以从容推进，照样丰富多彩。

随着生理和心理的成长，到了初中阶段，怎样理性地表达自己的需求，怎样友好地与父母、与同学、与老师沟通，是学生们必学的功课，也是老师今后会重点引导的部分。入学第一天，通过实践使学生对此有所觉悟。

做实做好以上四点，要半天左右。如果学校安排了领书、发书等，安排了统一的学生大会，那么上午未完成的部分，下午继续进行。如果进行完还有剩余时间的话，可以安排学生自习，这时结合学生上交的自我介绍和当天所观察的，初步选定主要班委人选，并与相应学生进行商量并定夺。

其余未言及的必要事宜，如班级公约和班规等，后续陆续进行。新班级的远征，才刚启程，大框架、大方向已定，后续各项事务有条不紊地推进就好。

运筹帷幄，有序开局；开局不利，亦无大碍

如果你刚当班主任或多年后重当班主任，正在为即将面对的学生、班级事务而紧张不已，各种顾虑与担心，那么我想告诉你：放轻松，结合远虑近忧，用心规划，从容应对，开局自然不会差；而就算开局不好，亦无大碍。

（一）运筹帷幄，有序开局并良性发展

1. 新班：初一起始班、打乱重分的班

要带出什么样的班级、什么样的学生，希望自己的工作常态是如何的，心

中要有数。想明白后，为班级配套上合适的制度框架。

我希望带出团结、紧张、严肃、活泼的班级，我希望我的学生能够善于沟通与合作、勇挑责任并能善始善终，我希望我的工作是高效专业的、能切实使学生得到锻炼和提高的。因此，如果接手全新的班级，如初一起始班级或被重新打散组成的班级，从接班伊始，我便会采用小组合作制、人人班委制、定岗定责制等，尽快构建出班级的架构。这些制度，会一贯始终，哪怕最初因为对学生不熟悉，只是用到它们的雏形、未完善版。

2020年9月到连平支教，虽然带的是初三，但犹如带新班。学生被打散了重新分班，原班主任已经离开，学校也没有该新班的学生资料，开学前一天晚上只拿到学生名单，得知了第二天的大扫除任务。开学日一整天，班主任要全权负责一切事宜，安排座位、发书、大扫除、入学教育等。

我用小组合作制、人人班委制、定岗定责制，使得第二天的各项任务有序进行：学生抽签定组，立刻排好以小组为单位的座位；提前分解并设定劳动岗位，学生自选与安排相结合，每个人都有了初步的岗位与职责，各自履行职责；积极主动者前去为班级领书，所有书放在门外，每小组轮流出来取自己一整套书；进行完入学教育后，我让学生写下自己有意担任的班委，至少写三项，不过很多人说没当过班委，不知道怎么当，大多人只写一项。

当天学校要求做的一切事都做完了，我认为要做的事也差不多了，还剩下些时间。于是，学生看书，而我也得以坐下理一理，把小组座位表写好张贴在讲台上，把观察到的学生特点简笔记下，对照他们的班委意向，开始排兵布阵。

后续一周内，陆续按照他们的意愿和我的观察，协商定出了分担各项班级事务的主要班委。主要班委按要求履责，执行大家协商制订的班级的有关制度。

初三毕业班，促学很重要。因此，小组组员的定位主要参考学业成绩来。

第一次考试成绩出来后，根据考试定位班级的各个号数群体，让他们根据规则双向选择组员，组成新的四人合作组，班长负责安排初始座位及后续组间座位轮换。

劳动岗位后续由劳动委员根据任务轻重，及所需要的人员等情况进行适当调整，或是人员更换，或是将打扫区域扩大或缩小。男女生宿舍及班级承包的不同区域，都有相应的宿舍长及分管的劳动委员来检查跟进及追踪落实。

人人各行其是、各负其责又要沟通协商、互助合作，班级有序开局，并持续良好地运作。

2. 中途接手的班级

如果是接手别人的班级呢？我想开局会轻松很多，毕竟主要班委等班级组织已经运行了一两年，学生对学校也熟悉了。开学第一天的很多事，学生可能比新到学校的班主任更知道由谁负责、到哪里去、该做什么，以及怎么做。新班主任默默做好观察记录，多挖掘学生的亮点，为后续知人善用做准备，把握教育契机。

后续与学生相伴相处的过程中，要根据观察，结合自己的教育理念等，在前班主任原先安排管理的基础上进行调整、优化即可。有些班主任原先的做法很好，那就放手让学生循例去做，我们还可以学习一二；而有些可能需要大刀阔斧地改，此前此后，我们要向学生表明改变的用意及具体做法，使学生能够接受，并携手强有力地去执行"新政"。

除了去连平（广东省河源市辖县）带初三新班，我向来都是从初一带到初三，没有中途接班的经历。回到龙城初级中学接回分别了一年的（13）班，有点中途接班的味道，不少学生常说初二班主任是如何做的。

初二学期末的卫生大扫除，我便让他们先按初二班主任的方式，同时告诉他们后续我会根据他们的劳动情况，决定是用我的方法，还是让他们沿用初二班主任的方法。结果，12人自由选择自己要干的活儿，有的活儿多人去干，有的活儿没人干。已"赋闲"的原大扫除负责人说，以前大家都主动做得很好的。真的吗？不够美好的事实摆在眼前，我决定还是要用我的定岗定责制。于是，我立刻根据观察到的，起用一靠谱男生担任大扫除负责人，告诉他会有哪些具体岗位，让他去制作表格，下学期一回来就让大家选择自己中意的劳动岗位，以后大扫除时便按大扫除定位表进行。行动前实验甄别的想法与行动后定岗定责的决定，我都第一时间告知学生，因为这是因他们而定，也将由他们执行的决定。

（二）开局不够好，也没那么大的影响

大家都很在意美好的开局，"好的开始是成功的一半"，"不要输在起跑线上"，这些再熟悉不过的字句依旧被广泛使用，尤其常被用来告诉中小学生。

其实，哪个阶段不重要？初一是小初衔接、初中的起始阶段，初二是各学科内容最密集而学生又普遍容易躁动的阶段，初三即将迎战中考，是初中的最后一年。不少老师喜欢吓唬学生："如果错过了这段时间，那就可能学不好了。"

与其故意营造紧张氛围，制造焦虑，不如对学生实话实说：每个阶段都用心认真地学习、天天向上，是最轻松高效的方式，如果有哪段时间没跟上，那后续可能要花更多时间和精力来补救，而且补救起来会很辛苦，还不见得能够补上来。

人生就像马拉松，学生受教育、老师做教育也像马拉松，被过分强调的开头，只是整个过程中的小起点，对后续的影响十分有限。漫长过程中，参与者持续不断的调整与改进、成长与收获，才是最重要的。就像过年时，很多人许下美好的心愿，立下诸多"flag"，似乎美好的一年真的从此开始了；然而，这些愿望若不能逐一实现，再好的开年心愿都是镜花水月，虚幻的美好。有美好的开局，还要有为之持续付出的过程，预期的美好才可能逐一兑现。

可能有人又要说，心理学的"首因效应"也提醒着第一印象的重要性。然而，真正影响人们最后做出决断的往往是"近因效应"，即人们最近、最新获得的信息。给人第一印象不好也没关系，不断发展进步，就会逐渐被人喜欢和看重的。如果你未做好顶层设计，统筹规划，不能保持良好的持续性，那么，真不必为给人留下特别好的第一印象而用尽全力。先按照基本要求做到位，顺其自然，多观察、多记录，为后续教育做足储备，持续给力。过程中发现有更好的方法，随时可以采纳，持续优化，才能不断进阶，收获过程与结果中的美好。

不必一味强调要有好的开头，以及不要输在起跑线上，开局做不到很好也关系不大。心态要调得更平和，后续把时间和精力多用在阅读提升，多了解学生、帮助学生上，相信会更有利于跑完、跑好整场教育马拉松。

"令行禁止"须注意的几点

讲求班级严明有序，必然需要令行禁止。"双减"席卷而来，除了令我思考进一步优化自身的教育教学工作外，也给我带来了关于令行禁止的思考。

"双减"从暑假开始就以排山倒海之势席卷各地，有些培训机构直接倒闭。开学后各地的检查工作也将持续跟进。新学期开始了，课后服务全面铺开，学生 18 点之后离校已是各中小学校的新常态。

以上轰轰烈烈进行的同时，有一项易被跟进落实的小规定，却似乎没了下文——那就是为保障学生睡眠而定出的到校时间。

大概是因为规定的模糊性吧，这份通知文件，用了"上课时间一般不早于"的字眼。于是，不止一个城市，不止一所学校，都在"上课时间一般不早于"上进行了灵活处理，尤其是面临升学考试的年级，多个城市的多所学校的初三学子都还是被要求在 7：15 到校。模糊的表述，使得再怎么灵活处理都没

准。学习方面，个人与班级都以进步为目标，教学相长、利人利己等理念得到学生的普遍认同后，学习先进者都乐于帮助暂时落后者，不懂就问、积极问答是班级的风尚。

（二）小组合作，活动历练与班集体同频

班级小组合作制从入学第一天就开始执行。刚入学时，学生随机抽选入同一组，而后都是在特定规则范围内，为促进学习和保障纪律而进行双向选择。小组成立后，日常的卫生打扫、自习课轮流管理、学习方面互相监督与帮助等常规班级任务，以及临时接到的如赶制宣传海报等任务，都由小组分工合作进行。

在全班重新换组前的半学期甚至一学期内，成员是固定的，有矛盾自行解决或请家长、师长介入协助解决。因此，小组成员必须进行磨合，进而互相包容、互相帮助。小组合作制如此贯彻执行，既为提高学生的社会交往能力，也为加强学生对所属团队的归属感。事实正如预期，同甘共苦较长一段时间后，原先不合群的学生改变了，很多小组都发展出深厚的"战斗情谊"。

班级参加学校组织的大型活动，比如合唱比赛、拔河比赛、体艺节入场式合排及表演、运动会、班级秀展演、篮球比赛等全班须上阵的场合，除了常规小组的合作外，也根据需要临时编排出新的小组，将四五十个散点的力量整合为七八块的力量，以便更高效、更有序地推进各项活动的进行。比如，体艺节入场式需要表演舞蹈或武术动作，学习能力强的学生先学会并担任组长，他们各自带一个小组，分别负责本组的动作教学，最后所有学生再汇聚进行班级群体的合作训练和细节打磨。高效的组织管理，有序的分工合作，学生不仅有所适从，而且也能感受到团队强大的力量支撑，更加认同这个优秀的班集体。

（三）个人锻炼，履行班级职责和使命

班级的每个学生都履行一项班级职责，常规岗位不够的话，临时岗位必会安排上。我细分班务，使更多学生得到锻炼、对班级有所付出，借此增强学生的班级归属感。对班务进行细分后，每个人实际要做的事并不多。比如，班长，最重要的就是协助老师保障考勤和纪律等安全事宜；班级有专门的"门神"——专管开门、锁门及门的保洁工作。

不管学生性格是内向还是外向，能力和水平如何，只要他有意愿，我就选择信任他，给予他锻炼的机会。如果同一岗位有多人想上岗，就在意向者中进行协调安排，务必使得人人都做自己愿意做的事，事事都能尽力做好。每位当值者，只要按照班级的规章制度执行，他们合情、合理、合规的行动就会得到支持，就能有质量地完成自己的任务。

不过，全班四五十人陆续上岗的初期，我的指导要多费些心神。比如，有些学生虽然满腔热情，但刚开始履行职责时，往往难达到标准和要求。我会继续支持、鼓励他，使他想办法履行好职责，必要时也提供具体的帮助与指导。如果学生历练多次后，依旧被证明不合适原来的岗位，就会换到更适合他且他也愿意的岗位上。大多数学生经过一次次锻炼后，都能有所成长，履行好自己的职责，完成好自己的使命，并不断优化、精益求精，到了初二和初三，往往能独当一面。

一对一的指导和调整后，每位学生都有班里的一份事儿做，他们必须且能够也确实越做越好。学生用自己的努力为班级作出贡献，成为班级不可缺少的一分子，收获来自老师、同学、家长的认可和肯定，也收获自己的成就感和自信心。

教育教学活动中，我始终以班级和学生的发展为始终。积极为学生搭建平台、创设活动，提供学生成长所需要的助力，尽力培养他们面向未来所需的能

力与素养，引导学生间多多给予彼此正能量。学生与学生、与小组、与班级互相成全，一起进步。学生的班级归属感，在这日常点滴中不断累积；大家齐心协力，共塑团结、优秀的班集体。

问题面前须深度自省

"吾日三省吾身"——儒家提倡的自省，不仅是指导人生的至理，也是引领教育教学走向成功的要言。在教育教学问题面前，唯有不断自省，才能找到解决问题的关键，进而解决问题，实现飞跃。

面对课堂的吵闹，面对学生的无理应对，看到学生一盘散沙……我们忍不住对学生怒目相向，甚至严厉地直言批评；过后，仍旧忍不住抱怨："这些学生怎么这么不懂事？"甚至还会感慨："怎么一届不如一届？"老师们聚在一起时，在这个话题上往往能产生强烈的共鸣。于是，遇到了状况的老师们便沉湎在对学生批判的世界里，问题继续存在甚至恶化，而我们的教育教学，止步不前。

要前进，就必须改变。当学生似乎很难有变化时，作为老师的我们，应该有所改变。

首要的也是最重要的，就是思想上的转变：要把视线从对外转向对内，我们必须深刻地自我反省！内因是事物发展的根本原因。当我们深刻自省后，我们往往会惊讶地发现：许多令人不悦的状况，是我们不当的教育教学方式激发出来的；解决问题的关键就在我们身上。

当与学生冲突时，别急着批评学生，先想想：自己是否真的了解具体情况？在教育的过程中是否犯了急躁冒进的错误？自己的用词或语气是否恰当？

当看到集体的散乱时，别忙着责备学生不够爱班级，不妨先想想：自己在此前的集体感教育方面做足了吗？作为老师，有没有在必要时让学生充分地感受到集体的温暖？这个集体的优点有没有被充分地呈现呢？

当一节课吵吵闹闹难以为继时，不妨思考并记录：自己的教学环节设计得合理有序吗？自己问的问题能不能很好地引发学生积极的思考呢？有没有让学生很愿意参与的活动环节呢？教师用语有没有让学生如沐春风呢？

自省，不光是在发现自己的状况后反省自己的不足，"见贤思齐焉，见不贤而内自省也"，别人处理类似问题时，也可加以观察并思考自己的正误得失。对自己的课堂容易当局者迷的话，不妨去听听与自己情况类似的班级的课——用相似方式处理的教师往往会出现相似的问题。当教师采用了不够恰当的教学方式，一言堂的灌输、不当的提问……课堂就难免或沉闷或吵闹了。

在自我反思、深入思考的基础上，得出结论，并果断地采取行动，问题会得到解决，情况会得到改善。不断深入地自省，并积极采取相应的改进措施后，教育教学方面不断改进，所带的班级和学生都会发生积极正向的改变。

自省，是助益教育教学改进的良方妙药。当问题出现时，不妨少些教师间对学生、对不良现状的抱怨或嗔责等负面信息的强化，多给彼此提出改进建议，多些面向自我的深层思考，多找自己的问题，多看到自己可以改进的方面。教育是慢的过程，学生螺旋向上成长的过程中，问题总还是会出现的，在生气或失望之前，记得先问问自己："我有哪些方面做得不够好？我还可以怎么做？"

"躬自厚而薄责于人，则远怨矣"，做教育教学工作的向内深思及向外敏行者，教育教学工作可以进行得更愉悦、更有成效。

关键在培训后的思与行

什么形式的班主任培训更具实效性呢？聆听专家的讲座、同事间切磋交流、阅读相关的书刊……其实，只要有正向积极的思想内容的输入，有观念的碰撞与交锋，有可行的方法、策略的传递，不管哪种形式，都是有意义、有价值的培训。

然而，如果只是听过、看过觉得很精彩，或者只是写写文章、做做探讨，或者只在培训中及培训后实践一二，那么，不管培训过程怎样的精彩，内容怎样的深刻，受训时如何振奋，最后只留下一点记忆，培训不会产生什么效用，受训者很快就走回自己的老路。

我做过几次讲座，也与一些来咨询的同事恳谈过，他们对我的观点颇为欣赏和认同，然而，培训结束后，大多数人在行动中没有任何变化。

比如：我与他们分享，社会主义核心价值观主题班会应该也可以上好，也给予了上好主题班会的全方位的指导。然而，很多听讲座时频频点头称是的老师，后续依旧没有上出原创的有深度的主题班会来。问为何没有改变，老师们有各种理由，或是学校有授课要求，或是初三学业太紧张，或是学生和学校情况，等等。

再比如：我与他们分享，当学生出问题时，我们要积极去思考解决问题和帮助学生的对策，不宜只是聚在一起吐槽学生的问题。然而不久后，办公室里又听到几个老师凑一起吐槽班上学生的问题，越说越生气，满脸愤懑，却不去冷静理智地思考解决问题和改变学生的可行路径。如此一来，班级学生的问题只会越来越多，教师只会越来越无力，转头却说："就是这么差的啦，我也没办法。再好的培训对我也是没用的！"

这样的情形，太多了。典型的"听时很感动，过后全不动"，培训后不思切实地改变，自然什么效用都没有。成年人认定的理儿，一时很难扭转或改变。但作为教书育人的老师，为了促进广大学生发生正向改变，虽然艰难，也要想办法去除错误的成见。各种培训中，新知的碰撞下，老师们幡然醒悟，当下犹如悟通了道。可惜后续没有反复强化、不断践行，不久后，便又重新陷入原有的成见中，后续的决策和行动也难有什么改变。

要想充分发挥培训的效用，关键还是要看培训后对有益的新观点、新方法、新技能的强化与运用，并不断优化，直到它成为自己新的观点乃至信念，形成与之相匹配的新的思维和行为模式。

如何重塑新观念呢？不管哪种形式的培训，专家、学者、经验丰富的先行者等的分享中总会有一些触动我们的新知、观点。首先，我们要敏锐地捕捉到它们。其次，重复多次，直到牢牢记住。此前在参加区教师进修学校组织的区级骨干班主任培训时，台湾的培训专家郭立中老师为我们进行了一天的讲座，其中郭老师帮我们把实用的观点，提炼成朗朗上口的短句，如"有用才有用""小变才能带来大变"等，课上结合实例讲析透彻后，就带着我们一起背熟。接着，我们还可以结合生活实际进行深入浅出的自证、论述，进一步明确新知的正确性和可行性。郭老师培训当天中，就有安排我们学员进行结合生活实例的课前分享，使这些简明又实用的观点尽快被我们认同并铭记。紧接着，要在生活中反复用来指导我们采取新行为。就如郭老师分享给我们的："有用才有用"——真正去操作和实践，才能发挥它的作用；"小变才能带来大变"——量变累积到一定程度会带来质变，但要从小小的改变开始，勇敢地一点点去改变。在这些有益观念的加持下，我们能更积极、主动、有力地去作为。

重塑正向的积极的理性的认知后，要在实践中逐渐生成积极向上、冷静理智的成长型思维和行为模式。在这过程中，很重要的一点，就是要明确习惯与性格等看似不能改变的存在，其实是可以改变的。一些问题发生后，不少人理直气壮地帮自己或别人推卸责任："习惯了""就这性格""孩子在叛逆期"。明知该怎么做却没做好，似乎只是因为习惯或性格使然；而习惯和性格又似乎是没法改变的，由此而产生的问题好像也只是身不由己的客观存在。

然而，事实呢？一个行为不断重复，就成了习惯；多种习惯汇聚，久而久之就形成了性格。因此，只要用新的行为代替原先的行为，并多次重复新的行为，新习惯就养成了；养成多种新习惯，最终也便形成了新的性格。遵循这样的思维和行为逻辑，美国政治家、物理学家富兰克林在成年后自行培养出许多美德、美质。

有确信后，接下来要做的就是化为我们的思考和行动：准确定位问题所在，明确我们的目标，找寻或协商出解决问题的路径与方法；然后，不给自己任何理由和借口，果断地采取行动，做到善始善终、精益求精。一次又一次地进行这样的思考和实践，新的积极向上、冷静理智的成长型的思维模式和行为模式就会慢慢融入我们的血液。

重塑新观念，采取新行动，逐渐形成新的思维和行为模式，这样，不管是什么形式的培训，只要有习得，从老师到学生的改变才能发生，培训才是具有实效的。

回到开篇老师们深以为妙却没去上好社会主义核心价值观主题班会的例子。首先，重塑观念，深刻意识到价值观教育的重要性，及社会主义核心价值观教育的深远价值和影响。其次，改变思维和行为模式：不管班会课时间有多少，这件立德树人的头等大事，不管开成 40 分钟的主题班会，还是只开 5—10 分钟的微班会，都一定要做好，也一定能做好。

如何做？首先，课前观察班级学生存在的问题，然后找到其背后的价值观内核。其次，充分备课，选择能体现学生主体地位又能吸引学生注意力的内容和方式，并做好不同授课时间的预案。最后，一到班会课时间，完成学校任务之余，果断上起我们用心备好的社会主义核心价值观主题班会课来。

坚持上五六周，学生由内而外的改变，会让我们收获意外的惊喜，而由培训时觉得不错到坚信其中道理再到采取行动，我们自身的改变发生了，也有助于后续我们更自信、从容、有效地进行教育工作，成为更优秀的自己，促成更多优秀的学生。

[本文发表在《班主任之友（中学版）》2021 年第 Z1 期]

忙碌中坚持读经典原著

培根在《谈读书》中提及的经典佳作不宜找人代读，深以为然。我乐意回归经典原著的文本，品读原汁原味的经典，然后，思考、反刍、梳理、运用。近年来，在繁忙的工作中，确实也读进了不少好书，收获良多。

如何在繁忙中坚持有效地阅读经典原著呢？我主要做到以下四点。

（一）想要读

越认识到教育教学中的不足，就越觉得自己该多读书。作为班主任、语文教师，需要博学多识，也需要提高专业素养和技能。出于兴趣和对自我成长的要求，以及提升工作质量和效率的需要，在多方了解多种经典著作后，我首先进行选择、试读，确定是值得我精读的著作后，便购买或下载以备后续阅读。

开卷有益，近年来选择阅读的《影响力》《乌合之众——大众心理研究》《卓有成效的管理者》《自卑与超越》《正面管教》《非暴力沟通》《少有人走的路》《孩子，把你的手给我》《P.E.T父母效能训练》等社会科学类的经典著作，令我更懂学生、更懂班级管理、更懂亲子教育、更懂家校沟通。

（二）读起来

哪怕只有几分钟的闲暇时间，都可以进行阅读。每天坚持阅读若干分钟，十天半个月就可以读完一本书。被其中的精彩深深吸引住后，忍不住一股脑儿把剩下的全读完，是常有的事。觉得好或者有意阅读的经典，纸质书可以提前购买，想读的时候，随时就可以拿来读。

阅读软件可以下载不少经典的电子版，手机带到哪儿，阅读就在哪儿进行。《基督山伯爵》《四世同堂》《语文科课程论基础》《教学勇气：漫步教师心灵》《双向养育》《认知天性》《教养的迷思》等纸质书或电子书，我就是利用碎片时间陆续读完的。碎片时间一直都有，想读的书就在手边，读起来就行了。

（三）梳理好

读过的书，即使曾在书上密密麻麻地做过圈点批注，也还需要再进行梳理。梳理的方式有多样：可以与他人交流；可以自己以目录为纲，回顾整本书的主要内容，回忆其中精妙的细节，温故而知新；可以写下质量较高的读后感，对整本书进行深入系统的把握，或进一步解析最受益的部分。

比如我们工作室，每年的必读书和自读书，要求并组织成员在阅读时进行分享交流，读完后成员用心写好各自的读后感并发表到工作室的公众号。用这样的方式，我们互相切磋，促彼此更好地内化新知，再比如，大家都较好地掌握了《非暴力沟通》《NLP 圣经：美国 NLP 学院专业教程》《双向养育》等共读书所提供的技能，优化了思维模式。匀出时间来梳理所读，对于精准解读及巩固深化是非常有必要的，要舍得花这个时间与功夫。

（四）用起来

读以致用，才能使得阅读的意义与效能最大化。如何用呢？调整认知，改变思维模式；调整行动，改变行为模式。

比如，《论语》的"见贤思齐焉，见不贤而内自省也""躬自厚而薄责于人，则远怨矣"等，使我们在面对令我们不悦的人、事、物时，要多自省，避免继续怨怅，切实促进自我再成长。

再比如，细读《非暴力沟通》，我们学习用非暴力沟通方式善待自己和他人，反复练习，直至改变思考和表达的方式：对待自己时，能把本不乐意做的事转念为自己为满足需求而选择去做的事；对待他人时，能客观说出自己的观察，理性说出自己和他人的感受，精准表达自己和他人的需求，合适地表达自己的请求。

　　保持空杯心态，越会意识到阅读的必要；越读越会觉着阅读经典的重要。用好本有的碎片时间，挤出整块时间，精读、精品我们精选的经典原著，并尽量读以致用，我们的思想与能力都会提高，成就越来越优秀的自己，做更好的教育。

第七章

给家长们的温润有力的教育建议

改善亲子沟通的三大建议

家庭教育常见的难题是什么？问卷调查收集到：不少家长忙，对学生的监管难到位；孩子学习不自觉，却抗拒家长监管手机，也不愿被检查作业，不愿与家长沟通。

怎么帮助家长解决难题呢？归根结底要使孩子愿意接受家长的教育。家长随着步入青春期的孩子一起成长，做出改变，改善亲子沟通，是有效路径。

（一）请家长重树观念

家长不要抱有依赖思想，想着远方的老师或某人说句话，就对孩子有更大的作用。人没有退路时，才会去想各种方法和出路，且一定能找到。家长想要帮孩子，就必须相信自己、依靠自己。也请家长坚信：只要有心，学习与改变，永远都不会太迟。

（二）请家长拓宽沟通内容

家庭教育和学校教育中，大人与孩子谈的内容，不该仅是考试与学习，更应是世界、是人生、是生活、是三观。诚如李玫瑾老师的建议，家长不要老问孩子具体做什么、禁止孩子做什么，应该扩充孩子的心胸，扩宽孩子的视野，多和孩子聊聊世界、说说生活，让孩子知道人该是如何处世。孩子有担当、有志向、有理想，才更易走向成熟。

（三）请家长改善沟通方式

1. 做到积极倾听

孩子不悦时，沟通不畅时，家长首先要做到带着同理心对孩子积极倾听，透过孩子的情绪看到孩子真实的需求。

2. 改变说话的指向

当家长不能接受孩子的行为时，用上托马斯·戈登推荐的"我—信息"表达方式："我"不可接纳的行为＋"我"的感受＋确切而具体的影响。比如，当看到孩子作业又没完成，不批评说"你"如何，而改为说"看到没完成作业的人又有你，我很担心，因为我不知道你学习能不能跟上"。只说自己看到、感受到的，反而使孩子更能体认自己行为带来的影响，进而思考后续该如何负责任。

3. 妥善解决亲子冲突

亲子冲突屡见不鲜，尤其孩子青春期时，开始有自我和独立意识的孩子，家长觉得格外"难管"。这时，不如让孩子参与其中，使孩子学会自我管理。

借鉴托马斯·戈登"没有输家"的冲突解决法，可以试着这样：家长与孩子坐在一起，分别提出多个解决方案；逐一商讨，并选定适合彼此的可行方案；用文字记录下来，家长与孩子都签名；有力地执行。彼此尊重，有商有量，最终达到亲子共赢。后续贯彻执行是有力保障，家长更要能坚持，发现孩子中止方案，要再去倾听与沟通，并再执行改进版方案。

接受建议的家长，切实改变自己，改变与孩子的沟通方式，用好"没有输家"的冲突解决法，亲子关系大大改善。发生在我班的真实案例：玩手机玩得难自控的小豪，曾为爸爸砸坏手机而不肯上学，父子持续冷战。寻求帮助的小豪妈妈接受了我的建议，一家三口心平气和地坐下来，开诚布公地就手机问题进行会谈。为确保小豪晚上做作业时不玩手机，小豪与家长商定，19点到22点三人的手机都关机并放在大厅电视柜上。很长一段时间，他们都遵守得很好，孩子专心写作业，家长看看书。亲子关系也较为和谐，小豪的学业、待人接物等都有进步。

还有不少家长需要他人及外力的协助，才能将建议落到实处。这时，我会与他们进行一对一的沟通与跟进。比如，与家长深入交流，激发其主动改变的意愿；借助身边人成功的实例，增强家长对改变的信心；我做中间人，请家长与孩子开诚布公地交流亟待解决的问题，并促成他们商定及写下可执行方案；对方案的执行保持关注，根据需要请他们打卡反馈以确保落实。

（本文于 2021 年 6 月 8 日发表在线上教育平台）

有效的亲子沟通，始于家长的积极倾听

当你为孩子不愿意跟你沟通而苦恼时，不妨先思考并回答以下三个问题：满腹心事时，会讲给谁听？当发言时突然卡壳了，什么会鼓励我们继续说下去？在什么情况下，想要分享交流的热情会被浇灭呢？

我想把我的心事告诉愿意耐心听我说的人。当我发言卡壳，陷入尴尬却又必须继续发言时，除了自己的勇气与责任，那专注的、期待的、给予鼓励的眼神，那会意的微笑或者点头，会给我坚持讲下去的力量；而如果没什么人在听，或者语意一再被误解，或者所说一再被打断、被否定、被评判，我不会再想往下说。孩子，应该也会有相似的思考吧。并不是所有的家都是温暖的港湾，只有家人始终有效积极地彼此倾听的家庭，才是在不断释放着温暖。如果孩子不愿意向你说，那很可能是你的倾听出了问题。

孔子曰："君子有九思：视思明，听思聪，色思温，貌思恭，言思忠，事思敬，疑思问，忿思难，见得思义。"听思聪，要求我们清晰准确地听、带同

理心地听、辩证地听。我们要"听思聪",要进行传递尊重与鼓舞的积极有效的倾听,不要做无益沟通的不倾听、假倾听,要借有效倾听开启亲子间的有效沟通,传递给彼此足够的温暖。

(一)积极倾听意义大

倾听是不容易的,必须花时间和精力,必须有耐心。真正的倾听需要倾听者全神贯注。

积极倾听对彼此意义重大:专注的倾听给予被听者足够的尊重,促使进行更多有价值的表达,最初进行无甚意义、诸多重复、停顿的表达的小孩子,慢慢也能说出有价值的话语来;听者通过积极倾听,对被听者了解越多,被听者越愿意交流更多的东西;被听者感受到听者的尊重与认同,会更愿意听听者说的话,并给予听者同样的尊重。

如果被听者是工作伙伴、是领导、是客户,我们会聚精会神地听,唯恐有所错漏,但如果被听者是自家孩子时,家长们是否还会一如既往地用心倾听呢?不少家庭的答案是否定的。觉得孩子有很多不懂,觉得孩子有很多说法不对,觉得孩子要接受自己的教育和引导……没有把孩子当成独立的、值得被尊重的个体时,家长往往自觉不自觉地中断了该有的积极倾听,或者不大留意听,或者貌似很认真听,但常用评价甚至批评急切地打断孩子的讲述。自我意识越来越清晰的孩子,便不再愿意向家长倾诉。孩子感受不到家长的尊重,也慢慢显出对家长的不尊重来,对家长的建议和要求不愿意接受。几次后,亲子间沟通不畅的恶性循环便开始了。

想要改善亲子沟通,家长要先自查:我做到对孩子的积极倾听了吗?

如果一味责怪习惯于采取应激反应的孩子不配合,怨叹孩子长大了反而不听话、不懂事,不仅于事无补,还可能使亲子关系进一步恶化。而更重要的是,家长把问题的责任推给孩子,就极易错过自我检视、自我改变以从根本上解决亲子沟通问题的良机。

积极有效的倾听，可以让彼此从爱的互惠中感受到成长和进步的力量，是亲子沟通良性循环的起点，更是助力孩子成长与进步的好起点。通过积极的倾听，家长了解孩子，给予孩子更多适切的帮助，孩子就更渴望能从家长这里学到更多，孩子就更有可能成为出色的人。

（二）积极倾听有方法

1. 不合适时，不要勉强进行倾听

当孩子想要与我们好好聊一聊，但我们刚好有事或者情绪状态等不太好时，不适合进行倾听与交流，这时候，可以直接而又平和地跟孩子讲明白：现在我有事要忙（我的状态不太好），等后续我和你都合适的时候，我们再来好好聊一聊。

待到时机合适时，一定要安排好时间和地点，好好地与孩子对话，耐心地倾听孩子诉说。

2. 直面问题，尊重孩子心灵的倾听

孩子清晰地陈述自己的问题后，倾听的家长要集中精神关注孩子的问题，全心全意地去帮助孩子发现内在的智慧，随着孩子的讲述，可以慢慢地提出一个诚实而开放的问题，比如："这样的事情发生后，你有什么样的感觉？你打算怎么办？"

要摒弃带有先入为主地指导对方意味的话和问题。不要用带有忠告或确认的说辞，比如："这样的问题我也遇到过，我是这样做的。"不要把问题转给其他人，比如："你应该向甲说这件事。"不要提带有倾向指导的问题，比如："你有想过去看心理医生吗？"因为，我们不可能进入另一个人的心灵，我们不可能知道另一个人的问题的答案，我们甚至可能不知道问题究竟是什么，匆匆地给出我们想当然的所谓好建议，其实是对他人的傲慢与无理。

在倾听的过程中，我们可以给予真实反应，比如"当我们问你一个关于甲的问题时，你说到了乙"或者"当你说到丙的时候，你的声音低沉而且看起来很疲累；但是当你说到丁时，你精神抖擞而且眼睛也亮了"。既让孩子知道我们在专注倾听，也借此帮助孩子发现自己真实的内心。根据需要给足时间（一小时甚或两小时均可），让孩子在安全的氛围中自在地表达，发现自己的心灵，发现自己的问题，并且能试着找到合适的解决方案。

这个方法来自帕克·帕尔默的《教学勇气：漫步教师心灵》，他将这个方式用在教师共同体的互助中，但我认为用在亲子沟通中也是适宜的。帕克·帕尔默认为："如果我们想要支持彼此内心的生活，我们一定要记得一个简单的道理：人类的心灵不想要被别人解决，它只是想要被人看到和被人听到。"用这样的倾听方式，需要帮助的人被听到、被看到，在安全的氛围中，深刻地自我剖析、自我再认识、再提高，更好地促进自我成长与突破。

3. 负面言行，倾听背后的感受与需要

如果孩子来找家长诉说自己心中的喜怒哀乐，直白地来表达自己的感受和需要，如此难得的善于表达的孩子，家长静静地倾听，给予必要的支持即可。

但更多情况下孩子对于自己的需要也不甚明确，任由心中的不悦驱使，摆臭脸、说难听的话、脱口而出的拒绝、转身就走。这些负面表达，往往很容易激怒家长，沟通根本没法进行下去。而事实上，这样的孩子恰恰更需要家长耐心的倾听和引导，这样的孩子不清楚自己的真实感受和需要，更不善于去理性地表达。

如何倾听这些孩子呢？从根本上来说，要通过家长积极又智慧的倾听，试着理解孩子负面的言行中折射出的态度，引导孩子表达出真实的感受与需要。

从抗拒中把握住对方的真实感受与需要，是很有难度的。家庭成员之间要进行这么理性、包容的沟通，更加难上加难，亲子沟通遇到孩子言行负面时，家长首先要能不因为担心或害怕失去控制而显得强硬，要学着先示弱。

仔细阅读马歇尔·卢森堡的《非暴力沟通》中的两个案例，试着学习起来吧。

马歇尔举的案例一：

在戒毒中心上晚班的一个年轻妇女被一个需要一个房间的愤怒的瘾君子挟持，一有不慎就可能危及生命，年轻妇女想到了马歇尔交代的"在一个生气的人面前，永远不要用'不过''可是''但是'之类的词语"。

她深吸一口气，对瘾君子说："看起来，你真的很生气，你想有一个房间可以休息。"

瘾君子大声嚷道："就算我是个瘾君子，我也需要尊重。没人尊重我，气死我了。连我的父母都看不起我！我需要尊重！！！"

她问他："得不到别人的尊重，你是不是很气愤？"

她把瘾君子当成人，专注于他的感受和需要，把他看作因需要没有得到满足而感到绝望的人，两人进行了大约 35 分钟的交谈。

后来，瘾君子不再威胁她的生命安全，而她也帮瘾君子在另一个戒毒中心找到了住处。

马歇尔举的案例二：

马歇尔在克利夫兰和一群社会青年谈话时，他毫不掩饰自己的情绪："我感到伤心，我需要尊重。"

"哦，你们看，"有一个人说道，"他感到伤心，这简直糟糕透了！"这时其他人都哈哈大笑。

如果马歇尔把这样的话当成是羞辱或攻击，就会觉得受到了伤害，甚至因为过于愤怒或害怕而无法倾听他们；而马歇尔选择不把它当作攻击，而是通过它来了解他们的感受和需要，他用心体会那位青年的话，以及之后的笑声，推测他们不高兴是因为他们认为自己被指责了。

为了进一步确证，马歇尔进一步倾听他们的感受和需要。当另一个人大声叫道："你说的都是一些废话！你想一想，如果这里有一伙人，他们带了枪而你没带，你还准备站在这里和他们说话？真是胡扯！"所有人又笑了。

马歇尔体会着他们的感受和需要，问道："听起来，对学一些没用的东西，你觉得很烦？"

"是的。如果你生活在这个地方，你就知道你讲的东西全是垃圾。"

"你认为来帮助你们的人应该对你们的生活有所了解？"

"就是这个意思。在你张嘴说话前，你的脑袋可能就开花了。"

"所以，你很希望他对你所面临的危险有所了解？"马歇尔一直用这样的方式倾听着他们，有时说出他的理解，有时则没有。

这样的对话持续了45分钟，气氛发生了明显的变化，社会青年们开始认为马歇尔真的能够理解他们。结束时，他们认为马歇尔是最好的顾问。

马歇尔示范了如何运用非暴力沟通来倾听这些暴怒青年的真实感受和需要。同时也告诉我们，积极有效的倾听，倾听对方的感受和需要，过程中不是单纯地听，而要对所听到的内容给予适当的反馈。倾听过程中的对话，不提建议、给路径，只专注于厘清对方的感受和需要，打开彼此的心扉。

通过这样的倾听，我们能听出他人语言背后的感受和需要。越能意识到人性的共通之处，就会越不怕与他们坦诚地沟通。《P.E.T父母效能训练》中强调的倾听方式，与非暴力沟通的倾听方式相似，都是在提倡人本的尊重人性的有效沟通。

沟通之道值得学一辈子；亲子沟通之道亦然。积极倾听的重大意义与可行方法，也远不止以上所述。若你发现习惯了多年的倾听方式如今不适用了，孩子不愿意再向你倾诉、听你说、跟你说时，不妨采纳建议，试着学习新的倾听方法，重启亲子间的友好沟通，让温暖的港湾永远温暖。

助孩子成长与进步，家长该准备的不是一些唠叨，而是充分地观察与了解，尽可能顺应孩子的心理和需求，提供所需的帮助、支持与理解。亲子关系和谐，才可能有更多深入的沟通，才更有可能使孩子接收到关爱、听得进引导。

有效的亲子沟通，需要家长多说正向的语言

"这孩子很聪明，就是太粗心。"

"我们家孩子就是懒。"

"这孩子现在很叛逆，就是不听话。"

"你怎么又不写作业！"

"坐好啦，你不要乱跑。"

以上话语，有什么共同点？

共同点一：很多大人常说。

共同点二：负面话语居多。

共同点三：越说孩子越这样。

常说以上类似语言的家长，亲子沟通难有效。

一再重复的语言的威力，比我们想象的还要大。以为把孩子的不好说出来，才有利于孩子改进，殊不知，一再说出的是负面的话语，就等于强化了负能量，孩子容易被贴上负面的标签。然而很多家长似乎不以为然，明知没有用却依旧常挂在嘴边，长久下去，孩子本来只是偶尔出现的情况，最终真成了顽疾。

那么，怎么说比较好呢？

多说正向的语言，正向影响孩子，让孩子循着我们希望的方向，不断改进，向上、向善。

（一）正向语言意义大

《孔子家语》中写道："日与善人居，如入芝兰之室，久而不闻其香，即与之化矣；与不善人居，如入鲍鱼之肆，久而不闻其臭，亦与之化矣。"说的是与人相处，要慎重选择所处的环境、周遭的人；不然，久了之后，就会在不知不觉中被环境和他人同化了。

语言，尤其是反复出现的语言，也会在不知不觉中把他人变成我们语言中的样子。通俗一点就是：有人一再说你行，你就行，不行也行；而有人一再说你不行，你就不行，行也不行。正是我们熟知的皮格马利翁效应（罗森塔尔效应），只是这回，我们侧重看的是语言的影响力。

上一届所带的班级，我们自诩为"传奇一班"。最初只是小楷同学的玩笑话，但却让我果断捕捉到这个契机：我们就是传奇一班，就是要创造奇迹，化"腐朽"为传奇，抱定必胜的信念；我们就是传奇一班，定能走出分班时的低谷，走向高峰。一再强化我们可以创造传奇，一再给予所有付出辛劳和智慧的学生们该有的鼓励与肯定，一再让学生们看到并写下彼此的美好与带来的感动，最终，我们真的成就了我们班的传奇：从入学分班时的最低谷，中考爬到了山腰上；而过程中，更是收获了满满的风景与美好。

一个班级，三年时间，可以如此蜕变；家长对自己的孩子，一二十年的相处，日日对话，所说出的话对孩子的影响力更不容小觑。我们都希望孩子能行，那么，就多说我们所希望孩子能够达成的。

好孩子是鼓励出来的。鼓励，就应是以正向的话语为主。比如，我们希望孩子变得勤快，那就不要老说孩子懒，而改为请孩子勤快起来，让孩子从该做的事的第一步做起；比如，我们希望孩子坐好，那就只说请坐好，若孩子不知道怎么叫坐好，就示范给他看，一步步教他怎么坐。

不要想也不要说那只大象，一说，听者就想着、记着那只大象了。所以，想说狮子、猴子，那就直接说狮子、猴子。鲁迅在《从百草园到三味书屋》中的"不必说……，不必说……，单是……"，很多人看到的是"单是"后面强调的内容，但"不必说"后面的既然已经写出来，那就是想说、想让人记住的颇为在意的部分。因此，真不必说、不要说的内容，那就彻底不要说，以免误导听者。

（二）正向语言有方法

1. 结合教育目的，尽量正向说

不少家长跟孩子说话前，似乎不考虑会不会达成自己预期的最终效果，似乎只是为了宣泄自己的情绪，尤其当听到负面的反馈时，或直接把接收到的负面反馈全盘告知孩子，或恨恨地批评孩子一番……孩子听过这些负面话语后，会改进多少呢？有些因为听了批评与负面消息而气愤不已，不想改；有些可能想改却不知道怎么改，改得不多；部分人会因为不想再接收到这样的负面信息而有所收敛。当孩子自我觉醒后，亲子矛盾容易被激化，反馈的人与孩子间的关系也恶化了。

为了让孩子最大程度地改进，家长在接收信息后，要根据教育目标改变说话内容和说话方式。首先要消化反馈的内容，从中看到孩子的问题，更要思考如何去引导孩子改进，改进什么，怎么改进。接着，要思考自己要怎么说才能更好地达到教育目的。最后，还要思考，该给予孩子怎样的帮助和监督，确保改变发生。

不少家长在自己工作中的言谈举止非常得宜，事业蒸蒸日上，却在亲子沟通方面打了败仗，总觉得自己不知道怎么跟孩子沟通。其实，并非不懂，只是没有把孩子当作自己该善待的客户那样去研究和琢磨罢了。客客气气地对客户多说正向的语言，让客户心情愉悦，事成了；同理，合情合理地对孩子多说正向语言，孩子愿意听，沟通顺畅，一样能成事。

2. 多说可信的、可执行的正向语言

（1）正向语言，要可信

所给予的陈述、评价等都要根据孩子的表现来，不该一味地夸奖，因为，失实的语言或者单一的"真棒"，会使语言失去可信度。

优点很多的孩子，家长自然不必愁如何说正向的语言，但当孩子问题太多时，智慧的家长要善于从众多枯枝败叶中找到所剩不多的绿叶，进行恰如其分、恰到好处的肯定。比如孩子是不大爱写作业，但他已经写完了自己最喜欢或觉得最容易做的一门，那就肯定他已经做好的部分，鼓励他继续加油做完其余。

就这样，用正向的、星星点点的美好点燃美好的小火苗，进而燎原，成就大范围的美好。孩子听着听着会逐渐向好，觉得自己挺不错的，也会觉得自己所处的环境挺美好、挺适宜的。

（2）正向语言，要可执行

正向语言如果很空泛，听者点了头，彼此都挺愉悦，然而结果却不会有多大改变，依旧没起作用，离有效沟通还是有距离。比如，家长不再对孩子说不要粗心，而改为跟孩子说要细心，在说正向语言了，但孩子可能依旧不知道如何才叫细心。

细心点、努力点，这都是抽象的词。但凡是抽象的，或者没有标准的，在不懂之前，那就真是不懂；没有具体的执行步骤，依旧推不动。比如细心，直到高二与细心的同学成为同桌后，我才知道怎么做才叫细心：一遍遍地重复核查，拿着笔一一比对着，再找别人帮忙复核……因此，除了告诉孩子要细心之外，不妨再具体一点，告诉孩子如何检查，如何复核，如何寻求帮助与指导，等等。

再比如，懒病要用勤来治。在语言表达中不再说孩子懒，而改为让孩子勤快点之后，最好要告诉孩子：要去进行的打扫任务的具体时间、地点，任务要完成到什么程度才算合格或优秀。如果检查之后依旧做得不够好，重新告知标准，引导孩子继续"加工"到合格为止。如果孩子说不会做、做不到，那就用教授法、示范法等教到会为止。作业完成方面的勤快，也可以如此操作，只是还要多加一点时间管理方面的把控与引导：比如，总共有多少可支配的时间，要完成多少任务，在什么时间内完成到什么程度。

我们提倡的正向语言，既要有正面的导向、良好的氛围，让彼此都愉悦，更要有行动的支撑，是真正引导孩子一步步走向我们所希望的最终美好目标的行为路径。

3. 正向语言反复说，并指导行动

教育是慢的过程，教育过程中常会发生反复。不要因为孩子进步之后又退步而灰心，因为成长过程中，进进退退是常态。我们可以继续努力，让他们持续地螺旋式发展。具有积极意义的正向语言，要常说，反复说，直到这些语言强化出孩子新的思维和行为模式。

我们可信的、可执行的正向语言，是和后续孩子要采取的行动相一致的。因此，孩子在行动上要坚持落到实处地执行，家长也要落到实处地给予有原则的监督、有方法的指导，直到孩子学会正确的做法，能选择并坚持去做对的事情。这也是《双向养育》中提倡的包含着爱的管教。

最后，再说说家长觉得孩子叛逆后没法聊的情况。孩子的抗拒，可以视为教育中出现的倒退，是教育效果出现了反复。当家长不再认定孩子叛逆、不听话、没法沟通，而改为释放出尊重、正视、看好孩子的意味，愿意与孩子郑重或友好地聊聊时，有效沟通就有可能发生。

正常的谈话恢复，聊什么呢？国际要闻、国家大事、生活趣闻、未来理想、人生规划、体育运动、舞蹈、歌唱、阅读、影视、厨艺……生活那么丰富多彩，总会有共同的话题吧？找到共同的谈资，正向引导，一样可以促使孩子向上、向善。然后，反复强化孩子向上、向善的部分，使孩子保持向上、向善的精神状态，后续，可执行的具体方案也能更好地推进，或者是孩子主动之举，或者是在家长监督、帮助之下的再出发。

从习惯的脱口而出、宣泄情绪，到思考表达的教育目的，这是家长们想达成亲子间有效沟通必须做出的重要转变。

如果能够做到思想观念的转变，就能够使得后续的正向表达顺其自然地出现。随后，再注意其中的细节，如对可执行、可信度等的把握，那么不仅亲子间的有效沟通能够达成，孩子的成长进步也会更加明显。

不管是倾听，还是表达，其中技法用过后若不常再用就很容易又走回老路，如果真心想改善亲子沟通，那么，用心去把握其中精髓，并坚持刻意练习，相信终有一天会成就新的自我、重返美好和谐的氛围。

正面管教提倡的家庭会议，值得拥有

如果你在为你的配偶缺位孩子的教育而郁闷，如果你在为孩子不听话、不配合而烦恼，如果你感觉在家中付出许多却孤掌难鸣、举步维艰，那么，请试着采用正面管教所提倡的家庭会议吧。不管你的孩子处于哪个年龄段都合适：几个月大的孩子不能发表意见，但可以听会参会，从小就沐浴在家庭民主的氛围中；两三岁幼童的意见也该得到尊重；越发有主见的青春期孩子听不进家长单向的说教与命令，但他们参与讨论商量后的结果，则是他们自己做出的选择。

进行正面管教所提倡的家庭会议，每周进行的一次会议要求所有家庭成员都参会，每人轮流担任会议主席、会议记录员，会议要有相对固定的议程，会上每人轮流发言，探讨的议题一定要经过所有人的充分探讨，做出的决定（含暂时的）要征得大家的一致同意，未得到同意的议题则留待后续的家庭会议继续研讨。

事态向好的努力，对问题的解决有帮助。议题未解决之前，可以先让事情保持原状或者按照父母说的去做，直到大家协商通过最终方案，再去试行新方案。

一场家庭会议短则几分钟，长则一两个小时，根据家人及议题的情况来商定即可，但始终要确保全家人花这个时间来看到并说出家人的美好、共商解决家庭问题之策。练习并学会开好家庭会议的技巧需要时间和耐心，但要相信家庭会议对家庭尤其是对孩子成长的促进作用，坚持按照正面管教所提倡的家庭会议的方式进行下去，家庭会议会变得高质高效。届时，会议内外、日常生活中，家人都将始终互相尊重，积极主动地为家庭出谋划策、贡献力量，大家齐心聚力，实现合作，达成共赢。

（本文主要参考：美国简·尼尔森、琳·洛特著，尹莉莉译的《十几岁孩子的正面管教》）

用人本沟通法培养出孩子的自律
——读《P.E.T. 父母效能训练》以致用

托马斯·戈登《P.E.T. 父母效能训练：让亲子沟通如此高效而简单》与《P.E.T. 父母效能训练：唤醒孩子的自律》都重点突出能培养孩子自律的人本沟通法。

自律，是指在没有人现场监督的情况下，通过自己要求自己，变被动为主动，自觉地遵循法度，拿它来约束自己的一言一行；不受外界约束和情感支配，据自己善良意志、按自己颁布的道德规律而行事的道德原则。托马斯·戈登认为家长通过日常日复一日与孩子的沟通，对孩子的积极倾听，与孩子进行无输家的解决冲突的方法，协助孩子解决问题，用民主关系来促进孩子提升自身的能力，独立找到属于自己的愉悦，发展他们的内在控制，最终走向自律。

在托马斯·戈登看来，常见的管教、惩罚、奖励、权威都是弊远大于利的。通过奖惩，家长或老师是从外在控制孩子，是基于不平等权利的人际关系，反抗力量可能会悄悄生长直到最终爆发。奖惩如果起作用，家长就会一直用下去，孩子也会长期依附于家长的奖惩；当孩子逐渐长大后，奖惩的效力会越来越低。

（一）有害的奖励：以表扬为例

表扬是一种外在奖励。家长用多了表扬，会使孩子考虑自己的选择是否可以取悦家长，更关心奖励是什么，而不再从活动中获取乐趣。没有得到表扬的就意味着受到惩罚。孩子会刻意避开不能取悦家长的选择，久而久之，会变得没有创造力、失去创意、失去自我。孩子长大后，可能依旧会做迎合家长需要的选择。

表扬常是"你—信息"，是评价，凌驾于被表扬者之上。表扬的背后有隐藏的批评，是对孩子的不接纳。而表扬的幕后动机是试图控制孩子、改变孩子，尤其当表扬伴随着批评，即我们常见"三明治技巧"（表扬＋批评＋表扬）。而且，家长对孩子的表扬，往往与孩子的内在评价不一致，这样会让孩子感觉家长没有真正地理解他们。家中如果有多个子女，表扬还会加重手足间的争斗。

比表扬更好的肯定方式是肯定性的"我—信息"。范式："孩子的具体行为＋这个行为带给你的感受＋为何会有这样的感受。"把"刚才你真乖！"的表扬改为肯定性的"我—信息"，可以说："刚才我们聊天时，你都没有打断我们，我感到很高兴。因为我们很需要好好聊聊。"借助这个例子我们不难发现，"我—信息"的表达方式与人本的非暴力沟通表达出观察、感受、需要的方式相一致。当孩子们做的事、说的话让我们感受到特别的温暖、感激与爱时，我们不妨清楚地把这样的感受表达出来，孩子会感觉很好。

（二）有害的惩罚

惩罚包括体罚和心罚，也包括言语的惩罚。惩罚要能起作用，需要家长接受专业的训练，但一般家长都没有接受过专门的训练，很难操作好，且容易对孩子造成身心的伤害。

比如，惩罚必须遵循以下准则：不可接纳行为每次出现时，都会受到惩罚；不可接纳行为一旦出现，立即受到惩罚；惩罚不可以在其他孩子面前进行，不然被惩罚的孩子会觉得尴尬而开始挑衅惩罚实施者；不可以奖励不可接纳行为；不应当过于严厉、过于频繁地惩罚孩子，否则孩子可能会退避。

再比如，惩罚的力度也是个问题。严惩恐怕超过孩子的负荷，但温柔的惩罚反而会使捣乱者继续捣乱、肆无忌惮。企图用权力、用惩罚来控制孩子的大人，要花更多时间、精力来维持这个权力体系。然而，小学高年级起直到青少年，惩罚会渐渐失去效用。即便是在惩罚有作用的年龄段里，发布惩罚的大人不在时，孩子反而可能会更频繁、更厉害地进行反抗。

孩子应对控制的机制是"反抗"或"逃离"或"屈服"。反抗与逃离的孩子已经与家长形成亲子间明显的冲突。选择反抗和逃离的孩子可能会因为被惩罚的沮丧，以及模仿大人用惩罚的方式而更具有攻击性，变得更为暴力；而选择屈服的孩子其实更让人担心，他们乖巧听话，一味依赖他人，做什么事都觉得只是为别人而做，无视自己内心的需求。自己或亲人受到伤害时，这些容易屈服的人也往往会选择逆来顺受。我们真的需要完全听话的孩子吗？

（三）不奖励、不惩罚地解决问题

用奖惩来控制孩子的家长和老师，会与孩子离得越来越远，孩子可能不敢来说实话，彼此的爱与信任会逐渐被耗尽。用上人本的沟通法，走进孩子的内心。用积极倾听来回应孩子的诉说，带着同理心倾听和接受孩子的所说所想，不评价、不表扬，不老是揪着问题不放；而是像镜面般回应孩子的感受，用自己的语言说出听到的内容，让孩子知道应当如何评价自己，并自己去发现需要解决的问题，积极地为自己想办法，为自己负责，独立成长。

面对孩子的问题行为时，不惩罚，而用上托马斯·戈登推荐的"我—信息"说话方式：不可接纳的行为＋感受＋确切而具体的影响。比如，"当你没有告诉我你会很晚回家时，我很担心，因为我没法知道你到底去了哪里，会不会有危险"。内容客观，情绪自然，让孩子知道问题，且知道自己的行为会给关爱他的人带来怎样的影响，逐渐生发出对别人的体贴和责任感，进而自我约束。

日常生活中要注意给予孩子机会，让他们自己思考如何解决问题，在允许的范围内有发言权和选择权，比如吃什么食物、吃多少量、穿什么衣服、零用钱的支配使用等。如果孩子的发言和选择于自己及他人都无害，就要让孩子的发言和选择起到作用，比如，说想吃一碗饭，那就让他吃一碗饭。亲子关系更融洽，而且孩子的自主性和独立性在被尊重与被信任中日渐明显。

如果孩子的发言和选择会伤及自己或他人的权益，不合适推进，那么家长也不必着急愤怒地批评或打断，做好积极倾听，听出孩子的需求和情绪，同时也把握好家长自己的需求，然后一起协商彼此都能接受的方案，再去执行。这就是托马斯·戈登在《P.E.T. 父母效能训练》一书中的"没有输家"的冲突解决法——不是家长赢，也不是孩子赢，而是亲子共赢、双赢。问题与孩子有关，孩子必须参与其中，家长与孩子都提出多个解决方案，再一起商讨并进行抉择，然后合作着去执行。

在执行过程中，家长要保持关注，及时进行过程性反馈。如果发现孩子不能很好地执行，可用"我—信息"的说话方式与孩子正面交谈，比如："我以为我们都同意，但现在我发现，你并没有履行你的义务。我不喜欢这样，我感到有些生气。"然后继续积极倾听，了解孩子不能执行的原因，一起探讨怎样确保约定执行，并让孩子明确，在"没有输家"方法中，每个人都值得被信任，每个人都要对自己负责。对孩子持有这份信任并坚持如此协商定夺，家长不需要与孩子约定做不到时的惩罚方式，也不必为了推进约定而对孩子进行过多提醒，就能慢慢培养出孩子的自律、诚实、负责。

（四）帮助孩子，令其自律

当孩子的行为带给大人困扰时，如何让孩子改善行为？托马斯·戈登给出了多条建议，汇总如下：

1. 找到孩子的需求，尽量满足孩子的需求。

2. 用可接纳的行为替代孩子原先的不可接纳的行为。

3. 调整环境、限制环境而不是限制孩子。有些时候孩子的不良行为是环境导致的，那么对孩子也要有对行动不便的老人那样的体贴，及时调整环境。

4. 当面交谈用没有责备、没有评价的"我—信息"。负责任地、坦诚地和孩子分享自己的感受，将改变行为的责任留给孩子，调动孩子主观发生改变的意愿。

5. 发出预防性的"我—信息"。提前让孩子知道大人的需要，允许对方有机会参与到大人的计划中，让孩子有心理准备并提前调整行为以符合大人的期望。

6. 通过"换挡"来减少"阻抗"。当发送完"我—信息"后孩子偶尔也会抵抗和防御，这时候不要着急继续进行问题的协商解决，而应换为积极倾听，先了解孩子的真实需求，让孩子感受到自己是被接受的，让孩子找到解决问题的方案。

7. 共同解决问题。用好"没有输家"的冲突解决法。

8. 生气时找到"最初的感受"。家长不要被生气蒙蔽了最初的担心，或喜悦，或害怕，或孤独，或受伤。问问自己：我怎么了？孩子的行为让我的什么需求得不到满足了？我想要避开的最初的感受是什么？……思考和解决这些问题后，有时会发现根本就没必要生气。

（五）总结

在托马斯·戈登的研究体系中，培养孩子源自内心的自律、责任感，要从改变亲子的沟通方式做起。日复一日的日常亲子沟通方式，直接影响着孩子能够成为什么样的人。

大人用"我—信息"的方式，开诚布公地表达自己内心的真实感受，传达出诚意，与孩子进行平等的沟通，孩子也会有积极的回应并且会为自己负责，主动避免去尝试约定禁止的事物，而且影响力可以持续很长时间。大人的积极倾听与说出"我—信息"的沟通方式一样，都是立足人本，尊重自身也尊重对话者，让彼此看见彼此的需求。当彼此需求有冲突时，通过"没有输家"的冲突解决法进行磋商及后续的追踪落实，始终贯彻对彼此的尊重与体谅。

采用人本的、双赢的沟通法，促进亲子间心意相通，不断激发出孩子的责任心、自尊感、价值感。久而久之，孩子的自尊感、价值感、抗挫力、合作意识等越来越强，对自己的需求越发明确坚定，他们会主动自觉地进行自我约束，具备取得学习、工作、体育活动等的好成绩更强的动力。至此，自律的孩子已经培养成功。

于日常中培养孩子的责任感
——读《P.E.T. 父母效能训练》《孩子，把你的手给我》以致用

社会需要勇担责任的公民，家庭需要勇担责任的家人，而孩子的责任感，要怎么培养出来呢？

家长不仅错过了教育的好时机，还助长了孩子的任性。这样的孩子到了青春期，自我意识更强烈，更我行我素，甚至自以为是、盲目自大了。家长担心孩子行差踏错，依旧忍不住要去加以管教，但过程中亲子间的对抗时有发生。"孩子不听我的呀！"对孩子的问题爱莫能助的家长们陷入深深的苦恼中。

怎么办？受不了孩子的偏执、任性与反叛，希望能帮助孩子行稳致远的家长，请试着改变自己吧！

当"孩子不听话"时，首先要改变的是家长。十来岁的孩子，他们的待人方式往往是应激型的：你怎么待我，我就怎么待你；我知道可以怎么待你，我就怎么待你。因此，家长要明白：是你造就了你孩子应对你的方式。成年人要改变自己，难度系数更高，但是如果想改变现有局面，想要看到孩子的转变，就要行动，而且刻不容缓。

也许要改变与孩子沟通交流的方式。在单位里应对客户、领导的客气周到，生活中对朋友的尊重、关怀，都拿来对你青春期的孩子吧。先建立良好的亲子关系，你和气，我也和气，后续的教育引导才有可能推进。

也许要改变自己对孩子的管教方式。太过严厉，处处设限，让孩子无所适从，久而久之，只会让孩子更加逆反，或者偷偷叛逆；太过疏松，等同于放任，孩子会无法无天，十分放肆，用着父母的资源，却做着伤父母心的事。更合适的方式该是正面管教：坚守原则，宽严有度，和善引领。

重建原则，达成共识。新加坡法治严明，但它并不是一开始就如此的，而是在某个阶段意识到了法治的重要性，开始强力推行，才使得整个国家焕然一新。为人父母者，也可以在有意解决问题时，重新确定自己的准则和方向。只要想改变，任何时候都不算晚。重建原则后，自己要明确，也要让孩子知晓。

提前交流，做好准备。改变前，家长不妨和孩子开诚布公地沟通，言明接下来自己将在哪些方面有严格的要求，如果违背，将会有什么结果。友好磋商，让孩子知道为什么父母会有较大的转变，也对未来的变化做好心理准备。

坚守原则，有力执行。法治的准则"有法可依，有法必依，执法必严，违法必究"，完全适用于家庭内推行规矩时。亲子间根据基本原则、核心价值观等商定规矩后，要严格监督执行，一点儿都不放松，才有可能带来真正的改变。不管什么时候，家长坚守原则，具备强大的执行力，孩子就能遵守约定、信守规则，也能逐渐接受家长必要的指导和帮助。

不过，自我改变真的不易。有些家长狠不下心，舍不得管控与惩罚，有些家长认定孩子不会接受协商与管控，那就做好为孩子闹心的准备和应对：三不五时的不舒心，就自我调适；孩子学习不用功，成绩不理想，不要太焦虑；偶尔闯了祸，该赔礼道歉，该去配合处理，就快快地去帮忙收拾处理。只要孩子本性不坏，熬过那鸡飞狗跳的几年，就平顺了。将来孩子长大懂事了，也还是会孝敬父母、对社会有所贡献的。

当好青春期孩子的成长教练
——读《解码青春期》以致用

读完美国畅销书作家乔希·西普的《解码青春期》后，我迫不及待地写下此文，愿更多青春期孩子的家长能从中获益，转换角色为孩子的成长教练，用孩子乐意接受的方式，有效地促进孩子的成长与进步。

（一）请转变观念当教练

家长朋友们，若青春期孩子的行为让你抓狂，使你非常不想和他们在一起时，请不要与他们对抗，更不要放弃他们，因为这恰恰标志着他们需要你。可是他们却不懂用言语表达自己的需要，或者是因为害怕而故意掩饰。

须知，十来岁的孩子突然"面目可憎"地不合作、耍脾气、摆脸色，主要是因为越发强烈的独立意识、自我意识，而他们还是半懂不懂的少年，认知、思想、情感等还远远没到成熟水平，非常需要大人的指引和帮助。

这时，请不要愤而离开，而应尽最大的努力帮助孩子。

青春期的孩子更重视同伴，与父母相处的时间本来已很少，父母如何才能帮助孩子呢？高质量的共处时光源自充裕的陪伴时间。如果希望与孩子的关系从根本上得到改善，那么你必须增加在他们身上投入的时间。用心对待孩子，安排好亲子共处的时间与活动：安排出专属亲子共处的时间，亲子共同进行有趣、有意思的活动。即便开始前和过程中会有不顺利，比如，孩子对你无礼、冷淡你、疏远你，或是沉默寡言，这是正常的，不断实践和改进，必然会逐渐变好。

青春期的孩子再过几年就要步入社会，要应对各种困难棘手的事情。他们已不是小孩子，不需要父母掌控他们的各个方面，但他们既是自由的寻求者，又是胆怯的孩子，需要家长和他们在一起，给他们提供指导和鼓励。

家长可以用教练的心态和方法帮助孩子，使他们获得足够的技能来克服生活中的困难，逐渐做到自我管理和自由成长，为将来独立奋斗走向成功做好准备。

（二）成长教练进行时

1. 要成为伟大的教练

优秀的教练有绝对的权威；教练非常关键，甚至会决定结局。这与家长在家庭中的情形颇为相似。家长可以试着当孩子的成长教练，且要当伟大的教练，这样一来，亲子关系会更和谐，对孩子的教育会更轻松、更有效。

伟大的教练关注个性发展，而不是只盯着结果。因为我们控制不了结果，但我们可以控制我们的准备、我们的性格，以及我们如何应对胜利和失败。

伟大的教练故意讨论"毁灭性"失败，借提前对坏结果的讨论传授给孩子最好的方法，使他们远离"毁灭性"失败。

伟大的教练用价值观而非情绪来管教孩子。家长要明确价值观，与孩子协商一致的目标，概述出清晰无误的特权和后果，并有勇气坚持遵守约定的条款。遇事要把持住情绪，不管孩子情绪如何，家长都不要被情绪支配、不要感情用事。任由负面情绪爆发会被孩子轻视，独自生闷气等冷处理则于事无补。

2. 实际生活中的实操

在实际生活中，家长如何当好孩子的伟大教练呢？

（1）赛前要排练：想要影响结果，只能在赛前阶段做工作

在孩子参与的活动中，预设孩子可能会面对的特殊情形，帮助他们思考和准备面对这些特殊的情形。按照"抱最好的希望，做最坏的打算"的箴言来提前演练。比如，问问孩子："在这个情形下，将面对的最坏情形是什么？你将如何应对？"让孩子把准备好的东西呈现，并把每个可能遇到的最坏场景排练一遍，使孩子提前为可能面临的实际挑战做充分的准备。

（2）比赛期间要放手：由孩子独立自主地参与过程，进行展示

实际生活中，家长没法像真正的教练那样中途吹口哨喊停；而且青少年越来越独立自主，非常反感家长在过程中过多干预。

（3）赛后要回顾评估：事后评估非常关键，要问问孩子："从这件事中，我们学到了什么？"

可以由孩子感兴趣的话题，或者更具体的问题来进行问询。比如：过程中最喜欢的事情是什么？碰到有趣的事情是什么？有什么事情让你很紧张？有什么事情没按计划进行？哪些事情进行得顺利？哪些事情不顺利？

在听孩子说的过程中，家长要认真倾听，心里暗暗记下孩子存在的新的问题，思考将来还需要演练什么。为了顺利进行后续的演练，家长要想好：什么管用？什么不管用？孩子需要如何改进？我怎么能帮助孩子？

比如，发现孩子不敢直接说出自己的想法，不敢拒绝，家长要意识到这个问题对孩子将来的危害。为防患于未然，家长要思考并留心改变孩子，如提供

给孩子更多机会直抒己见，让孩子对家庭事件多发表意见，训练孩子跟他人谈话、问出他想问的问题，使孩子敢于同权威人士交谈，敢于提问，敢于对自己觉得重要的事情直抒己见。

3. 应对青少年的失败

当青少年不可避免地失败时，家长要想方设法弄清楚究竟是怎么回事。家长要能不被孩子的情绪和判断带偏，而是透视事件，有根据地判断孩子失败的原因，并从全局角度考虑这件事对孩子发展的价值；家长还要给孩子鼓舞，使孩子有足够的动机和勇气面对争议和挑战，用合适的方式来应对失败。

家长坐下来与孩子好好聊聊："从这件事，我们学到了什么？"借助这个问题，家长与孩子一起面对成败得失，从中汲取经验教训，将关注点从失败后的苦痛（过去的事）转移到以后走向成功需要的锻炼与成长（将来的事）上。家长要了解孩子接下来需要的模拟和练习，并为之创造机会。

（三）愿你成为孩子的成长教练

生活的赛场上，家长做好青春期孩子的成长教练：做好赛前的排练，提前训练青少年；赛中放手；做好赛后评估，平和地对待成败，发现警报信号，助孩子进行必要的改正，避免不幸发生。

家长要改变固有的思维方式和教育方式，有点儿难。但青春期的孩子已经发生了变化，需要家长做出相应的改变。家长改变观念与行为，变身成为孩子伟大的成长教练，才能真正帮助到孩子，而且亲子关系会更加和谐。

家长确实想要改变却始终觉得很难的话，可以谦逊而又勇敢地向别人请教，寻求好朋友、关心爱护自己的人们的支持和帮助，严肃认真地对待导师们提出的建议，成为更好的自己，使更多人受益。

以终为始，明确教育目标

如今的家长很容易焦虑。随便举几个例子吧。

开学日，学校围墙上"挂满"了新鲜的家长——新入学的孩子的家长。张晓风的《我交给你们一个孩子》，道出了很多父母的心声，孩子即将步入学校和社会，父母难免又期待又担心。

放学时有突如其来的风雨，不少家长便留言帮忙通知孩子：他们要过来接孩子。那么急切又仓促，赶着放学前后几分钟发出，有时正在上课或已下班的老师也没法通传到位。下雨天，本就阴雨难行，舍不得孩子淋雨的家长们纷纷冒出，使得学校附近格外拥堵，谁都别想早点到家。

与学校协议了午休午餐要遵守的规矩，但当孩子确实屡屡违规导致要被暂停午休午餐时，家长却担心得不得了：做饭是个问题？孩子路上飞奔会不会不安全？来回奔波而不能好好休息，下午上课会很没精神吧？……于是，希望学校不要采取暂停甚或取消午休午餐的决定。

"双减"政策已然推进，忙碌的孩子依旧忙碌，一回家依旧是各种脑力劳动，在父母看来，家务等体力劳动依旧是该进行但孩子没时间进行的鸡肋。

这些焦虑，在我看来，可以消除，只需家长想好：到底要培养出什么样的孩子。明确培养目标后，家长以终为始，想好对策，贯彻始终。

有人会说：你想得太简单了！站着说话不腰疼！

那么，让我们来理理看，到底是大道至简，还是我想得过简。

（一）你想培养出自立自强的孩子，还是你一直给予无微不至的关爱，使你的孩子依赖于你？

孩子的生存与生活的本领，都是可以被教导、被培训出来的。与其放心不下孩子而做出诸如上墙、雨天特意风雨兼程跑过来制造拥堵及接孩子等各种急切、焦虑的行为，不如教会孩子自立，使孩子能够未雨绸缪，应对未来的风风雨雨。

担心孩子会受到哪些伤害，可以把它们梳理出来，一一教孩子应对，不仅教，还进行演练。

担心孩子溺水，除了不让去危险水域，不如也教他游泳，教落水时怎么漂浮起来，以尽可能持久地等待他人救援。也要明确告诉孩子，生命不单属于自己，也承载着对家人、对国家的责任，爱护自己的生命，就是爱家、爱国。每个人其实都没有权利任性地伤害自己。交通安全等关乎生命的事，都可以并入此类。

担心孩子挨饿，教购买食物，教买菜做饭，教必要时寻求别人的帮助……教会即便食物被人恶意破坏，也依旧具备能吃饱的本领。

担心他被人欺负，那就教他与人相处之道，教他如何防备及如何自我保护，教他遇事之后如何寻求帮助。

担心孩子被雨淋着，那就提醒为避免被雨淋要懂得看云识天气、借助天气预报，要自己预先准备好雨具、可更换的衣物等。如果家长的提醒无效，孩子真被雨淋湿一两次也不怕，大自然的教育常比人的教育有力量得多。

与孩子提前约定特定情境下的会面场合也很有必要。万一走散了，能知道如何找到彼此。万一突发状况真的发生了，一旦符合约定的情境，便可如约奔赴，不然便心安地各奔前路。

融入社会的训练也要有。不要老是包办、代劳，在确保安全的前提下，孩子能做的事，让孩子去做，能够培养孩子本领的事，多给机会让孩子去做。必要的演练要用上。

家长真爱孩子、真为了孩子好的话，不如把那些观望、担心、不舍收一收，改为平时多多引导孩子自立。孩子已在家长的关怀和指导下提前进行了生存和生活的各种演练，培养出了各种能力，家长哪里还需要那么多焦虑与不安啊！

不管什么时候，家长要始终耐心倾听孩子，包容孩子，与孩子共情，使他能对家人无话不说，即便万一孩子受到了些许伤害，也能及时止损。进而家长再进行到位的指导，孩子可以很好地应对，并收获属于他的成长，培养他的能力。

如今，生活幸福美好，家长其实也忙得很，但却总要过多干预孩子，总是想把什么都给孩子，似乎孩子离了父母爱的羽翼，便没法存活了，其实大谬不然。在吃不饱、穿不暖的年代，能活着就好，家长自顾不暇，爱莫能助，孩子只能摸爬滚打，自己野蛮生长，大都早早自立自强了。父母之爱子，则为之计深远；培养孩子自立自强的能力，才是爱子女的深远之计。

（二）你是在培养孩子成人、成才，还是不甘于人后，或盲从他人？

孩子的长远人生目标是成人、成才，能自食其力，也能为社会、国家作出贡献。每个孩子的特点不同，发展路径也不同，成才道路千万条，高考、大学只是众多路径中的一条。比如，航天事业的发展，需要各个领域的人才通力合作，孩子若以为航天事业贡献力量为目标，可以根据自己的能力与特点提早选择，或成为科学家、工程师，或成为航天员，或成为焊接工，或成为原材料生产制造者。

家长教育的责任不是使有差别的孩子无差别地挤高考的独木桥，而应考虑孩子的特点和能力、需求与愿望、适合的发展路径，使孩子能够在家人的支持下做出明智的选择，积极主动地努力发展成为各领域的人才，实现长远的人生目标。

在孩子成人、成才的过程中，需要什么、不需要什么，也可以借此明确地梳理出来，不要眉毛胡子一把抓，什么都要，什么都不敢舍弃，硬生生地给孩子增加了许多不必要的负担与压力。

家长要明确，孩子也要逐渐明晰。孩子要为自己的人生负责，需要有清晰的自我认知和定位，需要增强学习与成长的动力，也需要对世界、国家、社会有更深广、准确的了解，以确定合适的长远人生目标。

只是，青春期孩子的经济实力、认知、阅历等都有限，在立高远之志并博学而笃志方面，需要家长的帮助与支持。家长可以创造条件使孩子感知多元的世界：带着、促着孩子拓宽眼界、体验丰富多彩的生活；允许并引导孩子合理借助网络，进行信息搜集和整理；使孩子通过阅读、实践等深入了解某些领域及其行业翘楚，与孩子交流探讨，或去实地探访，或去采访真人。与孩子一起了解家事、国事、天下事，鼓励、支持孩子将个人命运与家庭、国家、民族的发展相结合，早日明确符合自身特点与兴趣又具有社会责任感的长远人生目标，进而为实现它而做好规划，脚踏实地地前行。

父母之爱子，则为之计深远。使孩子具备自立自强的能力，且能够选择并走好适合自己的成人、成才路，为社会、为国家作出贡献，不但是父母们爱子女的深远之计，也是体现社会责任感、爱国的深远之计。

大到育人方向，小到具体的育人事件，家长如果始终能明确教育目标，以终为始，在众多对策中选定最合适的对策，然后和善而坚定地执行，便可以少些焦虑，少些因焦虑而触发的过激行为，切实地促进孩子真正地成长，能自立自强，还能造福社会、报效国家。

请让孩子做点儿家务吧！

当听到我再一次说应该让孩子做点儿家务时，一位家长朋友终于忍不住，对我连珠炮般说道："为什么一定要让孩子做家务？孩子学习已经很忙了，没有时间做家务。而且家里那么多人，还有各种智能机器人，请来的钟点工或保姆也都能做家务，哪里还需要孩子做什么。况且，不做家务依旧成人成才，为什么把时间浪费在做家务上？"抱着这样观念的她，决定并践行：不让孩子做家务。

于是，我与她就"要不要让孩子做家务"这个问题进行一番辩论，并说动了她。我的思考与分析如下，愿能给认为孩子"用心学习就行，不要做家务"的家长一些参考。

孩子是不是一定要做家务？确实不一定要。但我始终认为：要让孩子做一点儿家务。只是，都市里工作的大人、学习的小孩都很忙碌，每日行程都很紧张，因此给孩子做的家务，要甄选并进行合理的安排，不给孩子增添额外的负担，还要能锻炼培养孩子相应的正确价值观、关键能力、必备品格等核心素养。

为什么我坚持要让用心学习的孩子也做做家务呢？

1. 孩子是家庭的一分子，有责任和义务分担一些家庭事务

什么是家务？不只是做饭、洗衣服、打扫卫生，能使得这个家庭的环境、生活变得更好的大大小小的事情，都是家庭事务，简称家务。传统中国家庭由某一人包圆的形式，会让我们看到辛苦劳累的某一人，以及被宠坏了而认为一切都是理所当然、心中只有自我的其他人。

如果为让小孩做家务，专门留活给孩子去做，恐怕大人不舍得，孩子也会不开心、不甘愿。分工合作做家务，更有助于培养孩子对家庭及成员的责任与担当。如果家务都是家人自己做，最好能有合理的分工安排，每个人做适合自己的符合时间和情理逻辑的事。如果基本的家务如洗衣服、扫地、洗碗等由相应的机器做了，每项的始终及处理中间的细节也需要有人去负责。这是理想状态，但要相信：经过努力，理想是可以实现的。而如果基本的家务请人来做了，那可以一起进行创造性的家务，比如园艺、插花、烘焙等。

2. 做家务能够给孩子一整天的紧张学习一定的调剂

虽然减负之后又"双减"，但每天占据孩子大部分时间和精力的依旧是学

习。很多家长认为孩子的学习最重要，也经常让孩子只学习，其余什么都不用管。长时间进行文化学习，效果不见得好，比如语文学科，一味埋头书本学习的孩子，往往对生活及他人没什么触动与情感，写作素材也匮乏。孩子的健康状况、精神状态也不见得会是很好。而且，只会学习的孩子谈何全面发展？如何博学而笃志？

学习跟生活哪个更重要？生活涵盖了学习，学习只是生活的一部分。但不知从什么时候开始，文化学习的重要性一再彰显，甚至成了不少孩子生活的全部。孩子报学的各种文体特长班，从其功能角度也约等于在进行文化学习。而通过家务等孩子该要进行的生存、生活的实践，却没有进行，孩子的生活能力难免不足。

3. 借助做家务来提高孩子的生存、生活能力

《会做饭的孩子走到哪里都能活下去》，这是一本书的名字，是观点，也是事实。这本书讲述的是身患重病的年轻母亲教 5 岁女儿阿花生存本领的故事，提出了全新的教育理念：爱孩子，就要教会孩子独自生存的能力。多年前第一次读到时，我就被深深震撼了。当听闻十几岁的孩子什么家务都不会做、不用做，家长不舍得、不愿意让孩子去做时，我就会想起这本书里的这家人。

当我们有更重要的事要做，进行时间成本的考量，又有一定的经济实力时，我们可以请钟点工、保姆，用上各种机器，不必亲自动手做家务，但从培养孩子能力的角度呢？不妨先使孩子具备能力，让孩子后续可以根据实际情况进行做或不做的选择，而不是没得选。如果孩子连基本的生存和生活能力都没有，万一天灾人祸降临，停水停电，孩子怎样生存、怎样生活？

除了日常家务之外，我们可以有意创设与孩子所需提高的能力相关的一些家务活，让孩子为家庭作出贡献、体验实用价值的同时，进行实践学习，掌握技能，提高能力，锻造品格。具备生存、生活本领而全面发展的人，更适应社会，更能够自信、快乐地生活，更有益于他人与社会。

让孩子做起家务来吧，为家庭贡献一份力量，培养基本的生存、生活能力，也给终日紧张的学习适度调剂。

（本文以《"用心学习、不用做家务！"老师谈了3点反对》为题于2021年12月9日发表在线上教育平台）

寒假来临，请督促孩子进行时间管理

寒假又开始了。

去年寒假结束前一天，看到不止一位朋友发关于孩子假期作业总冲刺的朋友圈。不止一位朋友发了同一幅漫画，配文是："今晚，中国孩子会创造出奇迹，他们将会用一晚时间，完成一个月都无法完成的作业！冲刺吧……少年！"假期快结束了，作业才做了一点点……有不少孩子就是这样。假期如此，平时也如此。1982年罗大佑《童年》里唱道："总是要等到睡觉前，才知道功课只做了一点点；总是要等到考试以后，才知道该念的书都没有念。"2022年的孩子们依旧如是。

刘墉《辛苦的假象》里讲述的制造辛苦的假象的人们，都是过程中散漫，等到了截止时间、紧要关头，便格外忙乱辛苦。这忙乱辛苦是人为制造的，本都可以避免。因此，在刘墉看来这便都是辛苦的假象，我非常认同。这些在假期结束前使出洪荒之力，试图将所有待做的作业在最后几天里全赶完的孩子们，不就是在制造辛苦的假象吗？

看着假期结束前辛苦赶作业的孩子，家长作何感想？心疼？生气？爱莫能助？不妨让我们一起来想想：为何这样的情形会在一些孩子身上一再上演？如何帮助这些孩子避免再制造出辛苦的假象？

会制造出辛苦的假象的孩子，时间管理肯定是出了问题的。想从根本上解决假期结束前作业忙的问题，就要引导孩子做好时间管理。假期是孩子自由支配时间最多的时候，也是培养和锻炼孩子管理好时间的绝佳时段。孩子由不知道怎么管理时间，到懂得并能管理好时间，这中间不能仅是对孩子提要求、讲道理，更要实打实地帮助孩子，使孩子像学习技术一样，用心地学习、练习时间管理。

趁着假期刚开始，家长不妨郑重地与时间管理存在问题的孩子一起商量，促进孩子统筹安排好悠长假期的充裕时间。

首先，为最重要的事优先安排好时间。如果要重点突出家、家人的意义，那么合家欢聚的时间，不妨先保障好，全家的假期计划可以提前制订。不需要精确到每天做什么，只需要提前把家庭共同游玩娱乐的时间大致定出来。如果家长和孩子都觉得学习是最重要的事，那就确保孩子先把各项学习任务完成好，再来自由安排剩余时间。从小学开始就能高质高效地先完成好学习主业的孩子，自己好好学就能学得很优秀，自由安排的时间也宽裕。这些孩子的家长在孩子初中时几乎不用管孩子的学习，孩子却始终能自觉学习、专注投入。因为这些孩子培养出了分清主次的时间管理的好习惯、好品质，做什么都高质高效，值得信赖。

其次，引导孩子安排好剩余的时间。可以把学习、劳动、娱乐、体育锻炼等需要的总时间算出，并设定各自的时间段。按《认知天性》的研究，一个时间段里多样内容的交汇学习，更有利于学好；但也有人长时间专注学某样内容，效果更佳。因此，在安排时可以根据自己的特点灵活处理：花 5 天把作业都做完，接着 5 天都进行体育锻炼，再 5 天劳动，5 天集中看电影、唱歌、跳舞、画画等娱乐，这样的安排可行；每天做作业、体育锻炼、娱乐、劳动等都是若干小时，均衡安排也可以。按《哪有没时间那回事》一书的建议，每样任务的时间安排不必太过精细，大致时间段安排好，当天的任务完成好，就可以了。

接着，把制订好的时间安排表写好、贴出。可视化时间安排，既有利于作为孩子后续对照执行的提醒，也有利于家长监督孩子执行。为避免孩子抗拒家长的监督，最好提前与孩子沟通好，这样做的目的是落到实处地帮助孩子。家长可以先静观其变，若孩子都能自觉执行，那就信任孩子。如果过了几天，发现制订的方案没能很好地被执行，就了解原因，协商改进方案，再督促孩子执行新方案。

如果孩子自觉自律，时间安排严格到令人叹为观止，就像网上流传的学霸的时间安排表，那么家长可以给予科学的指导，要保障孩子身心健康。而孩子如果假期结束前一次次为作业奔忙，那么，家长请毫不犹豫地行动起来，因为这些孩子真的很需要家长给予助力，帮助他们学会分清主次、均衡安排好时间。

孩子到初中、高中再来学习时间管理，也一点儿都不迟。不少成年人不善于时间管理，拖拉、熬夜，总在制造辛苦的假象，但也有人改进了，甚至还进阶成时间管理方面的专家。青少年比成年人的可塑性更强，老师、家长又来添助力，何愁其不成？

孩子的时间管理做到位了，假期可以过得充实而且从容，假期结束前作业忙的问题迎刃而解。而当孩子遇到越来越多的任务和责任时，能够有序安排，在规定时间内有条不紊地推进，辛苦的假象不会有，而会始终惜时守信、高质高效。

（本文修改版于 2022 年 1 月 26 日发表在线上教育平台）

致焦虑、迷茫的家长：中考前一个月，巧助孩子逆风翻盘

又一次模拟练习，小邦的成绩只是中等水平。小邦曾表态要入读更好的高中，但是这学期从网课开始就学习状态不佳，该做的基本没做。妈妈很焦虑，她本来期望儿子能够上到华附以上的学校，但是目前这个成绩可能在平冈中学

之下，于是陷入迷茫：小邦如果考不上好高中，怎么办？最后一个月，有可能逆风翻盘吗？如何帮助孩子呢？强力地干预他、监管他，还是躺平任他发展？

针对她的咨询，我与她交流了以下几点：

小邦妈妈焦虑的主要原因，是担心孩子考不上好高中。考入理想高中，得偿所愿固然好。但勉强考入够得到的好高中，真的是最佳选择吗？好高中的重本率等确实更高，但如果孩子去了，只是当分母，自信心受到打击，挤进去的意义在哪里？初中阶段学得不够好或中考发挥得不够好，只能入读普通高中、职校的孩子，后续认真努力，一样可以入读优质大学。我教过的学生里不乏这样的例子：多年前考入坪山高中的一位学生，三年后考入了清华美院；一位偏科严重的平冈中学普通班学生，考进了重点大学；两年多前选择入读职校的学生，今年3月收到了本科院校的录取通知书。

因此，没必要一味要去上自己很吃力才能够到的好学校，选择与自己实力水平相符的学校更合适。不管哪一所高中，都有其优秀的老师和出色的班级，享受该校的优质教育资源，用出色的表现得到更多机会、赢得更多自信。中考后只要用心读书，只要努力刻苦，在哪里都能出人头地。如此想来，最坏的去处其实也依旧是好去处，又何必焦虑呢？没有后顾之忧，心态回复平和，才能集中精力做好该做、想做的事。

家长不要因为替孩子着急，就跳过与孩子的沟通，简单粗暴地批评孩子不好好学习导致成绩退步，然后逼着孩子学习。中考前最后一个月，如果孩子不主动，外人过于强硬地干预和催逼，更可能产生负作用，而且家长所看到的孩子的样子，并不见得就是他真实的样子：一是孩子不见得真的不努力，即便的确没有做到部分老师的要求，但他也可能在家长、老师看不见的地方暗自努力；二是孩子表面看着风平浪静，但本身有较高追求，即便成绩不理想是自己不够努力所致，内心也可能早已波涛汹涌、暗流涌动，只是在焦虑的家长面前，故意摆出一副无所谓的样子，来保护自己脆弱的自尊。

因此，更合适的做法是，亲子间来一场开诚布公的沟通交流，交流过程中家长要始终注意发挥孩子的主动性和积极性，使孩子主动想学、去学并学好。家长可以平和地与孩子聊聊自己的想法和期待，问问孩子：要达到的目标是什么？为此可以做些什么？导致前期不利的问题是什么？之后要怎样努力？需要家长提供怎样的帮助？还需要哪些支持？……用这样人本理性的沟通方式，家长温暖地关爱孩子，充分了解孩子，提出适切的建议，给予精准的指导和帮助。

虽然只剩一个月，但对于像小邦这样记忆力和理解力等都不错、成绩可上可下的孩子而言，这一个月是决定成败的关键月。这一个月，在家长恰到好处的帮助下，孩子想学、努力认真地学，学得有方法、有方向，一个月的刻意努力后，大概率能决胜中考，逆风翻盘。

孩子怎样做才叫刻意努力呢？分析自己的优势和不足，以便发扬优势，弥补疏漏；也可以根据自己的特点，决定好最后一个月是跟紧老师的复习计划与节奏，还是按自己的复习计划有序推进；按照分析的方向和方法全情投入，有条不紊地推进复习；过程中，为目标拼尽全力，积极主动地寻求老师、家长、同学等的帮助。家长则保持与孩子的良好沟通，给予孩子适切的指导与正向的鼓励，即便发现问题，也多挖掘其正面意义，营造愉悦和谐的家庭氛围，为奋勇前行的孩子指引方向，保驾护航，注入积极正向的能量。

家长与孩子去掉患得患失所带来的焦虑，平和地沟通交流后达到知、情、意的统一，积极地为实现目标而通力合作、刻意努力，保持这样良好的合作状态，亲子关系和谐，孩子的中考可期，未来亦可期。

小邦妈妈逐渐释然，在结束对话前，她说："今晚就跟孩子好好聊聊，好好再鼓励鼓励他，看看他有什么需要帮助的。"

（本文于 2022 年 6 月 4 日发表在线上教育平台）

习惯这东西，想改就能改！

那天晚上给一位学生的家长打电话。

这学生上午迟到，中午又迟到。他家就住在离学校走路不超过 5 分钟的地方，却三天两头迟到。打这个电话，不是要批评学生和家长，而是希望能够得到家长的支持，帮他改变迟到的坏习惯。

然而家长回复说："老师，我孩子拖拉懒散的习惯是他两三岁那会儿就养成了的。那时候他妈妈对他管教不严，导致他老是看电视，做什么都拖拖拉拉的。"

言下之意，这孩子迟到等毛病都是打小养成的习惯，现在想改也改不了了。

十几岁孩子的习惯，就改不了？

很多人认为，一旦成了习惯就很难改变。很多人在回答别人的质疑或责备时，会说："哎，习惯了。"听到这话后，大家也倾向于原谅：习惯很难改嘛！

然而，习惯是怎么养成的呢？据说一个行为重复 21 次以上，就变成了习惯。想改变习惯，那就改变行为呗，从一点一滴改变起！

比如总是爱迟到，怎么改？之前习惯把闹钟定在离出发前 10 分钟，那就改为把闹钟调到离出发前 30 分钟；总是醒来之后还要赖床 10 分钟，那就改为一醒来即刻起床；总是看着还剩 5 分钟就要迟到了才出门，那就改为提早 15 分钟就出门。一次两次……天天如此，不就是养成了早到的新的好习惯了吗？

坏的习惯，当改就要当机立断地改，要非常有力地去贯彻执行。

当好习惯替代了坏习惯，不断累积，新的性格乃至人格，便也就产生了。

有个名人，通过改变自己的习惯，改善自己的性格和品格，成为非常优秀的人，他就是富兰克林。他每个礼拜改掉自己一个坏习惯，两年时间改掉了自己几乎所有的坏习惯。而且，他提炼的 12 项美德原则，也被他养成为 12 个好习惯。

富兰克林发现，仅仅拟订 12 项美德信条并不能使自己成功，只有经过刻苦的锻炼，把这 12 项原则变成自己的 12 种习惯，才能使之成为属于自己人格的一部分。

于是，富兰克林开始行动。

他认真为自己准备了一个本子，每一页打上许多格子。一段时间只专注于一项锻炼才是最有效的；否则，眉毛胡子一把抓只会适得其反。于是他头一个星期只专注于"节制"，每天检查自己为人处世的每个环节是否都做到"节制"了，并在本子上做上标记。

一个星期之后，由于天天盯住自己是否"节制"，坚持每天监督和反省自己，"节制"这一美德慢慢就在他身上生根了，变成一种习惯的下意识行为。

于是，从第二个星期开始他每天盯住第二项原则"沉默"，如法炮制，并且对第一项原则"节制"加以复习巩固；第三个星期便盯住第三项原则"秩序"，再对第一项原则、第二项原则进行复习巩固。

13 个星期后，他发现自己的举手投足、待人接物都发生了根本性的变化。

富兰克林生怕这 13 个星期还不足以使那 12 项原则完全变成自己的习惯，在一年内他又进行了 3 次 12 个星期的轮回训练。

一年以后，富兰克林完全变了，他提炼出的 12 项美德原则，已经成为待人接物的一种行事风格，宛如他与生俱来的美德。

富兰克林用他的实践证明：大人想要改变自己的习惯，完全是可以做到的，只要有意愿、有决心、有行动力；而当好的习惯养成并不断强化，美德也翩然而至。

因此，当意识到某习惯不好必须改掉，某习惯很好必须养成时，请学习富兰克林的做法，行动起来吧。从小事做起，坚持不懈，直至自己培养出这方面的好习惯。

　　大人尚且可以有如此翻天覆地的改变，可塑性更强的孩子更可以改变。只是，孩子们可能缺少大人所具备的自觉、自控，他们需要大人们的帮助。不管是牙牙学语的小孩，还是十几岁半懂不懂的青少年，如果确实觉得他们的习惯有待改进，身边的大人们，尤其是父母家人，请果断伸出援手：协助、引导、监督、落实、强化。

　　不要先人为主以为孩子的习惯是改不过来的，也不要只是空讲大道理，而要引导孩子从具体的、可以操作的行为入手，使孩子每天改变一点，促进孩子坚持到成为他的新习惯，成为不需要提醒的自觉行为。